The Elements of Old English

ELEMENTARY GRAMMAR
REFERENCE GRAMMAR
and
READING SELECTIONS

By

SAMUEL MOORE
Professor of English, University of Michigan
and

THOMAS A. KNOTT
Professor of English, University of Michigan

Revised by JAMES R. HULBERT
Co-Editor of "A Dictionary of American English"

TENTH EDITION
REVISED, ENLARGED, AND CORRECTED

WIPF & STOCK · Eugene, Oregon

Wipf and Stock Publishers
199 W 8th Ave, Suite 3
Eugene, OR 97401

The Elements of Old English, Tenth Edition
Elementary Grammar, Reference Grammar, and Reading Selections
By Samuel Moore and Thomas A. Knott
ISBN 13: 978-1-55635-780-0
ISBN 10: 1-55635-780-X
Publication date 12/28/2007
Previously published by The George Wahr Publishing Co., 1955

PREFACE

The primary purpose of the authors of the *Elements of Old English* has been to produce an introductory book which will facilitate and expedite the teaching and study of Old English in such classes as their own, composed of graduate and advanced undergraduate students. To attain this object we have, in the *Elementary Grammar*, selected and arranged the essential paradigms, in the order of their relative importance, into twenty-four chapters designed as progressive lessons. In this part of the book the less frequent variant forms have been omitted. All the grammatical information necessary to enable a student to begin reading freely is contained in the first seven chapters. Each chapter includes a reading selection adapted to the advancing capacity of the student, and accompanied by notes explaining those forms which have not yet been presented systematically. In the chapters the primitive and prehistoric Old English sound changes have been explained more fully on a historical and phonetic basis than is usual in such a book as this, partly in order to clarify and rationalize the apparent irregularities of the inflections, and partly in order to acquaint elementary students with the methods and principles of the historical study of language and linguistic change. In the *Reference Grammar* is given a systematic and ordered treatment of Old English phonology and morphology which serves to bridge the gap between the *Elementary Grammar* and such standard grammars as those of Cosijn, Sievers, Wright, and Bülbring.

The *Elementary Grammar* has been used in mimeographed editions at the Universities of Chicago, Michigan, and Wisconsin, at Northwestern University, and at other universities and colleges. It has been twice re-written, and is now issued with the changes suggested by experience and criticism. Further criticisms and corrections from instructors and students will be welcomed.

The authors hope, not perhaps that their efforts will give wide popularity to the study of Old English, but at least that this book will render that study more purposeful, significant, and attractive.

PREFACE TO FIFTH EDITION

The third edition of this book, 1924, was a reprint of the second. The fourth edition, 1925, contained a certain number of corrections and revisions. In the present edition I have replaced sections 1–15 by the corresponding sections of my *Historical Outlines of English Phonology and Morphology* and have made a considerable number of minor corrections, revisions, and additions, chiefly in the *Elementary Grammar* and glossary.

SAMUEL MOORE

December 14, 1926.

PREFACE TO EIGHTH EDITION

The present edition adds eighty-six pages of reading matter, arranged in the order of difficulty of the selections. The first selections are normalized in order to avoid some of the puzzles that face beginning students. Part of a *Bodley Homily* shows the state of the language about 1150 A.D. Some brief passages from *Beowulf* are included for the benefit of those students who do not go beyond the elementary course.

The editor will be grateful to those who point out typographical or other errors.

THOMAS A. KNOTT

June 24, 1940.

PREFACE TO NINTH EDITION

The ninth edition contains a number of corrections, revisions, and additions, both typographical and editorial. Several of the reading selections have been kept with few emendations and editorial revisions in order to give students somewhat advanced practice in textual interpretation. I am grateful to Henning Larsen of the University of Illinois, to Stefan Einarsson of The Johns Hopkins University, and to Albert H. Marckwardt of the University of Michigan for pointing out errors.

THOMAS A. KNOTT

January 28, 1942.

PREFACE TO TENTH EDITION

In the revision of a textbook which has been used successfully for more than thirty years, care should be taken to make no change which might impair the plan or method of the original authors. Hence the changes in this edition are limited to correction of misprints and a few additions and alterations of minor character.

JAMES R. HULBERT

May 1, 1955.

TABLE OF CONTENTS

ELEMENTARY GRAMMAR

REFERENCE GRAMMAR

INTRODUCTION

The Old English Language

Old English (OE), or Anglo-Saxon, as it is often called, is the name given to the English language before the year 1100. The documents containing what we have left of the language extend from about 700 to about 1100, but the great bulk of them represent the speech from 900 to 1050. The language was spoken in four dialects: Northumbrian, Mercian, Kentish, and West-Saxon. Most of the manuscripts, in fact all those containing anything worth reading as literature, are in West-Saxon. We are therefore obliged to make that dialect the basis of our studies, altho in the main Modern Standard English is descended from Mercian. Three important prose works in West-Saxon are in MSS of about 900—Alfred's translation of St. Gregory's *Cura Pastoralis* and of Orosius's *History of the World,* and the Parker MS of the *Anglo-Saxon Chronicle.* The language of this period is called Early West-Saxon (EWS). The works—largely homilies—of Ælfric and Wulfstan are in contemporary MSS of about 1050, and the West-Saxon Gospels are of about the same date. The language of these is called Late West-Saxon (LWS). As the norm of our studies we take EWS, and consequently all the selections in the Elementary Grammar are normalized to that dialect.

The Alfredian translations of Bede's *Ecclesiastical History of the English People,* and of Boethius's *De Consolatione Philosophiae* are in a mixed dialect, and the poems in the *Exeter Book,* the *Vercelli Book,* the *Beowulf MS,* and the *Cædmon MS* are not in pure West-Saxon.

1

Old English and Its Related Languages

The names of actual and hypothetical languages frequently referred to in works on OE and on Germanic Philology are as follows:

Old Frisian (the closest of the Germanic languages to OE) was the language of the Frisians, who lived on the islands and the coast of the North Sea between the Rhine and the Ems. The earliest documents in their language (chiefly laws) date from about 1250 on.

Old Saxon was the language spoken by the continental Saxons thruout nearly the whole of North Germany. The oldest extended document is a metrical paraphrase of a Harmony of the Gospels, called the *Heliand*, dating from about 800.

Old Dutch is known from a few fragments of a translation of the Psalms, of doubtful date, possibly before 1200.

Old High German is known from about 750. It includes a considerable amount of material, chiefly religious, partly prose and partly poetry, down to about 1100. It falls into two main groups of dialects: Frankish, which was spoken in the west and northwest; and Upper German, which included Alamannic (spoken in Switzerland) and Bavarian.

Old Norse includes the dialects spoken in Denmark, Norway, Sweden, and Iceland up to the time of the Reformation. The earliest records of Old Norse are runic inscriptions dating from the third century. The most important literature is in Icelandic, which is known from a rich literature preserved in MSS dating from about 1200 on.

Gothic is known from rather extensive fragments of a translation of the Bible made before 400 by Wulfilas, a Gothic bishop, for the West Goths along the Danube.

All these languages are called Germanic. Gothic is called East Germanic; Old Norse is called North Germanic; and Old

High German, Old Dutch, Old Saxon, Old Frisian, and Old English are called West Germanic.

The terms Germanic (Gmc) and West Germanic (WGmc) are used to designate not only groups of languages, but also the hypothetical reconstruction of the parent language of the group as it existed at a prehistoric period. Thus the term WGmc is applied to forms or sounds which we must presuppose at the period when we may presume that all the WGmc languages were nearly or quite identical. The term Gmc is applied to forms or sounds of the period at which we may presume that all the Gmc languages were nearly identical. Likewise, the terms Primitive and Prehistoric OE are applied to hypothetically reconstructed stages of OE. Primitive OE is the term that we apply to the hypothetically reconstructed English language before, roughly, the year 500 A.D. Prehistoric OE is the term that we apply to the reconstructed language from about 500 to about 700.

Thus, by comparing Gothic **stain-s**, Primitive Old Norse **stain-a-R**, Old Saxon **stēn**, Old High German **stein**, and OE **stān**, we reconstruct a Primitive Gmc form *stain-a-z.[1] Likewise, by comparing Gothic **dōmjan**, Old Saxon **dōmian**, and OE **dēman**, we reconstruct a Primitive OE form *dōmjan.

Indo-European (also called Indo-Germanic and sometimes Aryan) is a term applied to a group of languages which includes Sanskrit, Lithuanian, the Slavic languages, Latin, Greek, the Celtic languages, and the Germanic languages. The term is also applied to forms and sounds hypothetically reconstructed by a comparison of these various languages.

---

[1] Hypothetical or prehistoric forms are preceded by an asterisk.

CHAPTER I

The Elements of Phonetics

1. Organs of Speech. The primary condition for the production of speech-sounds is the passage of a stream of breath thru the mouth passage or thru the nasal passage or thru both. This stream of breath is modified in various ways by movements of the organs of speech. The principal movable organs concerned in the production of English speech-sounds are the so-called vocal cords, situated in the larynx; the soft palate or velum; the tongue; the lips; and the lower jaw. The velum (which terminates below in the uvula) forms the back part of the roof of the mouth, the hard palate forming the front part.

2. Voiced and Voiceless Sounds. With reference to the action of the vocal cords, sounds are either voiced or voiceless. In the production of a voiceless sound, the stream of air passes freely thru the larynx; the vocal cords are separated, so that they offer no impediment to the stream of air and therefore do not vibrate. But in the production of a voiced sound, the vocal cords are drawn into contact or close together so that they are caused to vibrate by the stream of air which passes between them. This vibration can be felt by placing the first finger and thumb upon the larynx or "Adam's apple" while one is pronouncing a vowel sound, or the consonant v. All vowel sounds are ordinarily voiced, but some consonants are voiced and some are voiceless.[1] It is chiefly voice that distinguishes **g** (as in **get**)

---

[1] Vowels and the consonants that are ordinarily voiced can also be whispered. In whispering, the opening of the glottis (i.e. the space between the vocal cords) is such that the passage of the stream of air causes friction but not those regular vibrations that characterize voice. Speakers of English very commonly whisper the last of two voiced consonants that terminate a word followed by a

from k (as in kept), d from t, b from p, v from f, z (as in zoo) from s (as in soon), and the sound of th in then from the sound of th in thin.[2]

3. **Stops and Spirants.** With reference to the manner of their articulation, consonants are distinguished as stopped consonants (or explosives) and open consonants (or spirants). In the production of stopped consonants, the breath stream is stopped at some point by the complete closing of the mouth passage. If (as is usually the case) it is the outgoing breath stream that is stopped, the density of the air behind the stoppage becomes greater than the density of the outer air, so that when the stop is opened an explosion occurs. In the production of open consonants or spirants, however, the breath stream is not completely stopped but is made to pass thru an opening so narrow that the friction causes a buzzing or hissing noise. Stopped consonants are Modern English g (as in go),[3] k, d, t, b, p; open consonants are z, s, th (as in then), th (as in thin), v, f. The ch in chill and the g in gin are combinations of a stop consonant with an open consonant (approximately t with sh and d with s as in measure). In these combinations the closure for the stop and for the open consonant is made at the same or

---

pause (e.g. in leaves). Voiceless consonants are probably not modified when we whisper, but are made with the glottis open as in ordinary speech.

[2] By practice one may soon learn to distinguish voiced sounds from voiceless ones. A good exercise for practice is to pronounce alternately s and z. f and v, and the two sounds of th, taking care to pronounce the consonant sound alone without the aid of a vowel. The sounds of t and d, p and b, etc., when pronounced without a vowel, will also be felt and heard to be very different in character. It will also be observed that voiced sounds, whether vowels or consonants, are capable of being uttered with variations of musical pitch without changing the shape of the mouth cavity, whereas voiceless sounds are not. Of the following words, which begin with a voiced and which with a voiceless consonant: let, met, net, rat, shut, chin?

[3] Are r, sh, and l open consonants or stopped consonants?

nearly the same point, and when the stop is opened the explosion occurs thru the narrow opening of the spirant; such combinations are called **affricates**.

4. The complete or partial closure required to produce stops and open consonants is usually made by means of the tongue or lips, and the quality of the various sounds is determined by the manner in which the closure is made. Modern English **g** (as in **go**) and **c** (as in **comb**) are produced by contact of the tongue against the soft palate; **y** (as in **yield**) is made with an incomplete closure between the tongue and the hard palate; **d** and **t** are made by contact of the tongue against the ridge above the upper front teeth or against the teeth themselves; **z** and **s** are made with an incomplete closure at the same point; **b** and **p** are produced by a closure of the two lips; **v** and **f** are produced with an incomplete closure between the lower lip and the upper front teeth; **th** as in **then** and **th** as in **thin** are produced by causing air to pass between the tongue and the backs or edges of the upper front teeth.

According to the place of their formation, these consonants are therefore classified as velar consonants (**g** as in **go**, **c** as in **comb**); palatal consonants (**y**); dental consonants (**d, t, z, s, th** in **then, th** in **thin**); and labial consonants (**b, p, v, f**).

5. Nasal and Oral Consonants. All of the consonants mentioned in the preceding paragraph are oral consonants. Nasal consonants are **m, n,** and **ng** (as in **thing**). In the articulation of the oral consonants, the velum is retracted until it makes contact with the back wall of the throat, which at the same time moves forward so as to close the passage from the throat to the nasal cavity. In the articulation of nasal consonants, however, the velum is in the position it occupies in ordinary breathing, and the mouth passage is stopped by the lips or tongue, being made for **m, n,** and **ng,** precisely as for **b, d,** and **g,** respectively.

Vowels are normally oral sounds, but they become nasalized if the velum is not completely retracted and the passage to the nasal cavity is partly open. Consonants are also nasalized when they are pronounced with incomplete retraction of the velum. The nasalized vowels of Modern French are pronounced with no retraction of the velum and with the passage from the throat to the nasal cavity wide open.

6. Vowels. Vowel sounds are more open than open consonant sounds. In the formation of an open consonant, a stream of air is made to pass thru an opening so narrow that the passage of the air causes friction and therefore noise. In the formation of a vowel, however, the mouth opening is so wide that the friction of the air against the sides of the opening causes very little noise or none at all.

7. Open and Close Vowels. But the vowels are not all equally open in their formation. If one pronounces in order the vowel sounds of the words **hat, hate, heat,** he will observe that in pronouncing each of these successive sounds the tongue is closer to the roof of the mouth. When we pronounce the series, the tongue starts from a position considerably below the roof of the mouth and ends in a position quite close to the roof of the mouth. This can be felt, and it can also be seen by pronouncing the sounds before a mirror. The same thing can be observed in regard to the vowels of the words **law, low, loot.** As we pronounce this series of vowels, we can feel the tongue going higher in the mouth, and we can see it indirectly by watching the upward movement of the lower jaw as we pronounce the three sounds before a mirror.

8. This difference in openness or height is the basis of one of the most important classifications of vowel sounds. We distinguish at least three degrees in the height of vowel sounds. If the tongue is quite close to the roof of the mouth, we call the vowel a **high** vowel. If the tongue occupies a low position in the mouth, we call the vowel a **low** vowel. If the tongue is in a position about midway between its extreme high position and its extreme low position, we call the vowel a **mid** vowel. So the vowels of **law** and **hat** are **low** vowels, the vowels of **low** and **hate** are **mid** vowels, and the vowels of **loot** and **heat** are **high** vowels.

9. Back and Front Vowels. When we pronounce in succession the two series of vowels heard in **law, low, loot,** and **hat, hate, heat,** we can perceive that the tongue lies differently as we utter the two series. When we pronounce the vowels of **law, low, loot,** the tongue is closest to the **back** part of the roof of the mouth. When we pronounce the vowels of **hat, hate, heat,** the tongue is closest to the **front** part of the roof of the mouth. This can be felt, and it can also be seen to a certain extent by looking into the mouth as we pronounce the two series of sounds before a mirror. We therefore call the vowels of **law, low, loot, back** vowels, and the vowels of **hat, hate, heat front** vowels. This is the second basis of the classification of vowel sounds.

10. Combining the two classifications of vowel sounds, we say that the vowel of **hat** is a **low front** vowel, that the vowel of **hate** is a **mid front** vowel, that the vowel of **heat** is a **high front** vowel, that the vowel of **law** is a **low back** vowel, that the vowel of **low** is a **mid back** vowel, and that the vowel of **loot** is a **high back** vowel.[4]

11. Round and Unround Vowels. If one pronounces before a mirror the two series of vowel sounds heard in **hat, hate, heat,** and **law, low, loot,** he will see that the action of the lips in pronouncing the two series is not the same. In pronouncing the

---

[4] Some vowels, for example **a** in English **Cuba, e** in German **gabe, e** in French **je,** are neither front vowels nor back vowels. They occur chiefly in unstressed syllables and are generally termed **mixed** vowels.

first series, the lips are either in the neutral position which they occupy when they are in a position of rest with the mouth slightly open, or else the lip opening is enlarged by a slight depression of the lower lip or by drawing apart the corners of the mouth. But in pronouncing the latter series the lip opening is modified by bringing together the corners of the mouth, with or without raising the lower lip. On the basis of this difference in the action of the lips we make the distinction between **round** and **unround** vowels, and call the vowel of **law** a **low back round** vowel, the vowel of **low** a **mid back round** vowel, and the vowel of **loot** a **high back round** vowel. The vowels of **hat, hate, heat,** on the other hand, are **unround** vowels.

Round vowels differ considerably in the degree of their rounding. The vowel of **loot** is more rounded than the vowel of **low,** and the vowel of **low** is more rounded than the vowel of **law;** in fact some speakers of English pronounce the vowel of **law** with very little rounding or none at all.

12. All of the English front vowels are unround, but front round vowels occur in French and German. The vowels of French **une** and German **kühn** and **müssen** are high front round vowels. The vowels of French **peu** and German **schön** and **hölle** are mid front round vowels. The vowels of **une** and **kühn** may be roughly described as formed with the tongue position of the vowel of English **heat** and the lip rounding of the vowel of English **loot.** The vowel of **müssen** may be described as formed with the tongue position of the vowel of English **hit** and the lip rounding of the vowel of English **full.** The vowels of **peu** and **schön** may be described as formed with the tongue position of the vowel of English **hate** and the lip rounding of the vowel of English **note.** And the vowel of **hölle** may be described as formed with the tongue position of the vowel of English **bet** and the lip rounding of the vowel of English **law.**

13. Tense and Lax Vowels. If we pronounce the vowel of **loot** and then the vowel of **look**, the vowel of **beat** and then the vowel of **bit**, we can feel in pronouncing the first vowel of each pair a degree of tenseness in the tongue that we do not feel in pronouncing the second vowel of the pair. The first pair of vowels are both high back round vowels, the second pair are both high front unround vowels, yet the acoustic quality of the first member of each pair is distinctly different from that of the second member. This difference of acoustic quality is chiefly the result of the difference that we observe in the tenseness of the tongue. We therefore call the vowels of **loot** and **beat** **tense** vowels and the vowels of **look** and **bit** lax vowels. The distinction between tense and lax vowels is most clearly perceptible and most distinct in its acoustic effect in the high vowels, but we find the same difference, tho in a less degree, in the mid and low vowels. The vowel of **bait** differs from the vowel of **bet** chiefly in being more tense, at least in American English. The vowel of **earth** is tense, and the vowel of the second syllable of **Cuba**, tho made with nearly the same tongue position, is lax. The vowels of **note** and **naught** are also tense. The vowel of the first syllable of **fairy** is tense in the speech of some persons and lax in the speech of others. The other vowels of English are all lax.

We should understand, however, in making this distinction between tense and lax vowels that the distinction is a relative one. All the English vowels are lax as compared with the stressed vowels of French, which are all very tense. The German short vowels are lax, and the long vowels are tense, tho less tense than those of French. And the English tense vowels are less tense than the German tense vowels.

14. Quantity of Vowels. The foregoing classification of vowel sounds has reference only to the **quality** of vowels. But vowels differ from each other not only in quality but also in

quantity or length of duration. With regard to quantity, vowels are commonly distinguished as **long** and **short**. But the student must be on his guard against the phonetically incorrect use of the terms long and short that he finds in Modern English dictionaries. The vowel of **bite,** for example, is called "long i" and the vowel of **bit** "short i," but the first is really a diphthong and the second a simple vowel; the vowel of **mate** is called "long a" and the vowel of **mat** "short a," but the two vowels differ in quality as well as quantity, for the first is a mid front un-round vowel and the second is a low front unround vowel; the vowel of **loot** is called "long oo" and the vowel of **look** "short oo," but tho they are both high back round vowels they are not a longer and shorter variety of the same vowel, for the first vowel is tense and the second is lax. Differences of mere quantity or duration in vowels of the same quality do occur, however, in Modern English. The vowel of **gnaw** is longer than the vowel of **gnawed** and the vowel of **gnawed** is longer than the vowel of **naught,** tho the quality of the vowel is the same in the three words. But this variation depends on the phonetic environment of the vowel; a vowel is longer when it is final than when it is followed by a consonant, and longer when it is followed by a voiced consonant than when it is followed by a voiceless consonant. This variation of vowel quantity according to the phonetic environment of the vowel is made automatically by speakers of English.

In the speech of some persons who do not pronounce **r** before consonants the words **heart** and **hot, hard** and **hod, part** and **pot,** etc., differ only in the fact that the vowel of the first word of each pair is of longer duration than the vowel of the second word of the pair. And in the speech of perhaps the majority of Americans the words **balm** and **bomb** differ only in the fact that the vowel of the first word is longer than the vowel of the second. With exceptions like these, however, differences in vowel quantity are not in themselves significant for the expression of meaning in Modern English, but are either dependent on the phonetic environment of the vowel or are combined with differences in vowel quality.

15. Diphthongs. A diphthong consists of two vowels pronounced in a single syllable. In Modern English we have diphthongs in the words *foil, foul,* and *file.*

PRONUNCIATION OF OLD ENGLISH

16. Alphabet. The Old English alphabet had two letters, þ and ð, which are not contained in the modern English alphabet. The former is called "thorn," and the latter "crossed *d*" or "eth" (*th* as in *then*). The capital of ð is Ð. In the manuscripts these two characters are used indiscriminately for the voiced and voiceless sounds of Modern English *th*. The Old English scribes did not use the letters **j, q, v,** and **z;** they used the letter **k** only rarely.[7]

17. Vowels. The Old English vowels were pronounced approximately as follows:

a	like o	in	*hot*[8]	**habban**
ā	" a	"	*father*	**stān**
æ	" a	"	*hat*	**æt**
ǣ	" ai	"	*airy*	**dǣd**
e, ę[9]	" e	"	*met*	**stelan, będd**

[7] The character for **w** in the MSS is quite different from the modern English character, but in printed texts the modern **w** is substituted for it. Most of the characters in the OE alphabet were more or less different in shape from those of the modern English alphabet.

[8] The "short o" of *hot, not,* etc., as pronounced unrounded in most parts of the United States, is really the short variety of the **a** in *father.* The rounded vowel used in eastern New England and England, however, is approximately the sound of short **o** in Old English.

[9] ę is a character used by some editors of OE texts to distinguish the -e sound which was the result of umlaut (see Chapter XV). The MSS have only one character, **e**.

ē	like	a	in	*fate*	dēman
i	"	i	"	*bit*	biton
ī	"	i	"	*machine*	bitan
o, ǫ[10]	"	au	"	*audacious*	holpen, bǫnd
ō	"	o	"	*note*	dōm
u	"	u	"	*pull*	full
ū	"	oo	"	*doom*	tūn
y	"	ū	"	German *müssen*	fyllan
ȳ	"	üh	"	" *kühn*	tȳnan

18. With regard to their formation (see 10–13), u, ū, o, ǫ, and ō are **back round** vowels; a and ā are **back unround** vowels. The other vowels are **front** vowels; y and ȳ are **front round** vowels; i, ī, e, ę, ē, æ, and ǣ are **front unround** vowels.

19. **Diphthongs.** The Old English diphthongs were pronounced approximately as follows:

ea	like	a	in	*hat* plus a in *Cuba*	healp
ēa	"	ai	"	*airy* plus a in *Cuba*	bēam
eo	"	e	"	*met* plus o in *poetic*	weorc
ēo	"	a	"	*fate* plus o in *poetic*	bēodan
io[11]	"	i	"	*bit* plus o in *poetic*	liornian
īo[11]	"	i	"	*machine* plus o in *poetic*	liode
ie[12]	"	i	"	*bit* plus a in *Cuba*	ieldran
īe[12]	"	i	"	*machine* plus a in *Cuba*	hieran

These diphthongs were usually accented on the first element.

20. **Consonants.** Old English b, d, l, m, n, p, t, w, and x were pronounced approximately as in Modern English. Double consonants, however, were really double, as in Modern English *pen-knife*, *book-case*, *grab-bag*, as distinguished from *penny*, *bookish*, and *grabbing*:—**winnan, bucca, webba.**

[10] ǫ is the character used by some editors of OE texts for the o which developed from a before nasals; ǫ does not occur in the MSS.

[11] io and īo occur chiefly in EWS; in LWS they are usually represented by eo and ēo.

[12] ie and īe occur chiefly in EWS; in LWS they are usually represented by y, i, and ȳ, ī.

21. r was strongly trilled with the tip of the tongue:—rīdan, faran, ǣr.

22. cg was probably pronounced like **dg** in Modern English *bridge:*—brycg, licgan.

23. f, s, and þ, ð represent respectively the sounds of f in *father*, s in *soon*, and th in *thin:*

    (a) Initially:—fæder, sōna, þanc, ðǣr.

    (b) Finally:—stæf, wæs, swæþ, āð.

    (c) Before voiceless consonants:—eft, fæst, hæsp.

    (d) When doubled:—Offa, mæsse, siþþan, oððe.

f, s, and þ, ð represent respectively the sounds of v in *over*, z in *prize*, and th in *then:*

    (a) Between vowels:—ofer, rīsan, swiþe, cweðan.

    (b) Between vowels and voiced consonants:—healfe, hæfde, hūsles, hǣþnan, eorðe.[13]

24. Old English g represents two sounds, a front (or palatal) open consonant, and a back (or velar) open consonant. The front sound was that of y in Modern English *yield*. The back sound was that of g in North German *sagen*. This sound may be acquired in either of two ways: by pronouncing the vowel of Modern English *woo* without rounding of the lips and with the tongue so close to the roof of the mouth that a buzzing sound instead of a clear vowel is produced; or by relaxing the contact between the tongue and the roof of the mouth while one pronounces the g of Modern English *goose*.[14] In this book

---

[13] f, s, and þ, ð at the beginning or end of elements of compound words were pronounced as if the elements of the compound were separate words: of-līnann, ā-sìttan, ǧe-sǽt, oð-lǽdan, ā-férian.

[14] If one is unable to acquire this sound he may substitute for it the stop g in Modern English *goose*.

the front or palatal sound of ġ is indicated by a dot over the letter. The back sound is left unmarked.

25. ġ has the front or palatal sound, that of y in Modern English *yield:*

   (a) Initially before e,[15] ē,[15] i, ī, ea, ēa, eo, ēo, io, īo, ie, īe:—ġeworden, ġē, ġift, ġīsel, ġeaf, ġēafon, ġeorn, ġēotan, ġicfan, ġiet.

   (b) At the end of a word or syllable when preceded by a front vowel (æ, ǣ, e, ē, i, or ī):—mæġ, mǣġ, weġ, swēġ, hāliġ, wiġ; sæġde, breġdan.

   (c) Medially between front vowels:—dæġes, weġes, stiġe.

   (d) When originally followed in Prehistoric OE by i, ī, or j[16]:—bīeġan, byrġ.

26. In all other cases except those specified in the preceding paragraph g has the back sound:—gatu, gēs, gyrdan, god, gōd, guma, gūð, glīdan, grinnan, dagas, dagum, fāg.

27. Old English c also represented two sounds, a back (or velar) consonant and a front or palatal consonant. The back sound was that of k. The front sound was probably that of ch in Modern English *chalk, teach.*[17] In this book the front or palatal sound of ċ is indicated by a dot over the letter. The back sound is left unmarked.

[15] Unless the e or ē is the result of umlaut (see Chapter XV).

[16] The character j, wherever it is employed in this book, has the value of j in Modern German *Jahr,* which is that of y in Modern English *yield.* It is therefore preferable to call the sound by the German name of the character, "yot," rather than by its English name, "jay."

[17] Palatal c was at first a palatal stop, similar to the k in Modern English *kid,* but with the stoppage made farther forward in the mouth. Later it developed in the WS dialect into the sound of ch as in *church.* It is probable that it had reached the ch stage before the year 900.

28. ċ has the front or palatal sound, that of ch in Modern English *chalk:*

(a) Initially before e,[18] ē[18], i, ī, ea, ēa, eo, ēo, io, īo, ie, īe:—ċild, ċīdan, ċealc, ċēapman, ċeorl, ċēosan, ċiest, ċīese.

(b) Finally after i, ī:—iċ, dīċ, swelċ (from *swaliċ).

(c) Medially between ī and a front vowel: cyneliċes.

(d) When originally followed in Prehistoric OE by i, ī, or j:—sēċan, ðenċan, ċiriċe.

29. In all other cases except those specified in the preceding paragraph c has the sound of k:—calan, cennan, cōm, cuman, cyning, āc, cræft, beswicen, bōce, wicod.

30. ng was pronounced as in Modern English *finger,* not as in *ring:*—hungor, singan, ðing.[19]

31. sc probably had the sound of sh[20] in Modern English *ship:*—scip, scīnan, scrūd, sceal, fisc (compare *ship, shine, shroud, shall, fish*).[21]

32. h represented two sounds:

(a) Initially before vowels it was pronounced like h in Modern English *hand:*—hand, hūs.

(b) Before consonants and after vowels it was pronounced like ch in German *ich, macht:*—niht, sōhte, seah, feoh, hræfn.

---

[18] Unless the e or ē is the result of umlaut (see Chapter XV).

[19] When it was followed in Prehistoric OE by i, ī, or j, ng appears to have had the sound of ng as in *singe;* this sound of ng, however, is of very little importance in the later history of the language and is not marked in this book.

[20] In the opinion of some scholars, however, the pronunciation was that of s followed by the palatal stop described above in note 17.

[21] sc, however, had the sound of sk in a few late loan words and in a few words in which late metathesis (transposition of sounds) had occurred: scōl (from Latin schōla), āscian (from ācsian).

33. To summarize briefly the preceding paragraphs, the Old English consonants were pronounced approximately as follows:

ċ	like **ch** in	*chalk*
c	" **c** "	*call*
cg	" **dg** "	*bridge*
f initially, finally, and before voiceless consonants .	" **f** "	*father*
f between vowels, or between vowels and voiced consonants	" **v** "	*over*
ff	" **f** "	*father*
ġ	" **y** "	*yield*
g	" **g** "	German *sagen*
h initially before vowels . .	" **h** "	*hand*
h before consonants and after vowels.	" **ch** "	German *ich, macht*
ng	" **ng** "	*finger*
r strongly trilled with the tip of the tongue		
s initially, finally, and before voiceless consonants . .	" **s** "	*soon*
s between vowels, or between vowels and voiced consonants	" **z** "	*prize*
sc	" **sh** "	*ship*
ss	" **s** "	*soon*
þ, ð initially, finally, and before voiceless consonants . .	" **th** "	*thin*
þ, ð between vowels, or between vowels and voiced consonants	" **th** "	*then*
þþ, ðð	" **th** "	*thin*

The other consonants were pronounced approximately as in Modern English.

ACCENTUATION

34. The following rules in regard to accentuation, tho they are not exhaustive, will suffice for the reading of Old English prose; the minor details of accentuation are best learned in connection with the study of poetical texts.

35. Simple words (i.e., those which are not compounds) are accented on the first syllable:—fǽder, sǽġde, lúfian, cwéðende, léornode, léornunġa.

36. Compound nouns, adjectives, and adverbs are accented on the first syllable of the **first** element of the compound unless the first element is be-, ġe-, or for-:—córn-hūs, déaþ-stede, tó-weard, éarfoð-liċe, be-bód, ġe-féoht, for-bód. Compound verbs are accented on the first syllable of the **second** element of the compound:—wið-stóndan, ā-rísan, on-fón.[22]

---

[22] As an alternative to the rules given in the text, the following may be serviceable:

Rule: Accent the first syllable.

Exceptions: (1) Accent the root syllable of all verbal compounds.

           (2) Accent the root syllable of all other compounds beginning with be-, ġe-, or for-.

CHAPTER II

MASCULINE a-DECLENSION

37. Cases. Old English has five cases, nominative, genitive, dative, accusative, and instrumental. The instrumental is the case which denotes agency, means, or instrument. In the declension of nouns it does not differ in form from the dative, but there are different forms for the two cases in the masculine and neuter singular of the definite article and of the strong adjective.

38. Genders. Old English has three genders, masculine, feminine, and neuter, which, like those of Modern German, are not dependent on sex. For example, **mūð**, *mouth*, is masculine, **tunge**, *tongue*, is feminine, and **ēage**, *eye*, is neuter.

39. The masculine a-declension (also called the strong masculine declension) includes nearly all masculine nouns which end in a consonant or in -e. Typical examples are **sē stān, sē dæġ, sē engel,** and **sē ende,** for the declension of which see 41 below.

This declension includes "a-stems," "ja-stems," and "wa-stems." For a systematic treatment, see the Reference Grammar (302-305, 307-314).

40. The definite article, of which the masculine nominative form is **sē,** has two uses; it is either a definite article or a demonstrative. For example, **sē stān** means either *the stone* or *that stone.* When, as is usually the case, it modifies a noun, it agrees with that noun in gender, number, and case. It may

19

also, however, be used as a pronoun, and when so used it agrees with its antecedent in gender and number, but has the case which is demanded by its construction in the sentence. For example, **Iċ seah ðone monn in ðām felde; sē is ġōd þēow;** *I saw the man in the field; he* (or *that man*) *is a good servant.*

41. Paradigms of **sē stān,** *the stone;* **sē dæġ,** *the day;* **sē engel,** *the angel;* and **sē ende,** *the end:*

Sing.					Endings	
Nom.	sē stān	dæġ	engel	ende	—	-e
Gen.	ðæs stānes	dæġes	engles	endes	-es	-es
Dat.	ðǣm (ðām) stāne	dæġe	engle	ende	-e	-e
Acc.	ðone stān	dæġ	engel	ende	—	-e
Inst.	ðȳ (ðon, ðē) stāne	dæġe	engle	ende	-e	-e
Plur.						
Nom., Acc.	ðā stānas	dagas	englas	endas	-as	-as
Gen.	ðāra stāna	daga	engla	enda	-a	-a
Dat., Inst.	ðǣm (ðām) stānum	dagum	englum	endum	-um	-um

42. The interchange of **æ** and **a** which appears in the paradigm of **dæġ** is the result of the fact that in a very early stage of Prehistoric Old English the vowel **a** changed to **æ** except when it occurred before a single consonant followed by **a, o,** or **u.**[23] It will be observed that the inflected forms of **engel** lack the vowel which appears in the second syllable of the uninflected form; this variation is frequent, but not universal, in the declension of dissyllabic masculine nouns which end in a consonant.

43. Plurals in -e. A few nouns (chiefly names of tribes or peoples) form their Nom. Acc. Plur. in **-e** instead of **-as.**

---

[23] Further details in regard to this sound change will be given in Chapter VIII.

For example, **Dene,** *Danes,* and **Engle,** *(the) English,* are declined as follows:

Plur. Nom., Acc.	Dene	Engle
Gen.	Dena	Engla
Dat., Inst.	Denum	Englum

These nouns are "i-stems"; for further details in regard to them see the Reference Grammar (324).

44. Verbs. The Old English verb has (in addition to the infinitive and participles) three moods, the indicative, the subjunctive, and the imperative. It has two tenses, the present and the preterit (or past), and each tense has two numbers, singular and plural.

READING

45. Tō þæs ·æðelinges hāme wǣron fela wera ġegaderod. Þā eorlas hæfdon þā mēċas and þā helmas þāra Dena, þā þe hīe on þǣm campe ofercōmon. Sum ġeong eorl hæfde þone hafoc mid ðām ðe hē fuglas ġefēng. Swā ēac wǣron þǣr þā ierðlingas þe on hærfeste of þām æcerum wæstmas ālǣddon, and þā fisceras þe on bātum fiscas ġefēngon.

Þā æðelingas and þā eorlas fēngon tō þām gārum and þām helmum. Sum mann slōh his fēond mid his mēċe.

Sē cræft þāra wera in campe wæs miċel. Þā bealdan mēċas biton, þā gāras forwundodon, þā weras þone dēað brōhton.

The notes to the reading selections are intended to explain all grammatical forms which the student has not yet learned, except those which are explained by cross references in the Glossary at the end of the book.

hāme, the more frequent dat. sing. of this word is **hām.**
wǣron, pret. ind. 3 person plur. of **wesan.**
fela, an indeclinable neuter, *many, much,* is followed by the genitive.

ġeġaderod, past participle of ġeġaderian.

hæfdon, pret. ind. 3 person plur. of habban.

þā þe, *whom;* the demonstrative sē, either accompanied or not by the relative particle þe, is used as a relative pronoun.

hīe, *they,* nom. plur. of the third personal pronoun, hē.

ofercōmon, pret. ind. 3 person plur. of ofercuman.

hæfde, pret. ind. 3 person sing. of habban.

ðām ðe, see note on þā þe above.

ġefēng, pret. ind. 3 person sing. of ġefōn.

ālǣddon, pret. ind. 3 person plur. of ālǣdan.

þe, the indeclinable relative particle, *who, which, that.*

ġefēngon, pret. ind. 3 person plur. of ġefōn.

slōh, pret. ind. 3 person sing. of slēan.

bealdan, nom. plur. weak adj. (see 75-77).

biton, pret. ind. 3 person plur. of bītan.

forwundodon, pret. ind. 3 person plur. of forwundian.

brōhton, pret. ind. 3 person plur. of bringan.

CHAPTER III

NEUTER a-DECLENSION
VERBAL ENDINGS

46. The neuter a-declension (also called the strong neuter declension) includes nearly all neuter nouns which end in a consonant or -e.

This declension includes "a-stems," "ja-stems," and "wa-stems." For a systematic treatment of these see the Reference Grammar (309–312, 314).

47. Paradigms of **ðæt lim,** *the limb;* **ðæt bān,** *the bone;* **ðæt word,** *the word;* **ðæt rīċe,** *the kingdom;* and **ðæt tungol,** *the star:*

Sing.						Endings	
Nom.	ðæt lim	bān	word	rīċe	tungol	—	-e
Gen.	ðæs limes	bānes	wordes	rīċes	tungles	-es	-es
Dat.	ðǣm (ðām) lime	bāne	worde	rīċe	tungle	-e	-e
Acc.	ðæt lim	bān	word	rīċe	tungol	—	-e
Inst.	ðȳ (ðon, ðē) lime	bāne	worde	rīċe	tungle	-e	-e
Plur.							
Nom., Acc. ðā limu		bān	word	rīċu	tungol, tunglu	-u,—	-u
Gen.	ðāra lima	bāna	worda	rīċa	tungla	-a	-a
Dat., Inst.	ðǣm (ðām) limum	bānum	wordum	rīċum	tunglum	-um	-um

48. Monosyllabic neuters have the ending **-u** in the Nom. Acc. Plur. when, as in **lim,** the stem of the word is a short syllable; a syllable is short when it contains a short vowel or short diphthong followed by a single consonant. Monosyllabic neuters are without ending in the Nom. Acc. Plur. when, as in **bān** or **word,** the stem is a long syllable; a syllable is long when

it contains a long vowel or long diphthong, or a short vowel or short diphthong followed by more than one consonant.

Dissyllabic neuters ending in -e are declined like riċe. Dissyllabic neuters ending in a consonant sometimes have and sometimes do not have the ending -u in the Nom. Acc. Plur. It will be observed that the inflected forms of **tungol** lack the vowel which appears in the second syllable of the uninflected form; this variation is frequent, but not universal, in the declension of dissyllabic neuter nouns which end in a consonant.

49. Weak Verbs. In Old English, as in all other Germanic languages, there are two conjugations of verbs, the strong and the weak. Weak verbs form their preterit by means of a suffix containing **d** or **t** followed by endings indicative of person and number. In some verbs the suffix is added directly to the stem, in other verbs a middle vowel, **e** or **o**, intervenes between the stem and the suffix. The ending may therefore be **-ede, -de, -te,** or **-ode.** The past participle of weak verbs is formed by the addition of **d** or **t,** usually preceded by the vowel **e** or **o** but sometimes added directly to the stem. The ending may therefore be **-ed, -d, -t,** or **-od.**

50. Principal Parts. The principal parts of a weak verb are: (1) the infinitive, (2) the preterit indicative first person singular, (3) the past participle. Following are the principal parts of **fremman**, *make;* **nerian**, *save;* **dēman**, *judge;* **lǣdan**, *lead;* **sēċan**, *seek;* **lufian**, *love;* **habban**, *have:*

fremm-an	frem-e-de	frem-ed
ner-ian	ner-e-de	ner-ed
dēm-an	dēm-de	dēm-ed
lǣd-an	lǣd-de	lǣd-ed
sēċ-an	sōh-te	sōh-t
luf-ian	luf-o-de	luf-od
habb-an	hæf-de	hæf-d

51. Personal Endings. The personal endings of the preterit indicative of weak verbs are as follows:

Sing. 1   -e
2   -est   Plur. 1, 2, 3   -on
3   -e

The conjugation of the preterit indicative of *fremman* is therefore as follows:

Sing. 1   (iċ) fremede, *I made*   Plur. 1   (wē) fremedon, *we made*
2   (ðū) fremedest, *thou madest*   2   (ġē) fremedon, *you made*
3   (hē) fremede, *he made*   3   (hīe) fremedon, *they made*

READING

52. Sē hlāford, þe on his earmum hringas hæfde, dǣlde tō his folce þæt gold fram ðām horde. Þæt fȳr bærnde, ond þā sweord ond þā seax scinon þǣr hīe hēngon on þǣm wealle þæs hūses. Sē scop sang þæt lēoð. Þǣr wæs sē sang ond þæt ġiedd.

In þām tūne wǣron þæt hūs and þæt būr þæs eorles. Þǣr druncon hē and his ymbsittendas þæt wīn. Hē þā word sæġde tō his folce: "Nimað ġē þā sweord and þā gāras."

Þā ġeongan eorlas hæfdon seolfor and gold, and bohton þā seax and þā helmas. Þā lǣddon hīe hira frēondas tō hira hāmum.

dǣlde, pret. ind. 3 person sing. of dǣlan.
his, *his*, gen. of hē.
bærnde, pret. ind. 3 person sing. of bærnan.
scinon, pret. ind. 3 person plur. of scīnan.
hēngon, pret. ind. 3 person plur. of hōn.
sang, pret. ind. 3 person sing. of singan.
wæs, pret. ind. 3 person sing. of wesan.
druncon, pret. ind. 3 person plur. of drincan.
sæġde, pret. ind. 3 person sing. of secgan
nimað, imper. 2 person plur. of niman.
bohton, pret. ind. 3 person plur. of bycgan.
hira, *their*, gen. plur. of hē.

CHAPTER IV

Feminine ō-Declension
Verbal Endings

53. The feminine ō-declension (also called the strong feminine declension) includes nearly all feminine nouns which end in a consonant or -**u**.

This declension includes "ō-stems," "jō-stems," and "wō-stems." For a systematic treatment of these see the Reference Grammar (315-319).

54. Paradigms of sēo ġiefu, *the gift;* sēo lār, *the teaching;* sēo wund, *the wound;* and sēo sāwol, *the soul:*

Sing. Endings

Nom.	sēo ġiefu	lār	wund	sāwol	-u, —
Gen.	ðǣre ġiefe	lāre	wunde	sāwle	-e
Dat.	ðǣre ġiefe	lāre	wunde	sāwle	-e
Acc.	ðā ġiefe	lāre	wunde	sāwle	-e
Inst.	ðǣre ġiefe	lāre	wunde	sāwle	-e

Plur.

Nom., Acc.	ðā ġiefa, ġiefe	lāra, -e	wunda, -e	sāwla, -e	-a, -e
Gen.	ðāra ġiefa, ġiefena	lāra	wunda	sāwla	-a, -ena
Dat., Inst.	ðǣm (ðām) ġiefum	lārum	wundum	sāwlum	-um

Some feminine nouns, e.g., tīd, *time,* and dǣd, *deed,* have no ending in the Acc. Sing. These are "i-stems"; for further details in regard to them see the Reference Grammar (325). It will be observed that the inflected forms of **sāwol** lack the vowel which appears in the second syllable of the uninflected form; this variation is frequent, but not universal, in the declension of dissyllabic feminines ending in a consonant.

55. The case ending -**u** of the Nom. Sing. occurs only when, as in **ġiefu**, the stem is a short syllable (see 48). When, as in **lār** and **wund**, the stem is long, the Nom. Sing. is without ending.

56. Strong Verbs. Strong verbs do not form their preterit by means of a suffix but by a particular kind of vowel change called **ablaut**. Thus, the preterit indicative first person singular of **singan** is **sang**; the preterit plural is **sungon**. The vowel changes that occur in some weak verbs (see **50**) are not ablaut.

57. Principal Parts. The principal parts of a strong verb are: (1) the infinitive, (2) the preterit indicative first person singular, (3) the preterit indicative plural, (4) the past participle. Following are the principal parts of **drīfan,** *drive;* **bēodan,** *command;* **singan,** *sing;* **beran,** *bear;* **sprecan,** *speak;* **faran,** *go;* **lǣtan,** *let;* **feallan,** *fall:*

drīfan	drāf	drifon	drifen
bēodan	bēad	budon	boden
singan	sang (song)	sungon	sungen
beran	bær	bǣron	boren
sprecan	spræc	sprǣcon	sprecen
faran	fōr	fōron	faren
lǣtan	lēt	lēton	lǣten
feallan	fēoll	fēollon	feallen

58. Personal Endings. The personal endings of the preterit indicative of strong verbs are as follows:

Sing. 1 —
    2 -e   Plur. 1, 2, 3   -on
    3 —

The conjugation of the preterit indicative of **drīfan** and **singan** is as follows:

Sing. 1 (ic) drāf, *I drove*   Plur. 1 (wē) drifon, *we drove*
    2 (ðū) drife, *thou drovest*   2 (ġē) drifon, *you drove*
    3 (hē) drāf, *he drove*   3 (hīe) drifon, *they drove*

Sing. 1 (ic) sang (song), *I sang*   Plur. 1 (wē) sungon, *we sang*
    2 (ðū) sunge, *thou sangest*   2 (ġē) sungon, *you sang*
    3 (hē) sang (song), *he sang*   3 (hīe) sungon, *they sang*

It is important to observe that the second person singular is formed from the stem of the preterit plural, not from that of the preterit singular.

READING

59. In þære healle wæs sēo bliss and sēo sǣlð. Nǣfre hæfdon hīe þā ċeare nē þā sorge. On þǣm benċum sǣton þā eorlas, ond sē drēam þære dryhte wæs miċel. Hira mēda ond hira sælða wǣron moniġe. Þā hīe hæfdon fela ġiefena, þā ēodon hīe tō hira hāmum.

Sē hlāford bær þā ġiefe tō his werum. Þā wunda þāra eorla wǣron maniġe, and fēollon hīe in þām campe. Þā spræc sē eorl: "Sing þū þæt lēoð, scop, for þām þe wē þā fēondas drifon tō hira bātum."

[handwritten annotations: because / for the reason that]

ċeare, acc. sing. of caru.
sǣton, pret. ind. 3 person plural of sittan.
hira, *their*, gen. plur. of the third personal pronoun, hē.
ēodon, pret. ind. 3 person plur. of gān.
moniġe, maniġe, nom. plur. of maniġ.
fēollon, pret. ind. 3 person plural of feallan.
spræc, pret. ind. 3 person sing. of sprecan.
drifon, pret. ind. 3 person plural of drīfan.

CHAPTER V

n-STEMS

bēon

60. The n-stems (also called "weak nouns") include (1) all masculine nouns ending in -a; (2) all feminine nouns ending in -e; (3) two neuter nouns, ēage, *eye*, and ēare, *ear*, ending in -e.

61. Paradigms of **hunta**, *hunter*, (masculine); **eorðe**, *earth* (feminine); **ēage**, *eye* (neuter):

Sing.				Endings		
Nom.	hunta	eorðe	ēage	-a	-e	-e
Gen.	huntan	eorðan	ēagan	-an	-an	-an
Dat.	huntan	eorðan	ēagan	-an	-an	-an
Acc.	huntan	eorðan	ēage	-an	-an	-e
Inst.	huntan	eorðan	ēagan	-an	-an	-an
Plur.						
Nom., Acc.	huntan	eorðan	ēagan	-an	-an	-an
Gen.	huntena	eorðena	ēagena	-ena	-ena	-ena
Dat., Inst.	huntum	eorðum	ēagum	-um	-um	-um

62. Complete paradigm of the definite article and demonstrative, **sē, sēo, ðæt:**

		Masculine	Feminine	Neuter
Sing.	Nom.	sē	sēo	ðæt
	Gen.	ðæs	ðære	ðæs
	Dat.	ðæm, ðām	ðære	ðæm, ðām
	Acc.	ðone	ðā	ðæt
	Inst.	ðȳ, ðon, ðē	ðære	ðȳ, ðon, ðē

		All Genders
Plur.	Nom., Acc.	ðā
	Gen.	ðāra
	Dat., Inst.	ðæm, ðām

29

63. The present indicative of **bēon,** *be,* is conjugated as follows:

Sing. 1	(iċ) **eom**	(iċ) **bēo**	*I am*
2	(ðū) **eart**	(ðū) **bist**	*thou art*
3	(hē) **is**	(hē) **biþ**	*he is*
Plur. 1	(wē) **sindon (sind, sint)**	(wē) **bēoþ**	*we are*
2	(ġē) **sindon (sind, sint)**	(ġē) **bēoþ**	*you are*
3	(hīe) **sindon (sind, sint)**	(hīe) **bēoþ**	*they are*

64. The preterit indicative of **wesan,** *be,* is conjugated as follows:

Sing. 1	(iċ) **wæs**	*I was*
2	(ðū) **wǣre**	*thou wast*
3	(hē) **wæs**	*he was*
Plur. 1	(wē) **wǣron**	*we were*
2	(ġē) **wǣron**	*you were*
3	(hīe) **wǣron**	*they were*

This "composite" verb comprises forms of three separate verbs. To one belong **eom, eart, is, sindon;** to a second belong **bēo, bist, biþ, bēoþ;** to a third belong the forms **wæs, wǣre, wǣron.** No one of these verbs is conjugated fully in any Germanic language, but forms of each are combined so as to comprise one fully conjugated verb.

A distinction of meaning exists between the present indicative forms **eom, sindon,** etc., and **bēo,** etc. The former are used to express present time, but the latter are frequently future in meaning.

READING

65. Þā sēo sunne ārās, þā cōmon þā bodan þæs cyninges, cweðende þæt þā scipflotan, þā Norþmenn, cōmon. Þā guman tō hira ecgum and hira gārum fēngon. Hīe ġewiton tō þǣre hilde. Þǣr fuhton hīe onġēan þǣm fēðum ðāra flotena. Sēo byrne scān, ðæt sweord swong, sēo ecg bāt. Þǣr wǣron moniġe bealde dǣde on bām healfum.

Sē cyning feaht, þā eorlas fuhton, hīe drifon þā flotan tō hira scipum. Þā sang sē scop, þā wæs bliss þāra gumena. Þā ġeaf sē cyning hringas and gold tō his werum.

cweðende, pres. participle of cweðan.
Norþmenn, nom. plur. of Norþmann.
moniġe, nom. plur. of moniġ (maniġ).
fuhton, pret. indic. 3 person plur. of feohtan.
feaht, pret. indic. 3 person sing. of feohtan.
ġeaf, pret. indic. 3 person sing. of ġiefan.

CHAPTER VI

Third Personal Pronoun
Verbal Endings

66. The personal pronoun of the third person, **hē, hēo, hit,** *he, she, it,* is declined as follows:

Sing.	Masculine	Feminine	Neuter
Nom.	hē	hēo	hit
Gen.	his	hiere, hire	his
Dat.	him	hiere, hire	him
Acc.	hine	hie, hī	hit

Plur.	All Genders
Nom., Acc.	hīe, hī
Gen.	hiera, hira, heora
Dat.	him, heom

67. Personal Endings of Present Indicative. The present indicative of strong verbs is conjugated by means of the following endings:

Sing. 1	-e		
2	-est	Plur. 1, 2, 3	-aþ
3	-eþ		

These endings are added to the present stem of the verb, which we obtain by dropping from the infinitive form the infinitive ending, **-an.** The conjugation of the present indicative of **drīfan** and **singan** is therefore as follows:

Sing. 1	(ic) drīfe	(ic) singe
2	(ðū) drīfest	(ðū) singest
3	(hē) drīfeþ	(hē) singeþ
Plur. 1	(wē) drīfaþ	(wē) singaþ
2	(ǧē) drīfaþ	(ǧē) singaþ
3	(hīe) drīfaþ	(hīe) singaþ

32

These endings are also employed in the conjugation of weak verbs of the first class (see Chapter XVII). Weak verbs of the second class (see Chapter XX) have in the present indicative the following endings:

	Sing.	1	-ie			
		2	-ast	Plur. 1, 2, 3	-iaþ	
		3	-aþ			

The conjugation of the present indicative of **dēman**, *judge*, and **lufian**, *love*, weak verbs respectively of the first and second classes, is as follows:

	Sing. 1	(ić) dēme	(ić) lufie
	2	(ðū) dēmest	(ðū) lufast
	3	(hē) dēmeþ	(hē) lufaþ
	Plur. 1	(wē) dēmaþ	(wē) lufiaþ
	2	(ġē) dēmaþ	(ġē) lufiaþ
	3	(hīe) dēmaþ	(hīe) lufiaþ

READING

Matthew 13:24-30

68. Heofona rīće is ġeworden þām menn ġelīċ þe sēow gōd sǣd on his æcere. Sōþlīċe þā þā menn slēpon,. þā cōm his fēonda sum and ofersēow hit mid coccele on middum þām hwǣte and fērde þanon. Sōþlīċe þā sēo wyrt wēox ond þone wæstm brōhte, þā ætīewde sē coccel hine. þā ēodon þæs hlāfordes þēowas ond cwǣdon, "Hlāford, hū ne sēowe þū gōd sǣd on þīnum æcere? Hwanon hæfde hē coccel?" þā cwæþ hē, "þæt dyde unhold monn." þā cwǣdon þā þēowas, "Wilt þū wē gāð and gaderiað hīe?" þā cwæð hē, "Nese, þē lǣs ġē þone hwǣte āwurtwalien þonne ġē þone coccel gaderiaþ. Lǣtað ǣġþer weaxan oð riptīman; ond on þām riptīman iċ secge þām rīperum, 'Gaderiaþ ǣrest þone coccel, ond bindaþ sċēafmǣlum tō forbǣrnenne; ond gaderiaþ ðone hwǣte intō mīnum berne.' "

is ġeworden ġelīċ, *is likened.*
þām menn, dat. sing. of **sē mann**; see 167

hine, the personal pronoun used reflexively.

sēowe, pret. ind. 2 person sing. of sāwan.

þīnum, masc. dat. sing. of þīn.

wilt, pres. ind. 2 person sing. of willan.

gāð, pres. ind. 1 person plur. of gān; here, as frequently in OE, the present tense is used with future meaning.

gaderiað, pres. ind. 1 person plur. of gaderian, used with future meaning.

āwurtwalien, pres. subj. 2 person plur. of āwurtwalian.

lǣtað, imperative 2 person plur. of lǣtan; the imp. 2 person plur. of both strong and weak verbs is always identical in form with the pres. ind. 2 person plural.

secge, pres. ind. 1 person sing. of secgan, used with future meaning.

gaderiaþ, imp. 2 person plur. of gaderian.

bindaþ, imp. 2 person plur. of bindan.

tō forbærnenne, *to burn up,* gerund of forbærnan, used to express purpose.

mīnum, neut. dat. sing. of mīn.

CHAPTER VII

DECLENSION OF ADJECTIVES

69. In Old English, as in all other Germanic languages, there are two declensions of the adjective, the strong and the weak.

70. Paradigm of the strong declension of the short-stemmed adjective **sum**, *some:*

Sing.	Masculine	Feminine	Neuter	Endings		
Nom.	sum	sumu	sum	—	-u	—
Gen.	sumes	sumre	sumes	-es	-re	-es
Dat.	sumum	sumre	sumum	-um	-re	-um
Acc.	sumne	sume	sum	-ne	-e	—
Inst.	sume	sumre	sume	-e	-re	-e
Plur.						
Nom., Acc.	sume	suma, sume	sumu	-e	-a, -e	-u
Gen.	sumra	sumra	sumra	-ra	-ra	-ra
Dat., Inst.	sumum	sumum	sumum	-um	-um	-um

71. Paradigm of the strong declension of the long-stemmed adjective **gōd**, *good:*

Sing.	Masculine	Feminine	Neuter	Endings		
Nom.	gōd	gōd	gōd	—	—	—
Gen.	gōdes	gōdre	gōdes	-es	-re	-es
Dat.	gōdum	gōdre	gōdum	-um	-re	-um
Acc.	gōdne	gōde	gōd	-ne	-e	—
Inst.	gōde	gōdre	gōde	-e	-re	-e
Plur.						
Nom., Acc.	gōde	gōda, gōde	gōd, gōde	-e	-a, -e	—, -e
Gen.	gōdra	gōdra	gōdra	-ra	-ra	-ra
Dat., Inst.	gōdum	gōdum	gōdum	-um	-um	-um

35

72. It will be observed that most of the endings are the same as those of the masculine and neuter a-declension and feminine ō-declension nouns. The endings printed in italics, however, belong to the pronoun declension; thus,

sum-*um*, Masc. Neut. Dat. Sing., ends in -m like ðǣm and him;
sum-*ne*, Masc. Acc. Sing., has the same ending as ðone and hine;
sum-*re*, Fem. Gen. Dat. Sing., has the same ending as ðǣre and hiere;
sum-*e*, Masc. Nom. Acc. Plur., ends in a vowel like ðā and hīe, not in -as like stānas;
sum-*ra*, Gen. Plur., has the same ending as ðāra and hiera.

73. The declension of the short-stemmed adjectives and of the long-stemmed adjectives is identical except in two forms. In the Fem. Nom. Sing. and the Neut. Nom. Acc. Plur. the short-stemmed adjective has the ending -u. The long-stemmed adjective, on the other hand, has no ending in the Fem. Nom. Sing., and often has none in the Neut. Nom. Acc. Plur. This difference is precisely parallel to that between limu and word, ġiefu and lār; see 48 and 55.

74. **Dissyllabic Adjectives.** Adjectives ending in -e, like grēne, *green*, are declined like sum except that they have the ending -e wherever sum is without ending (see Reference Grammar 357). The inflected forms of dissyllabic adjectives ending in a consonant frequently lack the vowel which appears in the second syllable of the uninflected form; e.g., hāliġ; *holy*, Gen. Sing. hālġes. Dissyllabic adjectives ending in a consonant sometimes have and sometimes do not have the ending -u in the Fem. Nom. Sing. and Neut. Nom. Acc. Plur.

75. **Weak Declension.** Paradigm of the weak declension of the adjective gōd, *good:*

Sing.	Masculine	Feminine	Neuter	Endings		
Nom.	gōda	gōde	gōde	-a	-e	-e
Gen.	gōdan	gōdan	gōdan	-an	-an	-an

Dat.	gōdan	gōdan	gōde	-an	-an	-an
Acc.	gōdan	gōdan	gōde	-an	-an	-e
Inst.	gōdan	gōdan	gōdan	-an	-an	-an

	Plur.	All Genders	
Nom., Acc.		gōdan	-an
Gen.		gōdena, gōdra	-ena, -ra
Dat., Inst.		gōdum	-um

76. It will be observed that the endings of the weak adjective declension are identical with those of the weak noun declension except in the Gen. Plur., where the ending -ra, borrowed by analogy from the strong declension, is an alternative to the weak ending -ena.

77. The strong declension of the adjective is used in prose except under conditions that require the use of the weak declension. The weak declension is used: (1) when the adjective is preceded by the definite article sē or the demonstrative ðēs, *this;* (2) when it is preceded by a possessive pronoun; (3) when it modifies a noun used in direct address; (4) regularly in the comparative degree; (5) frequently in the superlative degree; (6) often in poetry where the strong declension would be used in prose.

[margin handwritten: ✗ EXCEPTIONS]

READING

Luke 15:11-19

78. Sōðlīċe sum monn hæfde twēġen suna. Þā cwæð sē ġingra tō his fæder, "Fæder, sele mē mīnne dǣl mīnre ǣhte þe mē tō ġebyreþ." Þā dǣlde hē him his ǣhta. Ðā æfter fēawum dagum eall his þing ġegaderode sē ġingra sunu ond fērde wræclīċe on feorlen rīċe ond forspilde þǣr his ǣhta, libbende on his gǣlsan.

[handwritten margin notes: where we got wretch; exile would probably be the correct word — leaving community is worst thing to ever do voluntarily.]

Ðā hē hīe hæfde ealle āmierrede, þā wearð miċel hungor on
þām rīċe and hē wearð wædla. þā fērde hē and folgode ānum
burhsittendum menn þæs rīċes; ðā sende hē hine tō his tūne
þæt hē hēolde his swīn. Ðā ġewilnode hē his wambe ġefyllan
of þām bēancoddum þe ðā swīn æton, and him mon ne sealde.

þā beþōhte hē hine ond cwæð, "Ēalā, hū fela hȳrlinga on
mīnes fæder hūse hlāf ġenōhne habbað, ond iċ hēr on hungre
forweorðe! Iċ ārīse ond iċ fare tō mīnum fæder and iċ secge
him, 'Ēalā fæder, iċ syngode on heofonas and beforan þē;
nū iċ ne eom wierðe þæt iċ bēo þīn sunu nemned; dō mē swā
ānne of þīnum hȳrlingum.' "

suna, acc. plur. of sunu (see 164).
ġingra, comparative of ġeong.
fæder, gen. and dat. sing. of fæder (see 171).
sele, imp. 2 person sing. of sellan.
mē dat. sing. of iċ.
ġebyreþ, pres. ind. 3 person sing. of ġebyrian.
libbende, pres. participle of libban.
āmierrede, past participle of āmierran, inflected like a strong adjective.
folgode, note that this verb is followed by the dat., not the acc.
burhsittendum, adjective having the form of a present participle
menn, dat. sing. of mann (see 167).
hēolde, pret. subj. 3 person sing. of healdan.
sealde, pret. ind. 3 person sing. of sellan.
beþōhte, pret. ind. 3 person sing. of beþenċan.
habbað, pres. ind. 3 person plur. of habban.
þē, *thee*, dat. sing. of þū.
bēo, pres. subj. 1 person sing. of bēon.
dō, imp. 2 person sing. of dōn.

CHAPTER VIII

CHANGE OF a TO æ AND o; ð̄es

79. For the adequate understanding of many phenomena in Old English, especially of apparent "irregularities" in the inflection of the strong verbs, it is necessary for the student to become acquainted with a number of sound changes which occurred in the Prehistoric periods of the language. Altho for the explanation of these sound changes it is necessary for us to reconstruct words and forms as they must have existed centuries before Old English was written down, we may do so with confidence on the basis of a comparison of Old English with Gothic, Old Norse, Old Saxon, and Old High German, which often preserved without change sounds that were modified or lost in Old English.[24]

80. Change of a to æ. One of the earliest Old English sound changes was that of a to æ. a remained a only when it was followed by w or a nasal, or when it occurred before a single consonant followed by a, o, or u.[25] Elsewhere a became æ. Thus Prehistoric OE *daᵹ (cf. Gothic daᵹs, Old Norse daᵹr, Old Saxon daᵹ, Old High German taᵹ) became dæᵹ. But *daᵹas remained daᵹas, because the a was followed by a single consonant plus a. Likewise *daᵹa remained daᵹa, and *daᵹum remained daᵹum.

---

[24] See Introduction, Old English and its Related Languages.

[25] a always became æ before single h, however, even if the h was followed by a, o, or u. It is difficult to see any reason for this fronting of a, since h is a back consonant. Moreover in dialects where a does not break before l plus a consonant, a appears, not æ. It may be better therefore to suppose, with Bülbring, that a was fronted everywhere except before nasals and w, but not so far as æ, and that this front a broke, was fronted to æ or was diphthongized under conditions indicated in the text, but elsewhere remained a and was so written, e.g. daᵹas, ald.

Further examples are as follows:

*sat	became	sæt	*faran	remained	faran
*fast	"	fæst	*nacod	"	nacod
*acr	"	æcer	*sadol	"	sadol
*craft	"	cræft	*hradum	"	hradum
*dages	"	dæges	*hwatu	"	hwatu
*hwaðer	"	hwæðer	*clawe	"	clawe

81. Change of a to o. When a was followed by a nasal (**m** or **n**) it did not become æ, but either remained a or was changed to o.[26] In the EWS MSS o is decidedly more common before nasals than a; in the LWS MSS a is almost universal. Thus Prehistoric OE *handu (cf. Gothic **handus**, Old Saxon **hand**, Old High German **hant**) became EWS **hond**, LWS **hand**; Prehistoric OE *mann (cf. Gothic **manna**, Old Saxon, Old High German **man**) became EWS **monn**, LWS **mann**.

82. Exercise. Convert the following Prehistoric Old English forms into the forms that would occur in the language of the year 900: *ðanc, *fastum, *þat, *lamb, *after, *standan, *glad, *baþu, *and, *cradol, *fader, *swamm, *calan, *lang, *camp, *sacu, *hafoc, *anda, *faþm.

83. The demonstrative **þēs, þēos, þis,** *this,* is declined as follows:

Sing.	Masculine	Feminine	Neuter
Nom.	þēs	þēos	þis
Gen.	þisses, þises	þisse, þisre	þisses, þises
Dat.	þissum, þisum	þisse, þisre	þissum, þisum
Acc.	þisne	þās	þis
Inst.	þýs	þisse, þisre	þýs

Plur.	All Genders
Nom., Acc.	þās
Gen.	þissa
Dat., Inst.	þissum, þisum

---

[26] o which developed out of a followed by a nasal is often printed as ǫ by editors of OE texts, but the character ǫ does not occur in the MSS.

READING

Luke 15:20-32

84. Ond hē ārās þā ond cōm tō his fæder. And þā ġīet þā hē wæs feorr his fæder, hē hine ġeseah ond wearð mid mildheortnesse āstyred and onġēan hine arn ond hine beclypte ond cyste hine. Ðā cwæð his sunu, "Fæder, iċ syngode on heofon ond beforan ðē; nū iċ ne eom wierþe þæt iċ þīn sunu bēo ġenemned." Ðā cwæþ sē fæder tō his þēowum, "Bringað hræðe þone sēlestan ġeġierelan and scrȳdað hine, ond sellað him hring on his hand and ġescȳ tō his fōtum; ond bringað ān fætt stierċ and ofslēað, ond uton etan and ġewistfullian; for þām þēs mīn sunu wæs dēad, ond hē ġeedcwicode; hē forwearð, ond hē is ġemētt." Ðā ongunnon hīe ġewistlæċan.

Sōðlīċe his ieldra sunu wæs on æcere; ond hē cōm, and þā hē þām hūse ġenēalæhte, hē ġehīerde þone swēġ ond þæt werod. Þā clipode hē ānne þēow ond āscode hine hwæt þæt wære. Ðā cwæð hē, "þīn brōðor cōm; and þīn fæder ofslōh ān fætt ċealf, for þām þe hē hine hālne onfēng."

Ðā bealg hē hine ond nolde in gān. Þā ēode his fæder ūt ond ongann hine biddan. Ðā cwæþ hē his fæder andswariende, "Efne swā fela ġēara iċ þē þēowode, ond iċ næfre þīn bebod ne forġīemde; and ne sealdest þū mē næfre ān tiċċen þæt iċ mid mīnum frēondum ġewistfullode; ac siððan þēs þīn sunu cōm þe his spēde mid miltestrum āmierde, þū ofslōge him fætt ċealf." Ðā cwæþ hē, "Sunu, þū eart simle mid mē, ond ealle mīne þing sint þīne; þē ġebyrede ġewistfullian ond ġeblissian, for þām þēs þīn brōðor wæs dēad, ond hē ġeedcwicode; hē forwearð, and hē is ġemētt."

fæder, dat. sing. of **fæder**.
ġeseah, pret. ind. 3 person sing. of **ġesēon**.
arn, pret. ind. 3 person sing. of **irnan**.
bringað, imp. 2 person plur. of **bringan**.

scrȳdað, imp. 2 person plur. of scrȳdan.
sellað, imp. 2 person plur. of sellan.
ofslēað, imp. 2 person plur. of ofslēan.
uton, *let us*, used with the infinitive.
ieldra, comparative of eald.
wǣre, pret. subj. 3 person sing. of wesan.
andswariende, pres. participle of andswarian (ondswarian).
sealdest, pret. ind. 2 person sing. of sellan.
ġewistfullode, pret. subj. 1 person sing. of ġewistfullian.
ofslōge, pret. ind. 2 person sing. of ofslēan.

CHAPTER IX

Breaking; ǐċ and þū

85. Breaking. At an early period of Prehistoric Old English, but later than the change of **a** to **æ**, the front vowels **æ, e,** and **i,** when followed by certain consonants or consonant combinations, underwent a sound change called **breaking** which converted them into diphthongs.

> Before: **r** plus a consonant (exc. **j**)
> **l** plus a consonant
> **h**
>
> (1) **æ** (from older **a**) became **ea**
> (2) **e**   "   **eo**
> (3) **i**   "   **io**[27]

e and **i,** however, were broken before **l** only when the consonant following **l** was **h;** otherwise the **e** and **i** remained unchanged, as in **helpan, ċild.**

For example:

(1)			(2)		
*wærþ	became	wearþ	*werpan	became	weorpan
*hælp	"	healp	*selh	"	seolh
*fæht	"	feaht	*fehtan	"	feohtan
*sæh	"	seah	*feh	"	feoh
*slæhan	"	*sleahan	*sehan	"	*seohan

(3)		
*wirþiþ	became	*wiorþiþ
*filhiþ	"	*fiolhiþ
*sihiþ	"	*siohiþ[28]

[27] The h which caused breaking was a back consonant; the r and l were not the ordinary r and l but were pronounced with the tip of the tongue turned upwards and backwards ("inverted" r and l). Because these were back consonants there developed between them and a preceding front vowel æ, e, or i an intermediate vowel or "glide" which in the ninth century was written a or o but which originally had the quality of u.

[28] The vowel ī also was broken to īo (which later became ēo) before h; e.g., *tīhan became *tīohan and *tīh became tīoh. Likewise ǣ broke to ēa before h: *nǣh became nēah.

86. Exercise. Convert the following Prehistoric Old English forms into the forms that would occur in the language of the year 900: *herte, *ġefæh, *hælf, *elh, *stærf, *seh, *mæhte, *æld, *erðe, *mælt, *wæhsan, *fællan, *ærm, *bergan, *æhta.

87. Personal Pronouns. The personal pronouns of the first and second persons, iċ and þū, are declined in three numbers, singular, dual, and plural. The dual number is used only when the pronoun refers specifically to **two** persons; **wit, ġit** mean *we two, ye two;* **unc, inc** mean *us two, you two.*

88. Declension of iċ, *I;* þū, *thou:*

Sing.			Dual		
Nom.	iċ	þū	Nom.	wit	ġit
Gen.	mīn	þīn	Gen.	uncer	incer
Dat.	mē	þē	Dat.	unc	inc
Acc.	mec, mē	þec, þē	Acc.	uncit, unc	incit, inc
Plur.					
Nom.	wē	ġē			
Gen.	ūre	ēower			
Dat.	ūs	ēow			
Acc.	ūsiċ, ūs	ēowiċ, ēow			

89. Possessive Pronouns. The possessive pronouns **mīn,** *mine;* **þīn,** *thine;* **sīn,** *his, her, its, their;* **uncer,** *of us two;* **incer,** *of you two;* **ūre,** *our;* and **ēower,** *your,* are declined like strong adjectives (see Chapter VII). The genitives of the third personal pronoun, **his, hiere,** and **hiera,** are also used to indicate possession, but are not declined as adjectives.

READING

Matthew 25:1-12

90. Þonne biþ heofona rīċe ġelīċ þām tīen fæmnum þe ðā lēohtfatu nāmon ond fērdon onġean þone brȳdguman ond þā brȳde. Hira fīf wæron dysiġe and fīf glēawe. Ac þā fīf

dysigan nāmon lēohtfatu ond ne nāmon nānne ele mid him;
ðā glēawan nāmon ele on hira fatuṁ mid þām lēohtfatum.

Ðā sē brȳdguma ielde, þā hnappodon hīe ealle and slēpon.
Witodlīċe tō middre nihte man hrīemde ond cwæþ, "Nū sē
brȳdguma cymð; fara ð him tōġēanes." þā ārison ealle þā
fǣmnan ond glengdon heora lēohtfatu.

Ðā cwǣdon þā dysigan tō þām wīsum, "Sellaþ ūs of ēowerum
ele, for þām ūru lēohtfatu sint ācwenċte." Ðā ŏndswŏrŏdon
þā glēawan and cwǣdon, "Nese, þē lǣs þe wē and ġē nǣbben
ġenōh;(gāþ tō þām ċīependum, ond bycgað ēow, ele."

Witodlīċe þā hīe fērdon and woldon bycgan, þā cōm sē
brȳdguma,)ond þā ðe ġearwe wǣron ēodon in mid him tō
þām ġiftum, ond sēo duru wæs belocen.

Ðā æt nīehstan cōmon þā ōðre fǣmnan and cwǣdon,
"Dryhten, Dryhten, læt ūs in." Ðā andswarode hē heom
ond cwæð, "Sōþ iċ ēow secge, ne cann iċ ēow."

---

nāmon, pret. ind. 3 person plur. of niman.

cymð, pres. ind 3 person sing. of cuman.

ācwenċte, inflected form of past participle of ācwenċan.

nǣbben, pres. subj. 2 person plur. of habban, contracted with the negative
particle ne.

gāþ, imp. 2 person plur. of gān.

ġearwe; for the inflection of this adjective see 358.

ōðre; ōðer is always inflected according to the strong declension.

læt, imp. 2 person sing. of lǣtan.

cann, pres. ind. 1 person sing. of cunnan.

CHAPTER X

DIPHTHONGIZATION BY INITIAL PALATALS; hwā, hwæt

91. Influence of Initial Palatal Consonants. At a period
of Prehistoric Old English which was later than the period of
breaking, the vowels æ, ǣ, and e, when preceded by the initial
palatals ċ,[29] ġ[30], or sc, underwent a sound change which con-
verted them into diphthongs.

(1) æ became **ea**
(2) ǣ "   **ēa**
(3) e "   **ie** (LWS **i** or **y**)[31]

For example:

(1) *ċæf became ċeaf   (2) *ċǣce became ċēace
  *ġæf " ġeaf   *ġǣr " ġēar
  *scæl " sceal   *scǣp " scēap
(3) *ġefan became ġiefan
   *sceran " scieran

92. Exercise. Convert the following Prehistoric Old Eng-
lish forms into the forms that would occur in the language of
the year 900: *ċæster, *ġǣfon, *sceld, *forġetan, *scær, *ġǣton,
*ġæt, *ġeldan, *scæft, *ġærd, *scǣron.

[29] See 27, 28.
[30] See 24, 25.
[31] Between the initial palatal consonant and the vowel there developed an
intermediate vowel or "glide" which united with the vowel to form a diphthong.
This diphthong was originally accented on its second element, but subsequently
the accent was shifted from the second element to the first. Thus *gefan first
became giéfan, with the accent on the second element of the diphthong; then,
with the shifting of the accent, giéfan became ġíefan.

93. Declension of hwā, hwæt. The interrogative and indefinite pronoun **hwā** (*who? someone*), **hwæt** (*what? something*) has forms only for the masculine and neuter singular. It is declined like **sē, ðæt:**

Sing.	Masculine	Neuter
Nom.	hwā	hwæt
Gen.	hwæs	hwæs
Dat.	hwǣm, hwām	hwǣm, hwām
Acc.	hwone	hwæt
Inst.	hwȳ, hwon	hwȳ, hwon

READING

Luke 16:19-31

94. Sum weliġ mann wæs, ond hē wæs ġescrȳdd mid purpuran ond mid twīne and dæġhwāmlīċe rīċelīċe ġewistfullode. Ond sum wǣdla wæs, on naman Lazarus, sē læġ on his dura, swīðe forwundod, and wilnode þæt hē hine of his crumum ġefylde þe of his bēode fēollon; ond him nān monn ne sealde, ac hundas cōmon and his wunda liccodon.

Đā wæs ġeworden þæt sē wǣdla forðfērde, ond hine englas bǣron on Abrahames grēadan; þā wearð sē weliga dēad and wæs on helle bebyrġed. Đā āhōf hē his ēagan ūp, þā hē on þām tintregum wæs, ond ġeseah feorran Abraham, ond Lazarum on his grēadan. Đā hrīemde hē and cwæð, "Ēalā fæder Abraham, ġemiltsa mē, ond send Lazarum þæt hē dyppe his fingres liþ on wætere ond mīne tungan ġecēle; for þām þe iċ eom on þissum līeġe cwielmed."

Đā cwæð Abraham, "Ēalā sunu, ġeþenċ þæt þū gōd onfēnge on þīnum līfe, ond ġelīċe Lazarus onfēng yfel; nū is þes ġefrēfred, ond þū eart cwielmed. And on eallum þissum, betweox ūs ond ēow is miċel dwolma ġetrymed; þā ðe willað heonon tō ēow faran ne magon, nē þanon faran hider."

Đā cwæð hē, "Fæder, iċ bidde þē þæt ðū sende hine tō mīnes fæder hūse; iċ hæbbe fīf ġebrōþru; þæt hē cȳðe him þæt hīe ne cumen on þissa tintrega stōwe." Þā sæġde Abraham him, "Hīe habbaðˣ Moysen and wītegan; hīe hlysten him." Ðā cwæðˣ hē, "Nese, fæder Abraham, ac hīe dōðˣ dædbōte gif hwelċ of dēaðˣe tō him færðˣ." Ðā cwæðˣ hē, "Ġif hīe ne ġehīeraþ Moysen ond þā wītegan, nē hīe ne ġelīefaðˣ þēah hwelċ of dēaðˣe ārīse."

dura, dat. sing. of duru (see 164).
ġefylde, pret. subj. 3 person sing. of ġefyllan.
wæs ġeworden, *happened;* see ġeweorðˣan.
ġemiltsa, imp. 2 person sing. of ġemiltsian.
send, imp. 2 person sing. of sendan.
dyppe, pres. subj. 3 person sing. of dyppan.
ġecēle, pres. subj. 3 person sing. of ġecēlan.
ġeþenċ, imp. 2 person sing. of ġeþencan.
onfēnge, pret. ind. 2 person sing. of onfōn.
magon, pres. ind. 3 person plur. of magan.
sende, pres. subj. 2 person sing. of sendan.
hæbbe, pres. ind. 1 person sing. of habban.
cȳðˣe, pres. subj. 3 person sing. of cȳðˣan.
cumen, pres. subj. 3 person plur. of cuman.
hlysten, pres. subj. 3 person plur. of hlystan.
dōðˣ, pres. ind. 3 person plur. of dōn.
færðˣ, pres. ind. 3 person sing. of faran.
ārīse, pres. subj. 3 person sing. of ārīsan.

CHAPTER XI

Strong Verbs: Classes I and II

95. Strong Verbs. Strong verbs form their preterit and past participle by means of a change in the vowel of the stem. This change is called **ablaut** (or **gradation**) and these verbs are frequently called **ablaut verbs.** In Old English, as in the other old Germanic languages, there are seven classes of strong verbs (frequently called **ablaut series**), each class being characterized by a distinct series of ablaut changes.

96. Class I. The OE ablaut of Class I is:

  ī (infinitive and present)
  ā (preterit indicative 1 and 3 singular)
  i (preterit indicative plural)
  i (past participle)

The principal parts (see **57**) of representative verbs of this class are as follows:

bīdan, *await*	bād	bidon	biden
bītan, *bite*	bāt	biton	biten
glīdan, *glide*	glād	glidon	gliden
rīdan, *ride*	rād	ridon	riden
rīsan, *rise*	rās	rison	risen
snīðan, *cut*	snāð	snidon	sniden[22]
wrītan, *write*	wrāt	writon	writen

[22] The interchange between **ð** in the present and preterit singular and **d** in the preterit plural and past participle which occurs in this verb is called **grammatical change according to Verner's law.** In its origin it was a Primitive Gmc change, under certain conditions, of the voiceless spirants (see **2, 3**) **th** (as in *thin*), **s** (as in *soon*), and **h** (as in OE seah) into the corresponding voiced spirants **th** (as in *then*), **z**, and **g** (as in OE dagas). The correspondence between these voiceless and voiced sounds is obscured, however, in OE by the fact

49

97. Class II. The OE ablaut of Class II is: ēo (ū); ēa; u; o. The principal parts of representative verbs are as follows:

(a) bēodan, *command*	bēad	budon	boden
clēofan, *cleave*	clēaf	clufon	clofen
drēogan, *endure*	drēag	drugon	drogen
flēogan, *fly*	flēag	flugon	flogen
(b) brūcan, *enjoy*	brēac	brucon	brocen
būgan, *bow*	bēag	bugon	bogen
(c) cēosan, *choose*	cēas	curon	coren[33]
frēosan, *freeze*	frēas	fruron	froren[33]

98. The full conjugation of the strong verb, exemplified by **bīdan** and **bēodan**, is as follows:

INDICATIVE

Present Sing.	1	bīde	bēode
	2	bītst,[34] bīdest	bīetst,[34] bēodest
	3	bītt,[34] bīdeþ	bīett,[34] bēodeþ
Plur.	1, 2, 3	bīdaþ	bēodaþ
Preterit Sing.	1	bād	bēad
	2	bide	bude
	3	bād	bēad
Plur.	1, 2, 3	bidon	budon

SUBJUNCTIVE

Present Sing.	1, 2, 3	bīde	bēode
Plur.	1, 2, 3	bīden	bēoden
Preterit Sing.	1, 2, 3	bide	bude
Plur.	1, 2, 3	biden	buden

that in West Germanic the voiced th and z were changed respectively to d and r. In OE, therefore, the actual interchange is between þ and d, s and r, h and g. In OE of the year 900 the þ or s was a voiced sound when it occurred between vowels, as in snīþan and rīsan; it was a voiceless sound when it was final, as in snāð and rās. For a fuller account of Verner's law see 207-210.

[33] Observe the grammatical change in this verb, and see the preceding note.

[34] For an explanation of these syncopated forms (as they are called) see **Chapter XVI.**

IMPERATIVE

Present Sing. 2	bīd	bēod
Plur. 2	bīdaþ	bēodaþ
Infinitive	bīdan	bēodan
Gerund	tō bīdenne	tō bēodenne
Present Participle	bīdende	bēodende
Past Participle	biden	boden

99. With regard to the conjugation of the strong verbs it should be observed:

(1) That the present indicative, present subjunctive, imperative, infinitive, gerund, and present participle are formed from the present stem of the verb;

(2) That the preterit indicative 2 singular, preterit indicative plural, and preterit subjunctive are formed from the preterit plural stem of the verb;

(3) That the endings of the subjunctive, both present and preterit, are **-e** in the singular and **-en** in the plural.

READING
Luke 10:30-35

100. Sum mann fērde fram Hierusalem tō Hiericho ond becōm on þā scaðan, þā hine berēafodon and tintregodon hine ond forlēton hine sāmcwicne. þā ġebyrede hit þæt sum sācerd fērde on þām ilcan weġe; and þā hē þæt ġeseah, hē hine forbēag. Ond eall swā sē. dīacon, þā hē wæs wið þā stōwe ond þæt ġeseah, hē hine ēac forbēag. Ða fērde sum Samaritanisc monn wið hine; þā hē hine ġeseah, þā wearð hē mid mildheortnesse ofer hine āstyred. þā ġenēalæhte hē ond wrāð his wunda ond on āġeat ele and win ond hine on his nīeten sette and ġelædde on his læcehūs and hine lācnode; ond brōhte ōðrum dæġe twēġen peningas and sealde þām læce ond þus cwæð, "Beġīem his; ond swā hwæt swā þū māre tō ġedēst, þonne iċ cume, iċ hit forġielde þē."

ōðrum dæġe, *the next day.*

beġiem, imp. 2 person sing. of beġieman, used with gen. of object.

ġedēst, pres. ind. 2 person sing. of ġedōn.

CHAPTER XII

STRONG VERBS: CLASS III

101. Strong verbs of Class III have stems ending in two consonants, of which the first is nearly always a liquid (l or r) or a nasal (**m** or **n**). They fall into four subclasses:

(1) Verbs with stems ending in a nasal plus a consonant:

bindan, *bind*	**band (bond)**	**bundon**	**bunden**
drincan, *drink*	**dranc (dronc)**	**druncon**	**druncen**

(2) Verbs with stems ending in **l** plus a consonant:

helpan, *help*	**healp**	**hulpon**	**holpen**
meltan, *melt*	**mealt**	**multon**	**molten**
ġieldan, *yield*	**ġeald**	**guldon**	**golden**
ġiellan, *yell*	**ġeall**	**gullon**	**gollen**

(3) Verbs with stems ending in **r** or **h** plus a consonant:

weorpan, *throw*	**wearp**	**wurpon**	**worpen**
weorþan, *become*	**wearþ**	**wurdon**	**worden**[35]
feohtan, *fight*	**feaht**	**fuhton**	**fohten**

(4) Verbs with stems ending in two consonants, of which neither is a liquid or nasal:

breġdan, *brandish*	**bræġd**	**brugdon**	**brogden**

102. In Primitive Germanic all of these verbs had originally the same ablaut: **e** in the infinitive and present, **a** in the preterit singular, **u** in the preterit plural, and **u** in the past participle. The regularity of this ablaut was subsequently broken up, however, by sound changes, some of which took place in Ger-

---

[35] Observe the grammatical change in this verb, and compare note 32 above.

manic itself and some in Old English. An understanding of these sound changes enables one to bring order out of the apparent irregularity of the Old English forms.

bindan and drincan were Primitive Gmc *bendanan and *drencanan, but Primitive Gmc e followed by a nasal plus another consonant or by a double nasal became i.

ġieldan and ġiellan were Prehistoric OE *ġeldan and *ġellan, but e was diphthongized to ie in Prehistoric OE because it was preceded by the initial palatal ġ (see 91).

weorpan, weorþan, and feohtan were Prehistoric OE *werpan, *werþan, and *fehtan, but e followed by r plus a consonant or by h was broken to eo (see 85).

bond, dronc, ġeald, ġeall, healp, mealt, wearp, wearþ, feaht, and bræġd were Prehistoric OE *band, *dranc, *gald, *gall, *halp, *malt, *warp, *warþ, *faht, and *braġd. But

(1) In *band and *dranc the original a became o before the nasal n, giving EWS bond, dronc, LWS band, dranc (see 81).

(2) In *gald, *gall, *halp, *malt, *warp, *warþ, and *faht the original a became æ (see 80), which was then broken to ea (see 85).

(3) In *braġd the original a became æ and then remained unchanged, no cause of breaking being present.

bunden, druncen, gollen, holpen, etc., were Primitive Gmc *bundanaz, *druncanaz, *gullanaz, *hulpanaz, etc. But when the following syllable contained the vowel a, Primitive Gmc u always changed to o, unless, as in *bundanaz and *druncanaz, the u was followed by a nasal plus a consonant. The original u, therefore, remains in bunden and druncen, but has been changed to o in gollen, holpen, etc.

103. Exercise. Construct the principal parts of the following strong verbs: findan, swellan, sweltan, beorgan, hweorfan, streġdan.

READING

Mark 12:1-9

104. Sum monn him plantode wīnġeard and betȳnde hine ond dealf ānne sēaðð ond ġetimbrode ānne stīepel ond ġesette hine mid eorðtilium and fērde on elþēodiġnesse.

Þā sende hē tō þām tilium his þēow on tīde þæt hē þæs wīnġeardes wæstm onfēnge. Ðā swungon hīe þone ond forlēton hine īdelhendne. And eft hē him sende ōðerne þēow, and hīe þone on hēafde ġewundodon ond mid tēonum ġeswenċton. Ond eft hē him sumne sende, ond hīe þone ofslōgon.

Þā hæfde hē þā ġīet ānne lēofostne sunu; þā sende hē æt nīehstan him þone ond cwæð, "Witodlīċe mīnne sunu hīe forwandiað." Ðā cwædon þā tilian him betwēonum, "Hēr is sē ierfenuma; uton ofslēan hine, þonne bið ūru sēo ierfeweardness." Hīe þā ofslōgon hine and wurpon wiðūtan þone wīnġeard.

Hwæt dēð þæs wīnġeardes hlāford? Hē cymð ond fordēð þā tilian and seleð ōþrum þone wīnġeard.

> **onfēnge,** pret. subj. 3 person sing. of **onfōn.**
> **lēofostne,** masc. acc. sing. of **lēofost,** superlative of **lēof.**
> **dēð,** pres. ind. 3 person sing. of **dōn.**
> **cymð,** pres. ind. 3 person sing. of **cuman.**
> **seleð,** pres. ind. 3 person sing. of **sellan.**

(handwritten margin note: (at last) in the next place→next)

CHAPTER XIII

STRONG VERBS: CLASSES IV AND V

105. Strong verbs of Class IV have stems ending in a single consonant, nearly always a liquid (l or r) or a nasal. The Old English ablaut is: e, æ, ǣ, o.[36] Representative verbs are:

beran, *bear*	bær	bǣron	boren
cwelan, *die*	cwæl	cwǣlon	cwolen
helan, *conceal*	hæl	hǣlon	holen
stelan, *steal*	stæl	stǣlon	stolen
teran, *tear*	tær	tǣron	toren

In one verb:

brecan, *break*	bræc	brǣcon	brocen

the stem ends in a consonant which is neither a liquid nor a nasal. In one verb:

scieran, *shear*	scear	scēaron	scoren

the e of the infinitive, the æ of the preterit indicative 1 and 3 singular, and the ǣ of the preterit indicative plural have been diphthongized respectively to ie, ea, and ēa by the initial palatal sc (see 91).

106. Two verbs of Class IV are irregular:

cuman, *come*	cōm (cwōm)	cōmon (cwōmon)	cumen
niman, *take*	nam (nōm)	nōmon (nǣmon)	numen

107. Strong verbs of Class V have stems ending in a single consonant which is neither a liquid nor a nasal. The Old English ablaut is: e, æ, ǣ, e, which, it should be observed, is

---

[36] Since the æ of the preterit singular came from earlier a, the original ablaut of Class IV was the same in the present and preterit singular as that of Class III; see 102

the same as that of Class IV except in the past participle.
Representative verbs are:

metan, *measure*	mæt	mǣton	meten
sprecan, *speak*	spræc	sprǣcon	sprecen
tredan, *tread*	træd	trǣdon	treden
cweðan, *say*	cwæþ	cwǣdon	cweden[87]

In two verbs:

| ġiefan, *give* | ġeaf | ġēafon | ġiefen, |
| ġietan, *get* | ġeat | ġēaton | ġieten, |

the **e** of the infinitive and past participle, the **æ** of the preterit
indicative 1 and 3 singular, and the **ǣ** of the preterit indicative
plural have been diphthongized respectively to **ie, ea,** and **ēa**
by the initial palatal **ġ** (see 91).

READING

Matthew 18:23-34

108. For þām is heofona rīċe anlīċ þām cyninge þe his
þēowas ġerādegode.

Ond þā hē þæt ġerād sette, him wæs ān brōht sē him sceolde
tīen þūsend punda. And þā hē næfde hwanon hē hit āgulde,
hine hēt his hlāford ġesellan, ond his wīf ond his ċild ond eall
þæt hē āhte. Þā āstreahte sē þēow hine and cwæð, "Hlāford,
ġehafa ġeþyld on mē, and iċ hit þē eall āġielde." Þā ġemiltsode
sē hlāford him ond forġeaf him þone gylt.

Þā sē þēowa ūt ēode, hē ġemētte his efenþēowan sē him
sceolde ān hund peninga; ond hē nam hine þā and forþrysmode
hine ond cwæð, "Āġief þæt þū mē scealt." And þā āstreahte
his efenþēowa hine ond bæd hine ond þus cwæð, "Geþyldiga,
ond iċ hit þē eall āġiefe." Hē ðā nolde; ac fērde ond wearp
hine on cweartern, oð ðæt hē him eall āġeafe.

---

[87] Observe the grammatical change in this verb, and compare note 32 above.

Ðā ġesāwon his efenþēowas þæt, ðā wurdon hīe swīðe ġeunrōtsode ond cōmon and sæġdon hira hlāforde ealle þā dǣde. Ðā clipode his hlāford hine and cwæþ tō him, "Ēalā þū lȳþra þēowa, ealne þīnne gylt iċ ðē forġeaf, for þām þe ðū mē bǣde; hū ne ġebyrede þē ġemiltsian þīnum efenðēowan, swā swā iċ þē ġemiltsode?" Ðā wæs sē hlāford ierre, ond sealde hine þām wītnerum, oð þæt hē eall āgulde.

Swā dēþ mīn sē heofonlīca Fæder ġif ġē of ēowerum heortum ēowerum brōðrum ne forġiefaþ.

næfde, contraction of ne hæfde.
ġehafa, imp. 2 person sing. of ġehabban.
ġemiltsode, note that this verb is followed by the dat., not the acc.
scealt, pres. ind. 2 person sing. of sculan.
ġeþyldiga, imp. 2 person sing. of ġeþyldiġian.
nolde, contraction of ne wolde.
ġesāwon, pret. ind. 3 person plur. of ġesēon.

CHAPTER XIV

Strong Verbs: Classes VI and VII

109. Strong Verbs: Class VI. The Old English ablaut of strong verbs of Class VI is: **a, ō, ō, a.** Representative verbs of this class are:

faran, *go*	fōr	fōron	faren[38]
galan, *sing*	gōl	gōlon	galen
standan	stōd	stōdon	standen
(stondan) *stand*			(stonden)

110. Strong Verbs: Class VII. The seventh class of strong verbs, frequently called the reduplicating verbs, is different in character from the other classes. The preterit is formed by means of ablaut or vowel change, but the ablaut has no such uniformity as we have found in Classes I, II, and VI. Nor are the variations of the kind that exist in Classes III, IV, and V. In those classes the uniformity of the original ablaut has been somewhat obscured by the influence of nasals and initial palatals and by breaking, but when these sound changes are understood the original uniformity of the ablaut is still recognizable. No such uniformity of ablaut can be made out in Class VII. The present and past participle of these verbs have as their stem vowel a (or o) followed by a nasal, **ā, ǣ, ē, ea, ēa,** or **ō,** and the preterit has either **ē** or **ēo.** They are most conveniently classified according to their preterit.

[38] In the past participle of these verbs we sometimes find æ as the stem vowel, but more often **a.** The forms with æ are phonetically the regular forms; the forms with **a** are probably due to the analogy of the infinitive and other present forms of the verb which regularly had **a** as their stem vowel.

111. Verbs with ē in Preterit. Representative verbs with ē in the preterit are:

hātan, *call*	hēt	hēton	hāten[39]
lǣtan, *let*	lēt	lēton	lǣten
rǣdan, *counsel*	rēd	rēdon	rǣden
slǣpan, *sleep*	slēp	slēpon	slǣpen

112. Verbs with ēo in Preterit. Representative verbs with ēo in the preterit are:

gangan (gongan), *go*	ġēong	ġēongon	gangen(gongen)
cnāwan, *know*	cnēow	cnēowon	cnāwen
sāwan, *sow*	sēow	sēowon	sāwen
feallan, *fall*	fēoll	fēollon	feallen
healdan, *hold*	hēold	hēoldon	healden
bēatan, *beat*	bēot	bēoton	bēaten
hēawan, *hew*	hēow	hēowon	hēawen
flōwan, *flow*	flēow	flēowon	flōwen

113. It is important to observe that in the verbs of Class VII (as in those of Class VI) the vowel of the preterit plural is the same as that of the preterit singular, and that (as in Classes V and VI) the vowel of the past participle is the same as that of the infinitive.

114. Formerly all of these verbs were called "reduplicating verbs" because in Gothic the verbs of this class have preterits which prefix to the root a reduplicating syllable, consisting of the initial consonant plus the sound of e (spelled in Gothic ai): slēpan, sai-slēp; lētan, lai-lōt.[40] In all the other

[39] To this verb belong the only traces in Old English of the original Germanic passive voice; hātte (*is called* or *was called*) corresponds to the Gothic present indicative third person singular passive haitada. The plural of hātte is hātton.

[40] Reduplication was an important method of tense formation in the older Indo-European languages. In Greek and Sanskrit the perfect was almost always a reduplicating tense. In Latin many verbs retain reduplication in their perfect. Thus Latin dare, canere, and cadere have as their perfects dedi, cecini, and cecidi.

Germanic languages except Gothic, however, this reduplicating preterit has almost completely disappeared, leaving only a few traces; e.g., in Old English, chiefly in poetry, occur occasionally:

heht,	preterit singular of **hātan,**			beside regular **hēt**		
reord,	"	"	" **rǣdan,**	"	"	**rēd**
leolc,	"	"	" **lācan**	"	"	**lēc**

The usual preterit of these so-called reduplicating verbs in Old English (as in Old Norse, Old Saxon, and Old High German) is an ablaut tense form.

READING

Apollonius of Tyre

115. The preceding part of this story tells how Apollonius, the Prince of Tyre, leaves his own land because of the enmity of Antiochus, king of Antioch, and takes refuge in Tarsus. When he leaves Tarsus to seek another place of refuge his ship is wrecked and Apollonius is the only man whose life is saved. He is carried naked to land, where he meets a fisherman who gives him some clothing. Going to the neighboring city of Pentapolis, he makes the acquaintance of King Arcestrates at the bath and impresses the king so favorably that Arcestrates afterwards sends a messenger to invite him to his banquet. It is at this point that our selection begins.

Đā Apollonius þæt ġehīerde, hē þām ġehīersumode and ēode forð mid þām menn, oð þæt hē becōm tō ðæs cyninges healle. Đā ēode sē mann in beforan tō ðām cyninge and cwæð, "Sē forlidena monn is cumen, þe ðū æfter sendest, ac hē ne mæġ for scame in gān būton scrūde." Đā hēt sē cyning hine sōna ġescrȳdan mid weorðfullum scrūde ond hēt hine in gān tō ðǣm ġereorde. Đā ēode Apollonius in and ġesæt þǣr him ġetāht wæs onġēan ðone cyning. Đǣr wearð ðā sēo þeġnung in ġeboren ond æfter þǣm cynelīċ ġebēorscipe; ond Apollonius nān ðing ne ǣt, ðēah ðe ealle ōðre menn ǣton and blīðe wǣron. Ac hē behēold þæt gold ond þæt seolfor ond ðā dēorwierðan rēaf ond þā bēodas and ðā cynelīcan þeġnunga. Đā ðā hē þis eall mid sārnesse behēold, ðā sæt sum eald ond sum æfestiġ

ċ ᴓ C → if there is something after it, like
— an c /chl sound
is suppressed

ealdormann be þām cyninge. Mid þȳ þe hē ġeseah þæt Apollonius swā sārlīċe sæt ond eall þing behēold ond nān ðing ne æt, ðā cwæð hē tō ðām cyninge, "Ðu gōda cyning, efne þēs monn, þe þū swā wel wið ġedēst, hē is swīðe æfestful for ðīnum gōde." Ðā cwæð sē cyning, "Þē misþyncð; sōðlīċe þēs ġeonga mann ne æfestað on nānum ðingum ðe hē hēr ġesiehð, ac hē cȳðð þæt hē hæfð fela forloren."

menn, dat. sing.
ġetāht, past part. of ġetǣċan.
Sēo þegnung, the dishes, cups, etc., placed on the table before a meal was served.
ǣt, pret. ind. 3 person sing. of etan, Class V; note the irregularity of the ablaut.
misþyncþ, pres. ind. 3 person sing. of misþynċan.
ġesiehð, pres. ind. 3 person sing. of ġesēon.
cȳðð, pres. ind. 3 person sing. of cȳðan.

CHAPTER XV

GEMINATION AND i-, j-UMLAUT

116. In order that the student may have an adequate understanding of the inflection of the first class of weak verbs it is necessary that he shall become acquainted with two sound changes known as **gemination** and **i-umlaut.** The first of these sound changes, gemination, was not an Old English sound change, but took place during the period when Old English had not yet become distinguished from the other languages of the West Germanic group. That is, it was a West Germanic sound change. The second of them, **i-umlaut,** took place in Old English itself, at a period later than the change of **a** to **æ,** breaking, and diphthongization by initial palatals.

117. Gemination. In the West Germanic period, a single consonant (except **r**) preceded by a **short** vowel was geminated (or doubled) by a following **j.** Thus:

Gmc *satjan (cf. Gothic satjan) became WGmc *sattjan (cf. Old Saxon settian).

Gmc *biðjan⁴² (cf. Gothic bidjan) became WGmc *biddjan (cf. Old Saxon biddian).

Gmc *lagjan (cf. Gothic lagjan) became WGmc *laggjan (cf. Old Saxon leggian).

---

⁴² The character ð is used here to represent the voiced sound of **th**; this Gmc sound became **d** in West Germanic. In 118 the character θ (called "theta") is used in **skaθjan** to represent the voiceless sound of **th.**

118. Exercise. Give the West Germanic forms of the following Germanic words:

1. *hlahjan	7. *dōmjan	13. *dunjan
2. *skapjan	8. *bandjan	14. *cwaljan
3. *framjan	9. *brugjum	15. *latjan
4. *ligjan	10. *tūnjan	16. *gramjan
5. *skaθjan[42]	11. *farjan	17. *swarjan
6. *saljan	12. *stapjan	18. *trumjan

119. i-Umlaut. One of the most important sound changes that took place in Old English was i-umlaut. Umlaut in general is a change produced in a vowel sound by some other sound which follows it; i-umlaut was a change produced in a vowel or diphthong by an **i**, **ī**, or **j** in the following syllable. The changes which took place in Old English as the result of i-umlaut are shown, with illustrations, in the following table:

a (o) before nasals became e[43]	as in	**menn**	from Prehistoric OE *manni.
ā became ǣ,	as in	**hǣlan**	from " OE *hāljan.
æ became e,[44]	as in	**eġe**	from " OE *æġi.
e[45] became i	as in	**sittan**	from Primitive Gmc *setjanan.
o[46] became e	as in	**dehter**	from Prehistoric OE *dohtri.

[43] As to the interchange between a and o see 81. In the earliest texts we find æ as the umlaut of a (o) before nasals; in the later texts, usually e.

[44] Before two consonants, however, as in fæstan from Prehistoric OE *fæstjan, æ usually remained unchanged. Before geminated consonants the umlaut of æ is e.

[45] The change of e to i was not a part of the OE umlaut but a Primitive Gmc change which preceded that by several centuries. It appears in the early stage of all Gmc languages.

[46] The apparent umlaut of o to y in such words as **gylden** beside **gold** is really an umlaut of u to y. A long time before the period of i-umlaut these words were *gulðinaz and *gulðan. In *gulðan the vowel u was changed to o under the influence of the vowel a of the following syllable (cf. 102), but the u remained unchanged in *gulðinaz. At the time i-umlaut began these words were *guldin and *gold. Then *guldin became *gyldin (later **gylden**) but *gold remained **gold**.

ō became ē	as in	dēman	from Prehistoric OE			*dōmjan.
u became y	as in	fyllan	from	"	"	*fulljan.
ū became ȳ	as in	tȳnan	from	"	"	*tūnjan.
ea became ie (LWS i or y)	as in	fielþ	from	"	"	*fealliþ.
ēa became īe (LWS ī or ȳ)	as in	hieran	from	"	"	*hēarjan.
io[47] became ie (LWS i or y)	as in	wierpþ	from	"	"	*wiorpiþ.
īo[48] became īe (LWS ī or ȳ)	as in	ģeþiedan	from	"	"	*ģeþiodjan.

120. The changes which resulted from **i**-umlaut took place at a date (roughly between 500 and 600) earlier than that of our oldest records of the language. By the time of Alfred the Great (who died in 901) the sounds which had caused umlaut had largely disappeared from the language. We know, however, that they existed at an earlier period, partly from the forms which we find in the very earliest records (between 700 and 800), and partly because we can reconstruct Prehistoric Old English by a comparison of Old English with the other Germanic languages—Old Saxon, Old High German, Old Norse, and (most particularly) Gothic.

---

[47] The apparent umlaut of **eo** to **ie** which appears, e.g., in **wierpþ**, pres. ind. 3 sing. of **weorpan**, is really an umlaut of **io** to **ie**. In Primitive Gmc, **weorpan** was *werpanan and **wierpþ** was *werpiþ; the **e** of *werpiþ, however, was umlauted to **i** in Primitive Gmc itself (see note 45 above), so that the Prehistoric OE forms were *werpan and *wirpiþ. The **e** of *werpan was broken to **eo** in OE and the **i** of *wirpiþ was broken to **io** (see 85), giving **weorpan** and *wiorpiþ. Then in the period of OE umlaut *wiorpiþ became *wierpiþ, later **wierpþ**.

[48] The apparent umlaut of **ēo** to **īe** which appears, e.g., in **cliefþ**, pres. ind. 3 sing. of **clēofan**, is really an umlaut of **īo** to **īe**. In Primitive Gmc **clēofan** was *cleufanan and **cliefþ** was *cleufiþ. But the diphthong **eu** was umlauted to **iu** in Primitive Gmc whenever it was followed in the next syllable by **i, ī,** or **j**, so that *cleufiþ became *cliufiþ. In OE these diphthongs developed respectively into **ēo** and **īo**, so that the Prehistoric OE forms were *clēofan and *cliofiþ. Then in the period of OE umlaut *cliofiþ became *cliefiþ, later **cliefþ**.

121. **Exercise.** Convert the following Prehistoric Old English forms into the forms that would occur in the language of the year 900, being careful to observe that after causing umlaut

(1) Final **i** disappeared after a long syllable (**cf.** 255), but was retained after a short syllable.

(2) Medial **j** disappeared after all consonants except single **r** preceded by a short vowel or short diphthong; when retained it is written **i**.

(3) Final unstressed **i**, when not lost according to (1), became **e**; when interior it became **e** except when followed by **ċ, ġ, sc,** or **ng.**

1. *nærjan	12. *wealmi	23. *bandjan
2. *morġin	13. *wullin	24. *dāli
3. *lārjan	14. *sōċjan	25. *līohtjan
4. *hwearfjan	15. *fūsjan	26. *flāsci
5. *bōċi	16. *huldi	27. *wurmi
6. *fiorrjan	17. *stædi	28. *cūþjan
7. *sandjan	18. *ealdista	29. *sleahti
8. *rārjan	19. *sættjan	30. *huġi
9. *lādjan	20. *hæti	31. *hærjan
10. *brūdi	21. *ĕaċjan	32. *frammjan
11. *slæġi	22. *sōfti	33. *hæfiġ

122. When we consider these changes in the light of the explanation given in Chapter I of the manner in which the various vowel sounds are produced (see **7-13**), we see that the changes that result from umlaut are not arbitrary changes, but proceed upon a common principle. The vowels **i** and **i** are **high front** vowels, produced with the front of the tongue close to the roof of the mouth, and **j** is a consonantal variety of the same sound. Now the changes produced by **i**-umlaut all result in assimilating the umlauted vowel or diphthong more closely to the high front vowels **i, ī.** The **back** vowels **ā, o, ō, u, ū** become the corresponding **front** vowels **ǣ, e, ē, y,**

and ȳ.[49] The front vowels assimilate more closely to the i position by being pronounced with the tongue closer to the roof of the mouth, æ being raised to e and e being raised to i.

READING

Apollonius of Tyre

123. Ðā beseah Arcestrates sē cyning blīðe andwlitan tō Apollonio ond cwæð, "Ðū ġeonga monn, bēo blīðe mid ūs and ġehyht on God þæt þū mōte self tō ðām sēlrum becuman." Mid þȳ ðe sē cyning þās word ġecwæð, ðā fǣringa þǣr ēode in ðæs cyninges ġeong dohtor ond cyste hire fæder ond ðā ymbsittendan. Þā hēo becōm tō Apollonio, þā ġewende hēo onġēan tō hire fæder and cwæð, "Ðū gōda cyning ond mīn sē lēofosta fæder, hwæt is þēs ġeonga mann þe onġēan ðē on swā weorðlīcum setle sitt mid sārlīcum ondwlitan? Nāt iċ hwæt hē besorgað." Ðā cwæð sē cyning, "Lēofe dohtor, þēs ġeonga monn is forliden, ond hē ġecwēmde mē manna betst on ðǣm plegan; for ðām iċ hine ġelaðode tō ðisum ūrum ġebēorscipe. Nāt iċ hwæt hē is nē hwanon hē is; ac ġif ðū wille witan hwæt hē sīe, āsca hine, for ðām þē ġedafenað þæt þū wite."

bēo, imp. 2 person sing. of bēon.
ġehyht, imp. 2 person sing. of ġehyhtan.
sitt, pres. ind. 3 person sing. of sittan.
nāt, contraction of ne wāt.
wille, pres. subj. 2 person sing. of willan.
sīe, pres. subj. 3 person sing. of bēon.
āsca, imp. 2 person sing. of āscian.
wite, pres. subj. 2 person sing. of witan.

[49] The round vowels o and ō were unrounded, but u and ū retained their rounding, being changed from back round to front round vowels; see 12, 13, and also 251 with footnotes 36 and 37 (page 129).

CHAPTER XVI

Syncopated Present Forms of Strong Verbs
Comparison of Adjectives and Adverbs

124. It was stated in a preceding chapter (see **67**) that the present indicative second and third persons singular of strong verbs are formed by adding to the present stem of the verb the endings **-est** and **-eþ**. Thus the second and third persons singular of **cuman** and **brecan** would be **cumest, cumeþ** and **brecest, breceþ**. These forms occur to a limited extent in the West-Saxon dialect and are the prevailing forms in the Anglian dialect. The prevailing forms in the West-Saxon dialect, however, are not **cumest, cumeþ** and **brecest, breceþ**, but **cymst, cymþ** and **bricst, bricþ**. That is, the vowel of the stem is umlauted in the second and third persons singular of the present indicative, and the vowel of the ending is syncopated.[50] These forms of the verb have umlaut because the endings in Prehistoric Old English were ***-is** and ***-iþ**.

125. In verbs whose stems end in **d**, **þ**, or **s**, assimilation takes place when the vowel of the ending **-est** is syncopated. Thus,

d followed by **st** becomes **tst,** as in **bītst** from **bīdan;**

þ followed by **st** becomes **tst** or **st** as in **snītst** from **snīðan, cwist** from **cweðan;**

s followed by **st** becomes **st** as in **ċiest** from **ċēosan.**

---

[50] Syncopation (or syncope) is the loss of a vowel between two consonants. The unsyncopated forms of the Pres. Ind. 2 and 3 Sing. are usually without umlaut, and the syncopated forms nearly always have umlaut, but it must not be supposed that the syncopation was the cause of the umlaut. The forms without umlaut were later formations made on the analogy of the plural and the first person singular, which had no umlaut.

In verbs whose stems end in **d, t, þ,** or **s,** assimilation takes place when the vowel of the ending **-eþ** is syncopated. Thus,

d followed by **þ** becomes **tt** (or **t**) as in **bītt** (**bit**) from **bīdan;**

t followed by **þ** becomes **tt** (or **t**) as in **wrītt** (**wrīt**) from **wrītan;**

þ followed by **þ** becomes **þþ** (or **þ**) as in **cwiþþ** (**cwiþ**) from **cweðan;**

s followed by **þ** becomes **st** as in **ċiest** from **ċēosan.**

Double consonants are simplified when the ending that follows them is syncopated, as in **fielþ** from **feallan.**

126. Exercise. Construct the syncopated and umlauted forms of the present indicative second and third persons singular of the following strong verbs: etan, brūcan, drincan, helpan, weorpan,[51] beran, weorðan,[51] gongan, bēodan,[52] cnāwan, healdan, flōwan, rīsan, ċēosan,[52] sprecan.

127. Comparison of Adjectives. The comparative degree of adjectives is formed in Old English usually by adding to the stem **-ra;**[53] the superlative is formed by adding **-ost.** For example:

glæd, *glad*	**glædra,** *gladder*	**gladost,** *gladdest*
heard, *hard*	**heardra**	**heardost**
lēof, *dear*	**lēofra**	**lēofost**
rīċe, *powerful*	**rīċra**	**rīċost**

The comparative is always declined weak; the superlative may be declined either weak or strong; see 77.

128. Some adjectives, which had in Prehistoric Old English the comparative and superlative endings ***-ira*** and ***-ist,*** have umlaut in the comparative and superlative; these adjectives

---

[51] See note 47 above.

[52] See note 48 above.

[53] **-ra** for the masculine nominative singular, **-re** for the feminine and neuter nominative singular.

have the ending **-est** in the superlative. Those adjectives which are without umlaut had the endings **-ora** and **-ost** in Prehistoric Old English. Examples of adjectives that have umlaut in the comparative and superlative are:

eald, *old*	**ieldra**	**ieldest**
lang (long), *long*	**lengra**	**lengest**
strang (strong), *strong*	**strengra**	**strengest**

With **-st** in the superlative:

hēah, *high*	**hiehra, hierra**	**hiehst**

For further details in regard to the comparison of adjectives see the Reference Grammar (364-366).

129. Comparison of Adverbs. Adverbs that admit of comparison usually end in **-e** and form their comparative and superlative by adding to the stem **-or** and **-ost.** For example:

ġeorne, *eagerly*	**ġeornor**	**ġeornost**
lēoflīċe, *lovingly*	**lēoflīcor**	**lēoflīcost**

For further details in regard to the comparison and formation of adverbs see the Reference Grammar (378).

READING

Apollonius of Tyre

130. Đā ēode þæt mæġden tō Apollonio ond mid forwandiendre spræċe cwæð, "Đēah ðū stille sīe and unrōt, þēah iċ þīne æðelborennesse on ðē ġesēo. Nū þonne, ġif ðē tō hefiġ ne þynċe, seġe mē þīnne noman, ond þīn ġelimp āreċe mē." Đā cwæð Apollonius, "Ġif ðū for nēode āscast æfter mīnum naman, iċ secge þē, iċ hine forlēas on sæ; ġif ðū wilt mīne æðelborennesse witan, wite ðū þæt iċ hīe forlēt on Tharsum." Đæt mæġden cwæð, "Seġe mē ġewislīcor, þæt iċ hit mæġe understandan." Apollonius þā sōðlīċe hire āreahte eall his ġelimp ond æt þære spræċe ende him fēollon tēaras of ðæm ēagum. Mid þȳ þe sē cyning þæt ġeseah, hē bewende hine

Ðā tō ðǣre dehter ond cwæð, "Lēofe dohtor, þū ġesyngodest; mid þȳ þe þū woldest witan his naman and his ġelimp, þū hafast nū ġeednīwod his ealde sār. Ac iċ bidde þē þæt þū ġiefe him swā hwæt swā ðū wille."

forwandiendre, pres. participle of **forwandian** inflected as fem. adj.
sīe, pres. subj. 2 person sing. of **bēon.**
þynċe, pres. subj. 3 person sing. of **þynċan.**
seġe, imp. 2 person sing. of **secgan.**
āreċe, imp. 2 person sing. of **āreċċan.**
wite, imp. 2 person sing. of **witan.**
mæġe, pres. subj. 1 person sing. of **magan.**
dehter, dat. sing. of **dohtor.**
hafast, pres. ind. 2 person sing of **habban.**

CHAPTER XVII

u-, o-, a- Umlaut

Weak Verbs: Class I

131. u-, o-, a- Umlaut. In some dialects of Old English, **a, e** and **i** were diphthongized to **ea, eo,** and **io,** when followed by a single consonant and **u, o** or **a,** in the next syllable. In West Saxon this sound change was greatly restricted; but it appears regularly in **heofon,** *heaven,* **seofon,** *seven,* **seolfor,** *silver,* **ealu,** *ale,* and **heonan,** *hence* and sporadically in words like **feala** (normally **fela**), *many,* **siodu,** *custom.*

132. Weak Verbs (see **49, 50**). There are three classes of weak verbs in Old English. In verbs of Class I the infinitive ends in **-an** (but **-ian** when the stem of the verb ends in single **r** preceded by a short vowel or short diphthong); the preterit indicative first person singular ends in **-ede, -de,** or **-te**; the past participle ends in **-ed, -d,** or **-t.**

Most weak verbs are derived from nouns, from adjectives, or from strong verbs. The relation of weak verbs to the nouns, adjectives, and strong verbs from which they are derived may be illustrated by some examples of weak verbs of Class I.

(1) From nouns are derived:

dēman, *judge,* from Gmc *dōm-jan (cf. OE dōm, *judgment*)
cemban, *comb,* from Gmc *kamb-jan (cf. OE camb, *comb*)
wemman, *defile,* from Gmc *wamm-jan (cf. OE wamm, *stain*)
ferian, *carry,* from prim. Gmc *far-jan (cf. OE fær, *journey*)

(2) From adjectives are derived:

ǵiernan, *desire,* from prim. Gmc *gern-jan (cf. OE ǵeorn, *desirous*)
scierpan, *sharpen,* from Gmc *skarp-jan (cf. OE scearp, *sharp*)
trymman, *strengthen,* from Gmc *trum-jan (cf. OE trum, *strong*)
fyllan, *fill,* from Gmc *full-jan (cf. OE full, *full*)

(3) From strong verbs are derived:

wendan, *turn,* from Gmc *wand-jan (cf. OE wand, pret. of windan, *wind*) drenċan, *cause to drink*, from Gmc *drank-jan (cf. OE dranc, pret. of drincan, *drink*)

fēran, *go*, from Gmc *fōr-jan (cf. OE fōr, pret. of faran, *go*)

settan, *set*, from Gmc *sat-jan (cf. OE sæt, pret. of sittan, *sit*)

It will be observed that the stems of some of these verbs (dēman, cemban, wemman, ġiernan, scierpan, fyllan, wendan, drenċan, and fēran) were already long in Germanic. The stems of others (ferian, trymman, and settan) were originally short in Germanic. But the stems of trymman and settan were long in Prehistoric OE because the final consonants m and t were geminated or doubled (see 117) before the j which followed them, Germanic *trum-jan and *sat-jan becoming West Germanic *trumm-jan and *satt-jan, which later developed into Old English trymman and settan (see 119-21). The originally short stem of ferian, however, remained short in Old English because the consonant r was not subject to gemination.

133. It has been said that the weak verbs of Class I have as the ending of the preterit indicative first person singular either -ede or -de, -te. In order to determine whether the ending of a verb is -ede on the one hand or -de, -te on the other, we must know whether the stem of the verb was originally short or originally long. The verbs whose stems were originally short may be recognised from the fact that their stems in Old English contain a short vowel or short diphthong followed by a geminated consonant or r. The verbs whose stems were originally long may be recognised from the fact that their stems in Old English contain either (1) a long vowel or long diphthong or (2) a short vowel or short diphthong followed by two consonants or by a double consonant that is not the result of gemination.[54]

[54] Whether or not a **double** consonant is a **geminated** consonant can be ascertained only from a knowledge of the etymology of the word in which it occurs, for there were double consonants before the period of gemination. For example, we know that ll of fyllan is not a geminated consonant because

134. Verbs with originally short stems form their preterit indicative first person singular by means of the ending -ede, and their past participle by means of the ending -ed. The principal parts of representative verbs are as follows:

fremman, *make*	fremede	fremed
trymman, *strengthen*	trymede	trymed
nerian, *save*	nerede	nered
ferian, *carry*	ferede	fered

135. Verbs with originally long stems form their preterit indicative first person singular by means of the ending -de or -te; that is, the middle vowel was **syncopated** in these verbs. They form their past participle by means of the ending -ed. When the stem of the verb ends in a voiced consonant (see 2), the ending is -de; but when the stem ends in a voiceless consonant, the ending is -te. Representative verbs are:

dēman, *judge*	dēmde	dēmed
dǣlan, *share*	dǣlde	dǣled
cemban, *comb*	cembde	cembed
ærnan, *gallop*	ærnde	ærned
cēpan, *keep*	cēpte	cēped
scierpan, *sharpen*	scierpte	scierped
ādwǣscan, *quench*	ādwǣscte	ādwǣsced
fyllan, *fill*	fylde[55]	fylled

136. But verbs whose stems end in **d** or **t** always syncopate the middle vowel of the preterit ending, no matter whether the stem was originally long or originally short, so that the ending becomes -de or -te. The vowel of the ending of the past

ll appears also in the adjective **full**, and we know that the **mm** of **trymman** is a geminated consonant because the corresponding adjective, **trum**, has only a single **m**. But most of the OE double consonants *are* geminated consonants. In practice, therefore, we may assume that a double consonant is a geminated consonant unless we know that it did *not* result from gemination.

[55] Note that in verbs like **fyllan** (see preceding note) the double consonant was simplified in the preterit.

participle may also be syncopated, so that it becomes **-dd** or **-tt** instead of **-ed**. Representative verbs are:

hreddan, *save*	hredde	hreded, hredd[56]
settan, *set*	sette	seted, sett
lǽdan, *lead*	lǽdde	lǽded, lǽdd
mētan, *meet*	mētte	mēted, mētt

Verbs whose stems end in **d** or **t** preceded by another consonant have only a single **d** or **t** in the preterit and in the syncopated form of the past participle. Examples are:

wendan, *turn*	wende	wended, wend
fæstan, *make fast*	fæste	fæsted, fæst

137. Exercise. Form the principal parts of the following weak verbs of Class I: hǽlan, herian, fēdan, wēnan, sendan, bētan, swencan, hlynnan, temman, erian, glengan.[57]

138. The full conjugation of weak verbs of Class I, exemplified by **fremman, nerian,** and **dēman,** is as follows:

INDICATIVE

Present Sing.	1	fremme	nerie	dēme
	2	fremest	nerest	dēmest, dēmst
	3	fremeþ	nereþ	dēmeþ, dēmþ
Plur.	1, 2, 3	fremmaþ	neriaþ	dēmaþ
Preterit Sing.	1	fremede	nerede	dēmde
	2	fremedest	neredest	dēmdest
	3	fremede	nerede	dēmde
Plur.	1, 2, 3	fremedon	neredon	dēmdon

SUBJUNCTIVE

Present Sing.	1, 2, 3	fremme	nerie	dēme
Plur.	1, 2, 3	fremmen	nerien	dēmen
Preterit Sing.	1, 2, 3	fremede	nerede	dēmde
Plur.	1, 2, 3	fremeden	nereden	dēmden

[56] These past participles in **-dd, -tt** were also written with a single **d** or **t**; see 240.

[57] The double consonants in **hlynnan** and **temman** are geminated consonants; see note 54.

IMPERATIVE

Present Sing. 2	freme	nere	dēm
Plur. 2	fremmaþ	neriaþ	dēmaþ
Infinitive	fremman	nerian	dēman
Gerund	tō fremmenne	tō nerienne	tō dēmenne
Present Participle	fremmende	neriende	dēmende
Past Participle	fremed	nered	dēmed

139. For the indicative endings employed in this conjugation see **51** and **67.** The subjunctive endings are the same as those of the strong verb: **-e** in the singular and **-en** in the plural. Verbs with originally long stems (e.g., **dēman**) have no ending in the imperative singular; verbs with originally short stems (e.g., **fremman** and **nerian**) have the ending **-e.**

140. With regard to the inflection of weak verbs of Class I, the following points should be noted:

(1) That in the present indicative, present subjunctive, imperative, infinitive, gerund, and present participle,

   (a) Verbs like **nerian** prefix **i** to the endings except in the present indicative second and third singular and the imperative singular;

   (b) Verbs like **fremman** have a geminated consonant following the radical vowel except in the present indicative second and third singular and the imperative singular;

(2) That in the preterit indicative, preterit subjunctive, and past participle,

   (a) Verbs like **nerian** do not prefix **i** to the endings;

   (b) Verbs like **fremman** do not have a geminated consonant following the radical vowel.

READING

Apollonius of Tyre

141. Ðā ðā þæt mæġden ġehīerda bæt hire wæs ālīefed from hire fæder þæt hēo ǽr hire self ġedōn wolde, ðā cwæð hēo

tō Apollonio, "Apolloni, sōðlīċe þū eart ūre. Forlǽt þīne
murcnunge, ond nū iċ mīnes fæder lēafe hæbbe, iċ ġedō ðē
weliġne." Apollonius hire þæs þancode, and sē cyning blis-
sode on his dohtor welwillendnesse ond hire tō cwæð, "Lēofe
dohtor, hāt feċċan þīne hearpan, and ġeċīeġ ðē tō þīne frīend,
ond āfeorsa fram þām ġeongan his sārnesse." Ðā ēode hēo
ūt ond hēt feċċan hire hearpan, and sōna swā hēo hearpian
ongann, hēo mid wynsumum songe ġemengde þǽre hearpan
swēġ. Ðā ongunnon ealle þā menn hīe herian on hire swēġ-
cræfte, ond Apollonius āna swīgode. Ðā cwæð sē cyning,
"Apolloni, nū ðū dēst yfele, for ðǽm þe ealle menn heriað mīne
dohtor on hire swēġcræfte, and þū āna hīe swīġiende tǽlst."
Apollonius cwæð, "Ēalā ðū gōda cyning, ġif ðū mē ġelīefst,
iċ secge þæt iċ onġiete þæt sōðlīċe þīn dohtor ġefēoll on swēġ-
cræft, ac hēo næfð hine nā wel ġeleornod. Ac hāt mē nū
sellan þā hearpan; þonne wāst þū þæt þū ġīet nāst." Arces-
trates sē cyning cwæð, "Apolloni, iċ oncnāwe sōðlīċe þæt þū
eart on eallum þingum wel ġelǽred."

fæder, see Reference Grammar 335.
hæbbe, pres. ind. 1 person sing. of habban.
ġedō, pres. ind. 1 person sing. of ġedōn.
þancode, used with genitive of the object.
dohtor, gen. sing. of dohtor (see Reference Grammar 335).
hāt feċċan etc., *command thy harp to be brought.*
frīend, acc. plur. of frēond.
āfeorsa, imp. 2 person sing. of āfeorsian.
dēst, pres. ind. 2 person sing. of dōn.
swīġiende, pres. participle of swīġian.
næfð, contraction of ne and hæfð, pres. ind. 3 person sing. of habban.
wāst, pres. ind. 2 person sing. of witan.
nāst, contraction of ne and wāst, pres. ind. 2 person sing. of witan.

CHAPTER XVIII

Weak Verbs: Class I

142. The peculiarities of inflection which were noted in paragraph 140, tho they might seem to be merely arbitrary, are the result of regular sound changes. The Germanic forms from which were derived the Old English forms of the present indicative of **fremman, nerian,** and **dēman** were:

Sing. 1	*framjō	*nazjō	*dōmjō
2	*framis	*nazis	*dōmis
3	*framiþ	*naziþ	*dōmiþ
Plur. 3	*framjanþ	*nazjanþ	*dōmjanþ

The infinitive forms were *framjan, *nazjan, and *dōmjan, and the j which we see in the infinitive, the first person singular, and the plural extended also thruout the present subjunctive, the imperative plural, and the present participle.

143. The Prehistoric Old English forms of the present indicative of these verbs, before the period of i-umlaut, were:

Sing. 1	*frammju	*nærju[58]	*dōmju[59]
2	*framis	*næris	*dōmis[60]
3	*framiþ	*næriþ	*dōmiþ
Plur. 3	*frammjaþ	*nærjaþ	*dōmjaþ

[58] For the change of z to r see note 32 above.

[59] In WS the old ending -u was replaced by the subjunctive ending -e.

[60] The ending -is, which occurs only in the oldest texts, developed regularly into -es, but the usual OE ending is -est. The t of this ending was acquired from the þ of þū. When þū followed its verb it often coalesced with it, so that dēmes þū became dēmestū; then from dēmestū was derived, by a false word division, the form dēmest as that of the present indicative 2 sing. The ending -est of the preterit indicative 2 sing. had a similar origin.

77

The infinitives were *frammjan, *nærjan, and *dōmjan. It
will be observed that in *frammjan the final consonant of the
stem has been geminated wherever it was followed by j. This
gemination, as we learned in Chapter XV, took place in West
Germanic. Gemination did not take place in the second and
third persons singular, because no j followed the m; nor did it
take place, for the same reason, in the imperative singular,
which in Prehistoric Old English was *frami. But in all the
other forms of the present tenses the m was followed by j
and was therefore geminated. In accordance, however, with
the law stated in 117, gemination did not take place in verbs
like dēman whose stems were originally long. Nor did it take
place in verbs like nerian with originally short stems ending
in r. It took place, however, in all verbs like fremman whose
stems were originally short and ended in a consonant other
than r.

144. In Prehistoric Old English the preterit indicative forms
of fremman, nerian, and dēman were:

Sing. 1	*framide	*næride	*dōmide
2	*framides	*nærides	*dōmides
3	*framide	*næride	*dōmide
Plur. 3	*framidun	*næridun	*dōmidun

The past participles were *framid, *nærid, and *dōmid. From
these forms the later Old English forms were derived. The
middle vowel i, after causing umlaut, was syncopated if the
stem was long, but was retained if the stem was short. If re-
tained it then became e. Since the preterit forms contained no
j, no gemination took place and the original length of the stem
remained unchanged. It is for this reason that we are obliged to
consider the original length of the stem (see 134, 135) in order to
know whether the preterit ending of a verb is -de (-te) on the
one hand or -ede on the other.

145. Since every form of the weak verbs of Class I thus far discussed contained in the syllable following the stem either an **i** or a **j**, it is obvious that the vowel of the stem would be umlauted thruout the whole conjugation; ***frammjan** therefore became ***fremmjan**, ***nærjan** became **nerjan**, and ***dōmjan** became ***dēmjan**, in accordance with the sound change explained in Chapter XV. After causing umlaut, **j** disappeared except in verbs like **nerian** with originally short stems ending in **r**; in those verbs it was retained, usually being written **i**.[61]

146. **Verbs without a Middle Vowel in Preterit.** There are some weak verbs of Class I, however, which have umlaut only in the present forms and not in the preterit and past participle; examples are:

tellan, *count*	tealde	teald
cweċċan, *shake*	cweahte	cweaht
sēċan, *seek*	sōhte	sōht

The lack of umlaut in the preterit and past participle is explained by the fact that the preterit and past participle of these verbs lacked the middle vowel **i** which caused umlaut in the preterit and past participle of most verbs of Class I. The principal parts in Prehistoric Old English were:

*tælljan	*tælde	*tæld
*cwæċċjan	*cwæhte	*cwæht
*sōċjan	*sōhte	*sōht

In the infinitive and present forms the vowel of the stem was umlauted as in other weak verbs of Class I. In the preterit and past participle, however, no cause of umlaut was present, and the vowel of the stem remained unmodified unless, as in ***tælde** and ***cwæhte**, the vowel was followed by a consonant or consonant combination which caused breaking (see 85).

---

[61] It is also written **g, ge, ig**, and **ige**, as in **nerġan, nerġean, neriġan, neriġean**; the sound is always that of **j**.

We may therefore divide these verbs into two classes, those which have and those which do not have a broken vowel in the preterit and past participle. The more important verbs are:

(1)

cweċċan, *shake*	cweahte[62]	cweaht
streċċan, *stretch*	streahte[62]	streaht
þeċċan, *cover*	þeahte[62]	þeaht
cwellan, *kill*	cwealde	cweald
sellan, *give*	sealde	seald
tellan, *count*	tealde	teald

(2)

bycgan,[63] *buy*	bohte	boht
sēċan, *seek*	sōhte	sōht
tǣċan, *teach*	tāhte[62]	tāht
wyrċan,[63] *work*	worhte	worht
brengan (bringan), *bring*	brōhte	brōht[64]
þenċan, *think*	þōhte	þōht
þynċan, *seem*	þūhte	þūht

READING

Apollonius of Tyre

147. Đā hēt sē cyning sellan Apollonie þā hearpan. Apollonius þā ūt ēode and hine scrȳdde ond sette ānne cynehelm uppan his hēafod ond nam þā hearpan on his hond and in ēode and swā stōd þæt sē cyning and ealle þā ymbsittendan wēndon þæt hē nǣre Apollonius ac þæt hē wǣre Apollines, ðāra hǣðenra god. Đā wearð stilness ond swīġe ġeworden innan ðǣre

[62] In these verbs the umlauted vowel of the infinitive and present was often introduced by analogy into the preterit and past participle, giving **cwehte, strehte, þehte, tǣhte** and **cweht, streht, þeht, tǣht.**

[63] For **cg** see note 66 below; for the relation between **y** and **o** see note 46 above.

[64] The apparent irregularities of this verb and of the two which follow it were the result of regular sound changes, some of which took place in Primitive Germanic. (See **231.**) The form **bringan,** which is more frequent than **brengan,** belongs to an old strong verb like **bindan.**

healle, and Apollonius his hearpenæġel ġenam, ond hē þā
hearpestrengas mid cræfte āstyrian ongonn ond þǣre hearpan
swēġ mid wynsumum songe ġemengde. Ond sē cyning self
ond ealle þe þǣr andwearde wǣron micelre steine clipodon and
hine heredon. Æfter þissum forlēt Apollonius þā hearpan
ond plegode ond fela fæġerra þinga þǣr forðtēah þe þām folce
unġecnāwen wæs ond unġewunelīċ, and heom eallum þearle
līcode ǣlċ þāra þinga ðe hē forðtēah.

Sōðlīċe mid þȳ þe þæs cyninges dohtor ġeseah þæt Apollonius
on eallum gōdum cræftum swā wel wæs ġetogen, þā ġefēoll
hire mōd on his lufe. Ðā æfter þæs bēorscipes ġeendunge
cwæð þæt mæġden tō ðām cyninge, "Lēofa fæder, þū līefdest
mē lȳtle ǣr þæt iċ mōste ġiefan Apollonio swā hwæt swā iċ
wolde of þīnum goldhorde." Arcestrates sē cyning cwæð tō
hire, "Ġief him swā hwæt swā ðū wille."

CHAPTER XIX

Strong Verbs with j-Presents; Numerals

148. Certain strong verbs of Classes V and VI are not conjugated in the present like other strong verbs, but like **fremman**; that is, (1) the final consonant of the stem is geminated (see 117 and 143) except in the second and third indicative singular and the imperative singular, and (2) the vowel of the stem is umlauted (see 119) thruout. Thus, **biddan**, of Class V, is conjugated in the present indicative, present subjunctive, and imperative as follows:

Present Indicative	Sing.	1	**bidde**
		2	**bitst, bidest**
		3	**bitt, bideþ**
	Plur.	1, 2, 3	**biddaþ**
Present Subjunctive	Sing.	1, 2, 3	**bidde**
	Plur.	1, 2, 3	**bidden**
Present Imperative	Sing.	2	**bide**
	Plur.	2	**biddaþ**

149. The most important of these verbs are:

Class V. **biddan,** from Primitive Germanic *beðjanan[65]
licgan,[66] from Primitive Germanic *legjanan
sittan, from Primitive Germanic *setjanan

---

[65] The original **e** of the infinitive and present of this verb and the two that follow it was umlauted to **i** in Primitive Germanic; see note 45 above.

[66] **cg** is the regular OE development of **gg,** which was the West Germanic gemination of Germanic **g.**

Class VI.   hebban,[67] from Primitive Germanic *habjanan[68]
hliehhan,[69] from Primitive Germanic *hlahjanan
scieppan,[70] from Primitive Germanic *skapjanan
sceþþan,[71] from Primitive Germanic *skaþjanan
steppan,   from Primitive Germanic *stapjanan

One verb of Class VI is conjugated in the present like nerian:
swerian,[72] from Primitive Germanic *swarjanan.

One verb of Class VII is conjugated in the present like dēman:
wēpan, from Primitive Germanic *wōpjanan.

150. Except in the present these verbs are conjugated like other strong verbs of their respective classes.   The principal parts are as follows:

Class V.	biddan, *ask*	bæd	bǣdon	beden[73]
	licgan, *lie*	læġ	lǣgon	leġen
	sittan, *sit*	sæt	sǣton	seten
Class VI.	hebban, *heave*	hōf	hōfon	hafen[74]
	hliehhan, *laugh*	hlōh	hlōgon[75]	
	scieppan, *create*	scōp	scōpon	sceapen[76]
	sceþþan, *injure*	scōd	scōdon[77]	
	steppan, *step*	stōp	stōpon	stapen
	swerian, *swear*	swōr	swōron	swaren, sworen
Class VII.	wēpan, *weep*	wēop	wēopon	wōpen[74]

[67] bb is the regular OE gemination of Germanic b; see note 68 below.

[68] The character b represents a sound somewhat like Modern English v.

[69] In this verb the original a of the infinitive and present, having changed to æ in Prehistoric OE, was first broken to ea before hh (see 85) and then umlauted to ie.

[70] In this verb the original a was first changed to æ in Prehistoric OE, was then diphthongized to ea by the initial sc (see 91), and was then umlauted to ie.

[71] This form is irregular; we should have scieþþan from *skaþjanan, just as we have scieppan from *skapjanan.

[72] For the preservation of j see 145.

[73] Note the absence of umlaut in the past participle of these verbs.

[74] Note the absence of umlaut in the past participle of these verbs.

[75] Observe the grammatical change in this verb, and compare note 32 above.

[76] This form is from Prehistoric OE *scæpen, the æ being diphthongized to ea by the initial sc (see 91).

[77] Observe the grammatical change in this verb, and compare note 32 above.

151. Numerals. The ordinal numerals (e.g., **forma,** *first,* **þridda,** *third*) are declined like weak adjectives.[78] Of the cardinal numbers, only the first three are regularly declined.

(1) **ān,** *one,* is declined like a strong adjective, but has either **ānne** or **ǣnne** in the masculine accusative singular and either **āne** or **ǣne** in the masculine and neuter instrumental singular.

(2) The declension of **twēġen,** *two,* is as follows:

Plur.	Masculine	Feminine	Neuter
Nom., Acc.	twēġen	twā	tū, twā
Gen.	twēga, twēġra	twēga, twēġra	twēga, twēġra
Dat., Inst.	twǣm, twām	twǣm, twām	twǣm, twām

(3) The declension of **ðrīe,** *three,* is as follows:

Plur.	Masculine	Feminine	Neuter
Nom., Acc.	ðrīe	ðrēo	ðrēo
Gen.	ðrēora	ðrēora	ðrēora
Dat., Inst.	ðrim	ðrim	ðrim

The other cardinal numbers are generally not inflected. They are chiefly used either as indeclinable adjectives or as nouns governing the genitive; for example, **on fīf dagum,** *in five days;* **ðrītiġ daga,** *thirty days.*

For further information in regard to the numerals see the Reference Grammar (370-374).

READING

Apollonius of Tyre

152. Hēo ðā swīðe blīðe ūt ēode and cwæð, "Lāreow Apolloni, iċ ġiefe þē be mīnes fæder lēafe twā hund punda goldes ond fēower hund punda ġewihte seolfres ond þone mæstan dæl dēorweorðes rēafes ond twēntiġ ðēowra monna." And

---

[78] Except **ōðer,** *second.*

hēo þā þus cwæð tō ðǣm þēowum mannum, "Berað þās þing
mid ēow þe iċ behēt Apollonio, mīnum lārēowe, ond lecgað
innan būre beforan mīnum frēondum." Þis wearð þā þus
ġedōn æfter þǣre cwēne hǣse, ond ealle þā menn hire ġiefa
heredon ðe hīe ġesāwon. Ðā sōðlīċe ġeendode sē ġebēorscipe,
ond þā menn ealle ārison and grētton þone cyning ond ðā
cwēne ond bǣdon hīe ġesunde bēon and hām ġewendon.
Ēac swelċe Apollonius cwæð, "Ðū gōda cyning ond earmra
ġemiltsiend ond þū cwēn lāre lufiend, bēon ġē ġesunde." Hē
beseah ēac tō ðām þēowum monnum þe þæt mæġden him for-
ġiefen hæfde ond him cwæð tō, "Nimað þās þing mid ēow þe
mē sēo cwēn forġeaf, and gān wē sēċan ūre ġiesthūs þæt wē magon
ūs ġerestan." Ðā ondrēd þæt mæġden þæt hēo nǣfre eft
Apollonium ne ġesāwe swā hræðe swā hēo wolde ond ēode þā
tō hire fæder and cwæð, "Ðū gōda cyning, līcað ðē wel þæt
Apollonius, þe þurh ūs tōdæġ ġegōdod is, þus heonon fare, ond
cumen yfele menn ond berēafien hine?" Sē cyning cwæð,
"Wel þū cwǣde. Hāt him findan hwǣr hē hine mæġe weorð-
līcost ġerestan."

ġedōn, past participle of ġedōn.
bēon, subjunctive 2 person plur.
gān, pres. subj. 1 person plural of gān.
gān . . . sēċan; sēċan is a complementary infinitive after a verb of motion,
to be translated usually by the present participle: go . . . seeking.
magon, pres. ind. 1 person plur. of magan.
ġesāwe, pret. subj. 3 person sing. of ġesēon.
berēafien, pres. subj. 3 person plur. of berēafian.
mæġe, pres. subj. 3 person sing. of magan.

CHAPTER XX

WEAK VERBS: CLASSES II AND III

153. Weak Verbs: Class II. The weak verbs of Class II are easily recognized. They have **-ian**[79] in the infinitive, **-ode** in the preterit indicative first person singular, and **-od** in the past participle; the principal parts are as follows:

lufian, *love*	lufode	lufod

154. The full conjugation of weak verbs of Class II, exemplified by **lufian,** is as follows:

INDICATIVE

Present Sing. 1	lufie
2	lufast
3	lufaþ
Plur. 1, 2, 3	lufiaþ
Preterit Sing. 1	lufode
2	lufodest
3	lufode
Plur. 1, 2, 3	lufodon

SUBJUNCTIVE

Present Sing. 1, 2, 3	lufie
Plur. 1, 2, 3	lufien
Preterit Sing. 1, 2, 3	lufode
Plur. 1, 2, 3	lufoden

[79] This ending is also written -iᵹan and -iᵹean, but the sound is always that of -ian. The endings -ian, etc., of 2 weak verbs are to be distinguished from the -ian, etc., of 1 weak verbs. In lufian the ending -ian is two syllables; in nerian it is only one. The i which appears in the infinitive and other forms of the 2 weak verbs did not cause umlaut because it was not i but ōj at the time at which umlaut began to operate. This ōj then became ēj and subsequently i. See 434, 435.

IMPERATIVE

Present Sing. 2		**lufa**
	Plur. 2	**lufiaþ**
Infinitive		**lufian**
Gerund		**tō lufienne**
Present Participle		**lufiende**
Past Participle		**lufod**

155. Weak Verbs: Class III. The third class of weak verbs was originally as definite in its characteristics as the other two classes. In Old English, however, only a very small number of verbs belong to this class, and these retain only in part the original features of the conjugation. See **436.** The principal parts of the chief Old English verbs of Class III are:

habban, *have*	**hæfde**	**hæfd**
hycgan, *think*	**hogde**	**hogod**
libban, *live*	**lifde**	**lifd**
secgan, *say*	**sæ̇de**	**sæ̇d**

156. The early West-Saxon forms of **habban** and **libban** were as follows:

INDICATIVE

Present Sing. 1		**hæbbe**	**libbe**
	2	**hæfst, hafast**	**liofast**
	3	**hæfþ, hafaþ**	**liofaþ**
	Plur. 1, 2, 3	**hæbbaþ, habbaþ**	**libbaþ**
Preterit Sing. 1		**hæfde**	**lifde**
	2	**hæfdest**	**lifdest**
	3	**hæfde**	**lifde**
	Plur. 1, 2, 3	**hæfdon**	**lifdon**

SUBJUNCTIVE

Present Sing. 1, 2, 3		**hæbbe**	**libbe**
	Plur. 1, 2, 3	**hæbben**	**libben**
Preterit Sing. 1, 2, 3		**hæfde**	**lifde**
	Plur. 1, 2, 3	**hæfden**	**lifden**

IMPERATIVE

Present Sing 2	hafa	liofa
Plur. 2	habbaþ	libbaþ
Infinitive	habban	libban
Gerund	tō habbenne	tō libbenne
Present Participle	hæbbende	libbende, lifiende
Past Participle	hæfd	lifd

READING

Apollonius of Tyre

157. Ðā dyde þæt mægden swā hire beboden wæs, ond Apollonius onfēng þǣre wununge ðe him ġetāht wæs ond ðǣr in ēode Gode þonciende ðe him ne forwiernde cynelīċes weorð- scipes and frōfres. Ac þæt mægden hæfde unstille niht mid þǣre lufe onǣled þāra worda and sanga þe hēo ġehīerde æt Apollonie, ond nā leng hēo ne ġebād ðonne hit dæġ wæs, ac ēode sōna swā hit lēoht wæs and ġesæt beforan hire fæder bedde. Ðā cwæð sē cyning, "Lēofe dohtor, for hwȳ eart ðū þus ǣrwacol?" Ðæt mægden cwæð, "Mē āweahton þā ġecneord- nessa þe iċ ġiestrandæġ ġehīerde. Nū bidde iċ ðē for ðām þæt þū befæste mē ūrum cuman Apollonie tō lāre." Ðā wearð sē cyning þearle ġeblissod ond hēt feċċan Apollonium ond him tō cwæð, "Mīn dohtor ġiernð þæt hēo mōte leornian æt ðē ðā ġesǣligan lāre ðe þū canst, and ġif ðū wilt þisum þingum ġehīersum bēon, iċ swerie ðē þurh mīnes rīċes mæġenu þæt swā hwæt swā ðū on sǣ forlure iċ ðē þæt on lande ġestaðelie." Ðā ðā Apollonius þæt ġehīerde, hē onfēng þām mægdene tō lāre ond hire tāhte swā wel swā hē self ġeleornode.

onfēng, forwiernde, note that these verbs take the dat. and gen. respectively, instead of the accusative.

mōte, pres. subj. 3 person sing. of mōtan.

canst, pres. ind. 2 person sing. of cunnan.

CHAPTER XXI

ANOMALOUS VERBS; u-DECLENSION

158. The conjugation of **bēon,** *be,* is as follows:

INDICATIVE

Present Sing.	1	eom	bēo
	2	eart	bist
	3	is	biþ
Plur.	1, 2, 3	sindon, sind, sint	bēoþ

SUBJUNCTIVE

Present Sing.	1, 2, 3	sīe	bēo
Plur.	1, 2, 3	sīen	bēon

IMPERATIVE

Present Sing.	2		bēo
	Plur. 2		bēoþ
Infinitive			bēon
Gerund			tō bēonne
Present Participle			bēonde

The preterit forms are supplied by the strong verb **wesan,** *be:*

INDICATIVE			SUBJUNCTIVE		
Preterit Sing.	1	wæs	Preterit Sing.	1, 2, 3	wǣre
	2	wǣre[80]			
	3	wæs			
	Plur. 1, 2, 3	wǣron		Plur. 1, 2, 3	wǣren[81]

[80] Observe the grammatical change in this verb, and compare note 32 above.

[81] **wesan** is also used in the present indicative, present subjunctive, imperative, and present participle; when so used it is conjugated like a strong verb of Class V. See Reference Grammar 443.

159. The conjugation of **dōn,** *do,* is as follows:

INDICATIVE		SUBJUNCTIVE	
Present Sing. 1	dō	Present Sing. 1, 2, 3	dō
2	dēst		
3	dēþ		
Plur. 1, 2, 3,	dōþ	Plur..1, 2, 3	dōn
Preterit Sing. 1	dyde	Preterit Sing. 1, 2, 3	dyde
2	dydest		
3	dyde		
Plur. 1, 2, 3	dydon	Plur. 1, 2, 3	dyden

IMPERATIVE	
Present Sing. 2	dō
Plur. 2	dōþ
Infinitive	dōn
Gerund	tō dōnne
Present Participle	dōnde
Past Participle	dōn

160. The forms that serve as the preterit indicative and subjunctive of **gān,** *go,* are from a root which is different from that of the infinitive and present forms. The conjugation is as follows:

INDICATIVE		SUBJUNCTIVE	
Present Sing. 1	gā	Present Sing. 1, 2, 3	gā
2	gǣst		
3	gǣþ		
Plur. 1, 2, 3	gāþ	Plur. 1, 2, 3	gān
Preterit Sing. 1	ēode	Preterit Sing. 1, 2, 3	ēode
2	ēodest		
3	ēode		
Plur. 1, 2, 3	ēodon	Plur. 1, 2, 3	ēoden

IMPERATIVE	
Present Sing. 2	gā
Plur. 2	gāþ
Infinitive	gān
Gerund	tō gānne
Present Participle	(gangende)[82]
Past Participle	gān

[82] **gānde,** the present participle of **gān,** does not occur in West-Saxon and its place is supplied by the present participle of **gangan, a** strong verb of Class **VII.**

161. The conjugation of **willan**, *will*, is as follows:

INDICATIVE			SUBJUNCTIVE	
Present Sing. 1		**wille**	Present Sing. 1, 2, 3	**wille**
2		**wilt**		
3		**wile**		
Plur. 1, 2, 3		**willaþ**	Plur. 1, 2, 3	**willen**
Preterit Sing. 1		**wolde**	Preterit Sing. 1, 2, 3	**wolde**
2		**woldest**		
3		**wolde**		
Plur. 1, 2, 3		**woldon**	Plur. 1, 2, 3	**wolden**
	Infinitive		**willan**	
	Gerund		**tō willenne**	
	Present Participle		**willende**	

162. **Contraction.** The various forms of **willan** often undergo contraction with the preceding negative **ne**, *not;* **ne wile**, for example, contracts to **nile** (also **nyle** or **nele**); **ne wolde** contracts to **nolde**. Contraction with **ne** is likewise undergone by those forms of **bēon** which begin with a vowel, by the various forms of **wesan**, and by the various forms of **habban; ne is**, for example, contracts to **nis, ne wæs** to **næs**, and **ne habbaþ** to **nabbaþ**.

163. **u-Declension.** The u-declension is that according to which are declined all masculine and a few feminine nouns which end in **-u**.[83]

---

[83] All of these nouns have short stems, the final u having been lost in nouns with long stems, just as it was lost in the Nom.-Acc. Plur. of long-stemmed nouns of the neuter a-declension and in the Nom. Sing. of long-stemmed nouns of the feminine ō-declension (see **48, 55**). Long-stemmed nouns of the u-declension for the most part went over to the masculine a-and feminine ō-declensions, but a few nouns retain forms belonging to the u-declension. For example, **feld**, *field*, (masculine) has the endings of either the u-declension or the masculine a-declension:

Sing. Nom.	**feld**	Plur. Nom., Acc.	**felda, feldas**
Gen.	**felda, feldes**	Gen.	**felda**

164. Paradigms of **sunu,** *son,* (masculine), and **duru,** *door,* (feminine):

Sing.			Plur.		
Nom.	sunu	duru	Nom., Acc.	suna	dura
Gen.	suna	dura	Gen.	suna	dura
Dat.	suna	dura	Dat., Inst.	sunum	durum
Acc.	sunu	duru			
Inst.	suna	dura			

READING
Apollonius of Tyre

165. Hit ġelamp ðā æfter þissum binnan fēawum tīdum þæt Arcestrates sē cyning hēold Apollonius hond on honda and ēodon swā ūt on ðǣre ċeastre strǣte. Þā æt nīehstan cōmon ðǣr gān onġēan hīe þrīe ġelǣrede weras ond æþelborene þā longe ǣr ġierndon þæs cyninges dohtor. Hīe ðā ealle þrīe tōgædere ānre stefne grētton ðone cyning. Đā smearcode sē cyning and him tō beseah and þus cwæð, "Hwæt is þæt, þæt ġē mē ānre stefne grētton?" Đā andswarode heora ān and cwæð, "Wē bǣdon ġefyrn þīnre dohtor, ond þū ūs oftrǣdlīċe mid elcunge ġeswenċtest. For ðām wē cōmon hider tōdæġ þus tōgædere. Wē sindon þīne ċeasterġewaran of æðelum ġebyrdum ġeborene; nū bidde wē þē þæt þū ġeċēose þē ānne of ūs þrim, hwelcne þū wille þē tō āðume habban." Đā cwæð sē cyning, "Næbbe ġē nā gōdne tīman āredodne; mīn dohtor is nū swīðe bisiġ ymbe hire leornunge. Ac, þē lǣs þe iċ ēow ā leng slacie, āwrītað ēowere noman on ġewrite ond hire morġenġiefe. Þonne āsende iċ þā ġewritu mīnre dehter þæt hēo

Dat.	felda, felde			Dat., Inst.	feldum
Acc.	feld				
Inst.	felda, felde				

Of the long-stemmed feminines which retain forms belonging to the u-declension, **hand** is the most important example.

self ġeċēose hwelcne ēower hēo wille." Đā dydon ðā cnihtas *youth* swā, ond sē cyning nam ðā ġewritu and ġeinseġlode hīe mid *ple — cursor* his hringe and sealde Apollonio þus cweðende, "Nim nū, *to — skylight* lārēow Apolloni, swā hit þē ne mislīcie, ond bring þīnum lǣring-mæġdene." Đā nam Apollonius þā ġewritu and ēode tō ðǣre cynelīcan healle.

female student

> **honda,** dat. sing. of a **u**-stem.
>
> **cōmon . . . gān; gān** is a complementary infinitive after a verb of motion: *came . . . walking.*
>
> **dehter,** dat. sing. of **dohtor** (see 335).
>
> **bidde wē, næbbe ġē;** when the plural pronoun subjects **wē** or **ġē** immediately follow the verb, the ending **-e** is often used instead of the regular plural endings **-aþ** or **-on.**
>
> **ēowere;** the MS has **ēowerne.**

CHAPTER XXII

Minor Noun Declensions

166. man-Declension. The **man**-declension is that according to which are declined a small but important group of masculine and feminine nouns most of which are monosyllables ending in a consonant. The distinctive feature of this declension is that the dative singular and nominative plural are without endings but have umlaut of the vowel of the stem; the umlaut is the result of the fact that the Germanic endings in the dative singular and nominative plural were *-i and *-iz.

167. Paradigms of **mann** (**monn**), *man*, and **fōt**, *foot*, (masculine); and **bōc**, *book*, and **burg**, *city*, (feminine):

Sing. Nom.	mann	*Gmc.*	fōt	*Gmc.*	bōc	*Gmc.*	burg
Gen.	mannes		fōtes		bēċ, bōce		byrġ, byriġ
Dat.	menn	*(*manniz)*	fēt	*(*fōti)*	bēċ *(*lōci)*		byrġ, byriġ
Acc.	mann		fōt		bōc		burg
Inst.	menn	*(*manni)*	fēt	*(*fōti)*	bēċ *(*lōci)*		byrġ, byriġ
Plur. Nom., Acc.	menn	*(*manniz)*	fēt	*(*fōtiz)*	bēċ *(*lōciz)*		byrġ, byriġ
Gen.	manna		fōta		bōca		burga
Dat., Inst.	mannum		fōtum		bōcum		burgum

Other nouns belonging to this declension are **tōþ**, *tooth*, plural **tēþ**, (masculine), and **gōs**, *goose*, plural **gēs**, (feminine).

168. nd-Declension. The **nd**-declension is that according to which are declined present participles used as nouns; they are of the masculine gender and always end in **-nd**. This declension is similar in its characteristics to the **man**-declension.

169. Paradigms of **frēond,** *friend,* and **hettend,** *enemy:*

Sing. Nom.	frēond	hettend
Gen.	frēondes	hettendes
Dat.	friend	hettende
Acc.	frēond	hettend
Inst.	friend	hettende
Plur. Nom., Acc.	friend	hettend
Gen.	frēonda	hettendra[84]
Dat., Inst.	frēondum	hettendum

170. r-Declension. The **r**-declension is that according to which are declined the nouns of relationship ending in **-r: fæder,** *father,* **brōðor,** *brother,* (masculine); and **mōdor,** *mother,* **dohtor,** *daughter,* **sweostor,** *sister,* (feminine).

171. Paradigms of **fæder, brōðor,** and **sweostor:**

Sing. Nom.	fæder	brōðor	sweostor
Gen.	fæder	brōðor	sweostor
Dat.	fæder	brēðer	sweostor
Acc.	fæder	brōðor	sweostor
Inst.	fæder	brēðer	sweostor
Plur. Nom., Acc.	fæderas	brōðor	sweostor
Gen.	fædera	brōðra	sweostra
Dat., Inst.	fæderum	brōðrum	sweostrum

172. A few neuter nouns, chiefly **lamb (lomb),** *lamb,* **ċealf,** *calf,* **æġ,** *egg,* and (sometimes) **ċild,** *child,* have preceding the endings in the plural an **r** which does not appear in the singular.

173. Paradigm of **lamb:**

Sing. Nom.	lamb	Plur. Nom., Acc.	lambru
Gen.	lambes	Gen.	lambra
Dat.	lambe	Dat., Inst.	lambrum
Acc.	lamb		
Inst.	lambe		

[84] The ending **-ra** of the genitive plural is from the adjective declension.

READING

Apollonius of Tyre

174. Mid þām þe þæt mæġden ġeseah Apollonium, þā cwæð
hēo, "Lārēow, hwȳ ġǣst ðū āna?" Apollonius cwæð, "Hlǣf-
diġe, . . . nim ðās ġewritu ðe þīn fæder þē sende ond rǣd."
Ðæt mæġden nam ond rǣdde þāra þrēora cnihta naman, ac
hēo ne funde nā þone noman þǣron þe hēo wolde. Ðā hēo þā
ġewritu oferrǣdd hæfde, ðā beseah hēo tō Apollonio and cwæð,
"Lārēow, ne ofþyncð hit ðē ġif ic þus wer ġecēose?" Apol-
lonius cwæð, "Nā, ac ic blissie swīðor ðæt þū meaht ðurh ðā
lāre þe þū æt mē underfēnge þē self on ġewrite ġecȳðan hwelcne
heora þū wille. Mīn willa is þæt þū ðē wer ġecēose þǣr ðū self
wille." Þæt mæġden cwæð, "Ēalā lārēow, ġif ðū mē lufodest,
þū hit besorgodest." Æfter þissum wordum hēo mid mōdes
ānrǣdnesse āwrāt ōðer ġewrit ond þæt ġeinseġlode and sealde
Apollonio. Apollonius hit þā ūt bær on ðā strǣte ond sealde
þām cyninge. Ðæt ġewrit wæs þus ġewriten: "þū gōda
cyning and mīn sē lēofosta fæder, nū þīn mildheortnes mē
lēafe sealde þæt ic self mōste cēosan hwelcne wer ic wolde, ic
secge ðē tō sōðe, þone forlidenan monn ic wille. And ġif ðū
wundrie þæt swā scamfæst fǣmne swā unforwandiendlīce ðās
word āwrāt, þonne wite þū þæt ic hæbbe þurh weax āboden,
ðe nāne scame ne conn, þæt ic self ðē for scame secgan ne
mihte."

hlǣfdiġe, . . .; the words that follow hlǣfdiġe in the MS (næs ġit yfel
wif) are unintelligible.
funde, a weak preterit of findan.
meaht, pres. ind. 2 person sing. of magan.
wite, imp. 2 sing. of witan.
conn, pres. ind. 3 person sing. of cunnan.

CHAPTER XXIII

Preteritive-Present Verbs

175. The preteritive-present verbs, or strong-weak verbs, which are a feature of all the Germanic languages, are so called because their present indicative and subjunctive forms were originally the preterit indicative and subjunctive of strong verbs. These old preterits acquired a present meaning, the old presents were lost, and new **weak** preterits were formed on the basis of the stem of the present (originally preterit) indicative plural. Generally upon the basis of the present indicative plural stem were also made new forms for the imperative, infinitive, gerund, and present participle. For example, **man (mon)** and **munon** were originally the preterit indicative 1 and 3 singular and preterit indicative plural of a strong verb meaning *remember;* their meaning changed from preterit to present; and a new weak preterit indicative 1 and 3 singular **munde** was formed from the stem of **munon.** The principal parts of these verbs are: (1) the infinitive, (2) the present indicative third person singular, (3) the present indicative plural, and (4) the preterit indicative third person singular. The verbs, with their principal parts, are as follows:

āgan, *possess*	āh	āgon	āhte
cunnan, *know, be able*	cann, conn	cunnon	cūðe
dugan, *avail*	dēag	dugon	dohte
durran, *dare*	dearr	durron	dorste
magan, *be able*	mæġ	magon	meahte, mihte
mōtan, *be permitted*	mōt	mōton	mōste
munan, *remember*	man, mon	munon, munaþ	munde
(ġe)nugan, *suffice*	neah	nugon	nohte

97

sculan, *be under obligation*	sceal	sculon	scolde, sceolde
ðurfan, *need*	ðearf	ðurfon	ðorfte
unnan, *grant*	ann, onn	unnon	ūðe
witan, *know*	wāt[85]	witon	wisse, wiste[86]

176. The most important of these verbs are **āgan, cunnan, magan, mōtan, sculan,** and **witan.** The first of these has become the Modern English verb *owe;* **cunnan, magan, mōtan,** and **sculan** survive (with more or less change of meaning) in Modern English *can, may, must,* and *shall;* **witan** survives in (archaic) Modern English *wot,* (to) *wit.*

177. With regard to the conjugation of the preteritive-present verbs the following points should be noted:
(1) The present indicative is conjugated like the preterit indicative of strong verbs, except that the second person singular is formed from the singular, not the plural, stem, and that it has the old ending **-t** (or **-st**) instead of **-e.**
(2) The preterit indicative has the endings of the preterit indicative of weak verbs.
(3) The subjunctive has the regular endings, **-e** in the singular and **-en** in the plural, but the present subjunctive frequently has umlaut of the vowel of the stem.
(4) The past participle has the strong ending **-en.**

[85] Negative forms (contracted with **ne**) are **nāt, nyton, niste,** etc.

[86] In this list the verbs are given, for convenience of reference, in alphabetical order, but they are usually classified according to the class of strong verbs to which they originally belonged; this classification is as follows:

Class	
I	witan, āgan
II	dugan
III	cunnan, durran, ðurfan, unnan
IV	munan, sculan
V	magan, nugan
VI	mōtan

178. Synopsis of the conjugation of the preteritive-present verbs:[87]

Pres. Ind. Sing. 1	āh	cann, conn	dēag	dearr
2	āhst	canst		dearst
3	āh	cann, conn	dēag	dearr
Plur. 1, 2, 3	āgon	cunnon	dugon	durron
Pret. Ind. Sing. 3	āhte	cūðe	dohte	dorste
Pres. Subj. Sing.	āge	cunne	duge, dyǧe	durre, dyrre
Infinitive	āgan	cunnan	dugan	durran
Present Participle			dugende	
Past Participle	āgen, æǧen	cunnen		

Pres. Ind. Sing. 1	mæǧ	mōt	man, mon	
2	meaht	mōst	manst, monst	
3	mæǧ	mōt	man, mon	neah
Plur. 1, 2, 3	magon	mōton	munon, munaþ	nugon
Pret. Ind. Sing. 3	meahte, mihte	mōste	munde	nohte
Pres. Subj. Sing.	mæǧe	mōte	mune, myne	nuge
Infinitive	magan	mōtan	munan	nugan
Present Participle			munende	
Past Participle			munen	

Pres. Ind. Sing. 1	sceal	ðearf	ann, onn	wāt
2	scealt	ðearft		wāst
3	sceal	ðearf	ann, onn	wāt
Plur. 1, 2, 3	sculon	ðurfon	unnon	witon
Pret. Ind. Sing. 3	scolde, sceolde	ðorfte	ūðe	wisse, wiste

[87] A blank space in the synopsis indicates that the form belonging in this space does not occur. The infinitives **durran, mōtan,** and **nugan** do not occur, but their forms can be inferred with tolerable certainty and are convenient for **purposes of reference.**

Pres. Subj. Sing.	scule, scyle	ðurfe, ðyrfe	unne	wite
Infinitive	sculan	ðurfan	unnan	witan
Present Participle		ðearfende		witende
Past Participle			unnen	witen

The imperative forms that occur are: āge; mun (mune, myne), munaþ; unne; wite, witaþ.

READING

Apollonius of Tyre

179. Ðā ðā sē cyning hæfde þæt ġewrit oferrædd, þā niste hē hwelcne forlidenne hēo nemde, beseah ðā tō ðǣm þrim cnihtum ond cwæð, "Hwelċ ēower is forliden?" Ðā cwæð heora ān, sē hātte Ardalius, "Iċ eom forliden." Sē ōðer him andwyrde and cwæð, "Swīga ðū! Ādl þē fornime, þæt þū ne bēo hāl nē ġesund! Mid mē þū bōccræft leornodest, ond ðū nǣfre būton þǣre ċeastre ġeate from mē ne cōme. Hwǣr ġefōre ðū forlidennesse?" Mid ðȳ þe sē cyning ne meahte findan hwelċ heora forliden wǣre, hē beseah tō Apollonio and cwæð, "Nim ðū, Apolloni, þis ġewrit ond rǣd hit. Ēaðe mæġ ġeweorðan þæt þū wite þæt iċ nāt, ðū ðe þǣr ondweard wǣre." Ðā nam Apollonius þæt ġewrit and rǣdde, and sōna swā hē onġeat þæt hē ġelufod wæs from ðām mæġdene his ondwlita eall ārēododo. Ðā sē cyning þæt ġeseah, þā nam hē Apolloniēs hand ond hine hwōn fram þām cnihtum ġewende and cwæð, "Wāst þū þone forlidenan monn?" Apollonius cwæð, "Ðū gōda cyning, ġif þīn willa bið, iċ hine wāt." Ðā ġeseah sē cyning þæt Apollonius mid rosan rude wæs eall oferbrǣded, þā onġeat hē þone cwide and þus cwæð tō him, "Blissa, blissa, Apolloni, for ðǣm þe mīn dohtor ġewilnað þæs ðe mīn willa is. Ne mæġ sōðlīċe on þyllīcum þingum nān þing ġeweorðan būton Godes willan." Arcestrates beseah tō ðām þrim cnihtum and cwæð, "Sōð is þæt iċ ēow ǣr sæġde, þæt ġē ne cōmon on ġedafen-

līcre tīde mīnre dohtor tō biddenne; ac þonne hēo mæ̇g hī fram hire lāre ġeæmettigian, þonne sende iċ ēow word." Ðā ġewendon hīe hām mid þisse ondsware.

hātte, *was named:* this form and the corresponding plural **hātton** are the only traces in Old English of the Germanic passive voice.

CHAPTER XXIV

Contract Verbs

Review of Sound Changes

180. About the beginning of the historical period of Old English and after the period of **i**-umlaut, intervocalic **h** was lost and the two vowels (or diphthong and vowel) thus brought together contracted into a single long vowel or long diphthong. As a result of these changes, irregularities arose in those strong verbs whose stems ended in **-h.** The principal parts of the most important of these verbs (which are known as Contract Verbs) are as follows:

Class I

ðēon, *thrive*	from Prehistoric OE		*ðīhan	ðāh	ðigon[88]	ðigen
wrēon, *cover*	"	"	"	*wrīhan	wrāh	wrigon[88]	wrigen

Class II

flēon, *flee*	"	"	"	*flēohan	flēah	flugon[88]	flogen
tēon, *draw*	"	"	"	*tēohan	tēah	tugon[88]	togen

Class III

fēolan, *reach*	"	"	"	*felhan[89]	fealh	fulgon[88]	fōlen

Class V

fēon, *rejoice*	"	"	"	*fehan	feah	fǣgon[88]	
sēon, *see*	"	"	"	*sehan	seah	sāwon	sewen

[88] Observe the grammatical change in this verb, and compare note 32 above.

[89] *felhan became *feolhan by breaking of **e** before **lh**; **h** was then lost, and **eo** was lengthened to **ēo.** The loss of **h** between **l** or **r** and a vowel, with lengthening of the preceding vowel or diphthong, occurred regularly in Prehistoric OE; for example, **seolh,** *seal,* has as its genitive singular **sēoles,** and **mearh,** *horse,* has as its genitive singular **mēares.** On **fēlen,** see page 173, note 9.

102

Class VI

slēan, *strike*	from Prehistoric OE			*slæhan	slōg	slōgon[90]	slagen
ðwēan, *wash*	"	"	"	*ðwæhan	ðwōg	ðwōgon[90]	ðwagen

Class VII

fōn, *seize*	"	"	"	*fōhan[91]	fēng	fēngon[90]	fangen
							fongen
hōn, *hang*	"	"	"	*hōhan[92]	hēng	hēngon[90]	hangen
							hongen

181. Because of the resemblance in the infinitive between the contract verbs of Class I and those of Class II, ðēon and wrēon of Class I often formed their preterit and past participle after the analogy of flēon and tēon of Class II; the principal parts of ðēon, *thrive*, and wrēon, *cover*, according to Class II are:

ðēon	ðēah	ðugon	ðogen[93]
wrēon	wrēah	wrugon	wrogen

182. The irregularities of the contract verbs are confined to the present forms; thruout the rest of the conjugation they are inflected like other strong verbs of their respective classes.

[90] Observe the grammatical change in this verb. The preterit singular has come to have the same consonant as the plural thru analogy.

[91] This form developed regularly out of Primitive Germanic *fanhanan; the n which was lost in the radical syllable of the infinitive and present is preserved in the preterit and past participle.

[92] This form developed regularly out of Primitive Germanic *hanhanan; the n which was lost in the radical syllable of the infinitive and present is preserved in the preterit and past participle.

[93] ðēon was Primitive Germanic *ðenhanan, a strong verb of Class III, which developed regularly into Prehistoric OE *ðīhan. Because of its resemblance to bīdan, etc., *ðīhan went over to Class I. But some of the old forms according to Class III still remained in use, so that we have, in addition to the forms according to Classes I and II (see 180) the preterit plural ðungon and the past participle ðungen according to Class III.

The contract verbs, exemplified by ðēon, flēon, sēon, slēan, and fōn, are inflected in the present as follows:

INDICATIVE

Pres. Sing. 1	ðēo	flēo	sēo	slēa	fō
2	ðïehst	flïehst	sïehst	slïehst	fēhst
3	ðïehþ	flïehþ	sïehþ	slïehþ	fēhþ
Plur. 1, 2, 3	ðēoþ	flēoþ	sēoþ	slēaþ	fōþ

SUBJUNCTIVE

Pres. Sing. 1, 2, 3	ðēo	flēo	sēo	slēa	fō
Plur. 1, 2, 3	ðēon	flēon	sēon	slēan	fōn

IMPERATIVE

Pres. Sing. 2	ðēoh	flēoh	seoh	sleah	fōh
Plur. 2	ðēoþ	flēoþ	sēoþ	slēaþ	fōþ
Infinitive	ðēon	flēon	sēon	slēan	fōn
Gerund	tō ðēonne	tō flēonne	tō sēonne	tō slēanne	tō fōnne
Pres. Participle	ðēonde	flēonde	sēonde	slēande	fōnde

183. The irregularities that we observe in the inflection of these verbs are in the main the result of the operation of sound changes that we have already studied in preceding chapters. The operation of these sound changes may be shown by tracing the development of the infinitive and present indicative first, second, and third singular of each of the representative verbs whose inflection was given in the preceding paragraph.

(1)   The infinitive ðēon is from Prehistoric OE *ðïhan. The ï was broken to ïo before h (see note 28 above), resulting in *ðïohan; then, after the loss of intervocalic h, the diphthong ïo absorbed the vowel of the following syllable, giving the form ðïon, later ðēon.

The present indicative first singular ðēo is from Prehistoric OE *ðïhu, but it did not develop regularly. The ï was broken to ïo before h (see note 28 above). Final -u after the long stem should have been dropped, leaving ðïoh (48, 55). Either the substitution of -e for -u was very early (see note 59 above) and intervocalic **h** was dropped, or by influence of short stems like **sēo**, *ᵭ**ioh** was replaced by ᵭ**io**, ᵭ**ēo**.

The present indicative second and third singular ᵭ**iehst** and ᵭ**iehþ** are from Prehistoric OE *ᵭ**ihis** and *ᵭ**ihiþ**, which, by breaking of **ī**, became *ᵭ**iohis** and *ᵭ**iohiþ**, and then, by **i**-umlaut, *ᵭ**iehis** and *ᵭ**iehiþ**. The syncopation, *which was earlier than the loss of intervocalic* **h**, resulted in the forms ᵭ**iehs**(t) and ᵭ**iehþ**.

(2)   The infinitive **flēon** is from Prehistoric OE *flēohan** which contracted to **flēon**. The first person singular, however, is irregular, like ᵭ**io** above.

The present indicative second and third singular **fliehst** and **fliehþ** are from Prehistoric OE *fliohis** and *fliohiþ**,[94] which by **i**-umlaut became *fliehis** and *fliehiþ** and then, by syncopation, **fliehs**(t) and **fliehþ**.

(3)   The infinitive **sēon** and the present indicative first singular **sēo** are from Prehistoric OE *sehan** and *sehu**; the breaking of **e** to **eo** before **h** resulted in *seohan** and *seohu**, which after the loss of intervocalic **h** contracted into **sēon** and **sēo**, the short **eo** being lengthened by its absorption of the vowel of the following syllable.

The present indicative second and third singular **siehst** and **siehþ** are from Prehistoric OE *sihis** and *sihiþ** (from Primitive Germanic *sehis** and *sehiþ**, see note 45 above). The **i** was broken to **io**, resulting in *siohis** and *siohiþ**, which were first umlauted to *siehis** and *siehiþ** and then, before the loss of intervocalic **h**, syncopated to **siehs**(t) and **siehþ**.

(4)   The infinitive and present indicative first singular **slēan** and **slēa** are from Prehistoric OE *slæhan** (from older *slahan**) and *slæhu** (from older *slahu**).   The

---

[94] For the interchange between **ēo** and **īo** in Prehistoric OE see note 48 above.

æ was broken to **ea**, resulting in ***sleahan** and ***sleahu,** which after loss of intervocalic **h** contracted into **slēan** and **slēa**, the short **ea** being lengthened by its absorption of the vowel of the following syllable.

The present indicative second and third singular **sliehst** and **sliehþ** are from Prehistoric OE ***slæhis** and ***slæhiþ** (from older ***slahis** and ***slahiþ**). The æ was broken to **ea**, resulting in ***sleahis** and ***sleahiþ,** which were first umlauted to ***sliehis** and ***sliehiþ** and then, before the loss of intervocalic **h**, syncopated to **sliehs(t)** and **sliehþ.**

(5)   The infinitive **fōn** developed regularly from ***fohan;** but like **ðēo, flēo,** the first person singular is irregular.

The present indicative second and third singular **fēhst** and **fēhþ** are from Prehistoric OE ***fōhis** and ***fōhiþ,** which were first umlauted to ***fēhis** and ***fēhiþ** and then, before the loss of intervocalic **h**, syncopated to **fēhs(t)** and **fēhþ.**

184. Chronology of Sound Changes. The sound changes which have been dealt with in this and the preceding chapters occurred in the following chronological order:

Primitive Germanic Period:
1. Umlaut of **e** to **i** (note 45) and of **eu** to **iu** (note 48).
2. Change of **eu** to **eo** (214).
3. Change of **e** to **i** before a nasal plus another consonant(102).

West Germanic Period: Gemination (117, 118).

Old English Period:
1. Change of **a** to **æ** or **o** (80-82).
2. Breaking (85, 86).
3. Diphthongization by initial palatals (91, 92).
4. **i**-Umlaut (119-122).

5. Loss of final **i** and **u** after long syllables (48, 55, 121).
6. Syncopation (124, 135, 144, 258ff); loss of medial **j** (121).
7. Change of unstressed **i** to **e** (121).
8. Loss of intervocalic **h** (180) (183).
9. Change of **ïo, io** to **ēo, eo** (234; note 34, p. 127).

185.[95] Convert the following Primitive Germanic forms into the OE forms that would occur in the language of the year 900:

*werpiþ	*satjan(an)	*teuhan(an)	*tūnjan(an)
*setjan(an)[96]	*sehiþ	*farjan(an)	*framjan(an)
*felhiþ	*teuhiþ	*fleutan(an)	*dōmjan(an)
*fleutiþ	*bendan(an)	*stapjan(an)	*fulljan(an)

Convert the following Prehistoric OE forms into the forms that would occur in the language of the year 900:

*faht	*ēaċjan	*dōmide	*halp
*ċǣce	*ġǣton	*flïohiþ	*mahte
*lārjan	*langira	*sihiþ	*ġǣr
*ġellan	*slahan	*manni	*fehtan
*swarjan	*sceran	*dōmiþ	*ahta
*huġi	*gall[97]	*sōċjan	*sceld
*ġirnjan	*hāljan	*falh	*bragd[97]

[95] These exercises may be used as material for a review of OE phonology. In working out the forms the student should observe carefully the chronology of the changes and should refer when necessary to the appropriate places in the book for information as to the precise conditions under which the changes took place.

[96] The letters in parentheses represent a syllable that was lost, in all probability, before the end of the Germanic period.

[97] The **g** in this word was a back **g** in the earliest stage of Prehistoric OE. But after the vowel **a** changed to **æ**, the **g** was palatalised, that is fronted, and became **ġ**.

*hōhiþ	*scarpjan	*selh	*slaġi
*slahiþ	*talde	*bergan	*cumiþ
*sah	*felhan	*ġǣfon	*tāċjan
*wahsan	*þwahu	*band	*sehu
*scǣp	*werpan	*brūdi	*feh
*gald⁹⁷	*fallan	*falliþ	*caf⁹⁸
*hwarfjan	*caster⁹⁸	*framiþ	*ġefan
*aġi	*ġeldan	*þaht	*walmi
*framide	*bōċi	*hōhan	*scal
*flēohan	*gard⁹⁷	*narid	*aldira
*sehan	*bandjan	*þīhan	*þīhiþ
*gaf⁹⁷	*huldi	*wrēohu	*aldista
*morġin	*wirþiþ	*starf	*sculdiġ

READING

Apollonius of Tyre

186. And Arcestrates sē cyning hēold forð on Apollonius
hond ond hine lǣdde hām mid him, nā swelċe hē cuma wǣre
ac swelċe hē his āðum wǣre. Ðā æt nīehstan forlēt sē cyning
Apollonius hand ond ēode and intō ðǣm būre þǣr his dohtor
inne wæs, and þus cwæð, "Lēofe dohtor, hwone hafast þū ðē
ġecoren tō ġemæċċan?" Ðæt mæġden þā fēoll tō hire fæder
fōtum ond cwæð, "Ðū ārfæsta fæder, ġehīer þīnre dohtor willan.
Iċ lufie þone forlidenan mann ðe wæs þurh ungelimp beswicen.
Ac þȳ lǣs þe þē twēonie þǣre sprǣce, Apollonium iċ wille,
mīnne lārēow, ond ġif þū mē him ne selest, þū forlǣtst ðīne
dohtor." Sē cyning ðā sōðlīċe ne meahte ārǣfnan his dohtor
tēaras, ac ārǣrde hīe ūp and hire tō cwæð, "Lēofe dohtor, ne

⁹⁸ The c in this word was a back c in the earliest stage of Prehistoric OE.
But after the vowel a changed to æ, the c was palatalised, that is fronted, and
became ċ. The ċ was at first a stop consonant similar to the k of *kid* but with
the stoppage made considerably farther forward in the mouth. Later, how-
ever, this sound changed to that of ch in *church*. We cannot be certain as to
the exact date at which this further change took place, but it had probably
occurred before 900.

ondrǣd þū ðē ǣniġes þinges.   Þū hafast ġecoren þone wer þe
mē wel līcað."   Hē ēode ðā ūt and beseah tō Apollonio ond
cwæð, "Lārēow Apolloni, iċ smēade mīnre dohtor mōdes willan;
ðā āreahte hēo mē mid wōpe betweox ōðre sprǣċe þās þing
þus cweðende, 'Þū ġeswōre Apollonio, ġif hē wolde ġehīersumian
mīnum willan on lāre, þæt þū woldest him ġeinnian swā
hwæt swā sēo sǣ him ætbrǣġd.   Nū for ðām þe hē ġehīersum
wæs þīnre hǣse and mīnum willan, iċ fōr æfter him.' "

Hē ēode; the word hē is not in the MS.

At this point there is a great gap in the Old English version of the story
of Apollonius; after the gap the story is resumed at a point not far from the
end.   In the Latin from which the Old English version was translated the rest
of the story is as follows.   After his marriage to the king's daughter Apollonius
receives a message that Antiochus is dead and that the kingdom of Antioch is
reserved for him.   He, therefore, sets out with his wife for Antioch; during the
voyage, however, she gives birth to a daughter and apparently dies.   She is
cast overboard in a chest and drifts to Ephesus, where she is found and resus-
citated.   She is then adopted as a daughter by the man who found her and
becomes a priestess of Diana.   Apollonius leaves his daughter, named Tharsia,
at Tarsus with a friend Stranguillio and his wife to be educated.   Stranguillio's
wife, however, becomes jealous of her foster-daughter after a time and bribes
a steward to kill her.   But Tharsia is rescued from the steward by pirates, is
taken to Mitylene and sold as a slave, and finally, after some distressing expe-
riences, finds a protector in Athenagora, the prince of the city.   When, after
fourteen years, Apollonius returns to visit his daughter, he is told by Stranguillio
and his wife that she is dead.   Broken-hearted, he leaves Tarsus and is driven
by a storm to Mitylene.   There he finds Tharsia and after her marriage to
Athenagora sets out with her and his son-in-law for his own land.   Being
warned, however, in a dream to go to Ephesus, he goes there and is rejoined to
his wife.   After visiting Antioch and Tyre, Apollonius goes to Tarsus and
punishes Stranguillio and his wife for their treachery.   After that he lives in
prosperity and happiness to an advanced age.

REFERENCE GRAMMAR

PHONOLOGY

Prefatory Note. A brief survey of IE and Gmc sounds is prefixed to the more extensive treatment of WGmc and OE sounds, in order that serious students may more easily familiarize themselves with the phonological processes that preceded Prim OE. Undergraduate classes in OE may omit or merely read the earlier parts of the Phonology.

Abbreviations. The following terms frequently used in the Reference Grammar are referred to by means of the abbreviations in the accompanying parentheses:

1. Indo-European (IE), the hypothetically reconstructed parent language of Germanic, Latin, Greek, Sanskrit, etc.

2. Primitive Germanic (Prim Gmc), the hypothetically reconstructed parent language of the Germanic languages in its earliest period.

3. Germanic (Gmc), the same as the latter, at a period just before the separation of Gothic, Norse, and West Germanic.

4. West Germanic (WGmc), the hypothetically reconstructed parent language of Old High German, Old Saxon, Old Dutch, Old Frisian, and Old English.

5. Primitive Old English (Prim OE), the hypothetically reconstructed English language before, roughly, the year 500 A.D.

6. Prehistoric Old English (Prehist OE), the hypothetically reconstructed Old English language from about 500 to about 700, the latter being the date of the earliest MSS of OE.

113

Other abbreviations are:

Sansk, Sanskrit	OS, Old Saxon
Lat, Latin	OFris, Old Frisian
Gr, Greek	OE, Old English
Goth, Gothic	Mid E, Middle English
NGmc, North Germanic	Mod E, Modern English
ON, Old Norse	WS, West Saxon
OHG, Old High German	EWS, Early West Saxon
Mod HG, Modern High German	LWS, Late West Saxon

INDO-EUROPEAN VOWELS, DIPHTHONGS, AND CONSONANTS IN GERMANIC

201. Indo-European Vowels and Diphthongs.

Indo-European had the following vowels and diphthongs:

Short Vowels: **a, e, i, o, u, ə.**[1]

Long Vowels **ā, ē, ī, ō, ū.**

Diphthongs: **ai, ei, oi, au, eu, ou.**

Long Diphthong: **ēi.**[2]

202. IE Short Vowels in Prim Gmc.

(IE)   (Prim Gmc)

1. a remained   a : Lat **ager**, Goth **akrs**, OE **æcer**, *field*.
2. e   "   e : Lat **fero**, OS, OHG, OE **beran**, *bear*.
3. i   "   i : Lat **piscis**, Goth **fisks**, OE **fisc**, *fish*.
4. o became   a : Lat **octo**, Goth **ahtau**, OS, OHG **ahto**, *eight*.
5. u remained   u : Gr **thúra**, OS **duri**, OE **duru**, *door*
6. ə became   a : IE ***pətēr**, Goth **fadar**, OS **fader**, OE **fæder**, *father*.

---

[1] A sound like **a** in *Cuba*. This sound is called "schwa."

[2] There were other long diphthongs in IE, but this is the only one of importance in Gmc.

203. IE Long Vowels in Prim Gmc.

(IE)   (Prim Gmc)

1. ā became   ō : Lat māter, OS mōdar, OE mōdor, *mother.*
2. ē   "   ǣ : Lat ēdi, Goth fr-ēt, ON āt, OS āt, OHG āz, *he ate.*[3]
3. ī remained   ī : Lat su-īnus (adj.), *belonging to a pig;* Goth sweins[4]; OS, OHG, OE swīn, *swine, pig.*
4. ō remained   ō : Gr (Doric), pós, Goth fōtu, OE fōt, *foot.*
5. ū   "   ū : Lat sūs: OHG, OE sū, *sow, pig.*

204. IE Diphthongs in Prim Gmc.

(IE)   (Prim Gmc)

1. ai remained ai : Lat aes, Goth áiz, *brass.*
2. ei became   ī : Gr stéichō, *I go;* Goth steigan, OS, OHG, OE stīgan, *go.*
3. oi became   ai, thus falling together with original ai; Gr oĩde; Goth wáit, *knows.*
4. au remained au : Lat auris, Goth ausō, *ear.*
5. eu   "   eu : Gr géuō, *I give a taste of;* Goth kiusan,[5] *choose.*
6. ou became   au, thus falling together with original au: IE *róudhos; Goth rauþs, *red.*
7. ēi   "   ē[6] : IE *kéita, OS, OE hēt, *I commanded.*

IE CONSONANTS IN GMC

205. Grimm's Law.

IE p, t, k; bh, dh, gh; b, d, g changed to certain corresponding Gmc consonants.

---

[3] Gmc ǣ, a long low front vowel, became ē in Goth, but became ā in NGmc and WGmc.

[4] In Goth ei spells ī.

[5] Gmc eu became Goth iu.

[6] Gmc ē (IE ēi) is distinguished in NGmc and WGmc from Gmc ǣ (IE ē), but in Goth both ē and ǣ are spelled alike (ē).

1. p became f: Lat piscis, OE fisc, *fish;* Lat pecus, OE feoh, *cattle, money.*

2. t became þ[7]: Lat tū, OE þū, *thou;* Lat trēs, OE þrēo, *three.*

3. k became h[8]: Lat cor (Gen. cordis), OE heorte, *heart;* Lat centum, OE hund, *hundred.*

4. bh became ƀ[9]: Sansk nábhas, Gr nephélē, *cloud,* OE nifol, *dark.*

5. dh became ð[10] (>OE d): Sansk rudhirás, Goth raudai (Dat. Sing.), ON rauðr, OE rēad, *red.*

6. gh became ʒ[11]: IE *ghóstis, Lat hostis, Goth gasts, OE ġiest, *stranger, guest.*

7. b became p: Lithuanian dubùs, OE dēop, *deep;* Old Bulgarian slabu, *slack,* OE slǽpan, *sleep.*

8. d became t: Lat decem, OE tīen, *ten.*

9. g became k: Lat genu, OE cnēo, *knee;* Lat ager, OE æcer, *field.*

206. The Law Operated in Three Stages:

1. IE voiceless stops (p, t, k) became the corresponding voiceless spirants (f, þ, h).

---

[7] þ is used here (as generally in works on phonetics) to signify the voiceless spirant, as in ModE *thin.*

[8] Originally in Gmc this was a voiceless spirant, sounded like ModHG ch, as in *ich, Nacht.*

[9] A bilabial voiced spirant somewhat like ModE v, which, however, is a labio-dental voiced spirant. (In Goth pronounced ƀ, but spelled b.)

[10] A linguo-dental voiced spirant like ModE th in *then.* (In Goth pronounced ð, but spelled d.)

[11] A voiced spirant like g in North ModHG sagen, *say.* (In Goth pronounced ʒ, but spelled g.)

2. IE voiced stops (**b, d, g̑**) became the corresponding voiceless stops (**p, t, k**).

3. IE voiced aspirated stops (**bh, dh, gh**)[12] became the corresponding voiced spirants (**ƀ, ð, ȝ**).

Grimm's Law, as originally stated, included the further change of the Gmc consonants into the Old High German consonants. As now understood, this OHG consonant shift was an independent phenomenon.

Not included in Grimm's Law are a number of late developments of Gmc consonants in the separate Gmc languages.

207. Verner's Law.

One group of apparent exceptions to Grimm's Law deserves special treatment. IE **p, t, k, s**, in the middle and at the end of words did not always develop into what we should expect, namely Prim Gmc **f, þ, h, s**. Instead, we find Prim Gmc **ƀ, ð, ȝ, z**, which developed into OE voiced **f** (i.e., v), **d, g**,[13] **r**. The theory which accounts for these apparent irregularities is known as Verner's Law.   The irregularities themselves are due to peculiarities of the IE and Prim Gmc accent.

208. Accent in Indo-European and in Germanic.

The Gmc accent was a fixed accent: that is, no matter what the inflectional form of the word, the primary accent was on the root syllable throughout.   In IE, on the contrary, some words had had the accent on the root syllable (Gr **lógos,** *word*), some on the suffix or termination (Gr **hodós,** *road*), and some had a variable accent, i.e., in some inflected forms it was on the root syllable, in some it was on the suffix or termination (Gr Nom. Sing. **núx,** *night*, Gen. Sing. **nuktós**).   This "shifting" or "variable" accent was a characteristic also of the most primitive Gmc until a period subsequent to the change of

---

[12] That is, voiced stops followed by **h**.

[13] OE back or velar **g** was identical in pronunciation with Gmc **ȝ**.

IE **p, t, k,** to **f, þ, h.** In later Gmc, however, the accent shifted to the root syllable, where it remained in OE.

209. (a) Prim Gmc initial **f, þ, h, s** remained **f, þ, h, s.**
(b) Prim Gmc **f, þ, h, s** immediately preceded by the accent remained **f, þ, h, s.**

Thus in Prim Gmc **físka-, *þínna-, *hórna-, *sat,* and in **hléfō, *wérþō, *féhu, *wás,* **f, þ, h, s** remained unchanged.

210. (c) Everywhere else, however, **f** became **ƀ**; **þ** became **ð**; **h** became **ȝ**; **s** became **z**; (OE **f, d, g, r**). Thus, in the 3d plural preterit indicative of strong verbs:

(Prim Gmc)	(Later Prim Gmc)	(Gmc)	(OE)
*wurþún >	**wurðún >*	**wúrðun*	wurdon
*fluhún >	**fluȝún >*	**flúȝun*	flugon
*wǣsún >	**wǣzún >*	**wǽzun*	wǣron

Prim Gmc Vowel Changes

211. Prim Gmc **e** became Gmc **i** under the following circumstances:

    1. **e**+nasal+consonant became **i**: Lat **ventus,** Goth **winds,** OS, OE **wind,** *wind.*

    2. **e** followed by **i, ī,** or **j** in the next syllable, became **i**: Lat **medius,** Goth **midjis,** ON **miðr,** OS **middi,** OE **midd,** *middle.*

212. Prim Gmc **i** followed by **a, ō,** or **ē** in the next syllable, became Gmc **e**:

Lat **vir** (IE **wíros*), Goth **waír,**[14] OS, OHG, OE **wer,**[15] *man.*

213. Prim Gmc **u** became Gmc **o** when followed by **a, ǣ, e, ē** or **ō** in the next syllable, unless prevented by an intervening nasal

---

[14] Goth **aí** spells **e.** In Goth every **e** became **i** except when followed by **r, h,** or **hw.**

[15] The Prim Gmc form **wiraz* became **weraz,* from which came **wer.**

combination, or by an intervening **i, ī,** or **j.** Prim Gmc *gulðan became OS, OHG, OE **gold,** *gold* (cf. OE **gylden,** *golden,* < Prim Gmc *gulðinaz); Prim Gmc *hulpanaz became OS **holpan,** OHG **holfan,** OE **holpen,** past participle of **helpan,** *help.*

But Prim Gmc *bundanaz became OE **bunden,** *bound,* and Prim Gmc *fulljanan became Gmc *fulljan, which became OE **fyllan,** *fill.*

214. Prim Gmc **eu** followed in the next syllable by **a, ē,** or **ō** became **eo:**[16] OHG **deota,** *folk;* **beotan,** *command;* OS **theoda, thioda;** **beodan, biodan.**

Prim Gmc **eu** followed in the next syllable by **i, ī, j,** or **u,** became **iu**[16]: OHG **diutisk,** *national;* **biutu,** 1 sg. pres., **biutis,** 2 sg. pres. *command;* OS **biudu, biudis,** *command.*

215. Prim Gmc Vowel+Nasal+h.

In a prehistoric period of Gmc, but after those changes had occurred which characterize Gmc, a nasal preceded by a vowel and followed by **h** disappeared, nasalizing and lengthening the preceding vowel.

Prim Gmc *fanhanan became Goth **fāhan,** (OE **fōn**), *seize.*

Prim Gmc *þanhtǣ became Goth **þāhta,** (OE **þōhte**), *thought.*

Prim Gmc *þenhanan became Goth **þeihan,** OS **thīhan,** (OE **þēon**), *thrive.*

Prim Gmc *þunhtǣ became Goth **þūhta,** (OE **þūhte**), *seemed.*

---

[16] As seen in the illustrations, the two sounds are represented as follows in the various Gmc languages:

Gmc **eo**	Gmc **iu**
Goth **iu**	Goth **iu**
OHG **eo**	OHG **iu**
OS **eo, io**	OS **iu**
OE **ēo (īo)**	OE **īo (ēo)** when followed by **-u**
	OE **ie** when followed by **i, ī,** or **j**

216. Prim Gmc ƀ, ð, ʒ.

1. Prim Gmc ƀ, initial or preceded by **m**, became **b**: Goth **bairan**, OHG, OS, OE **beran**, *bear;* Goth, OHG, OS, OE **lamb,** *lamb.*

2. Prim Gmc ð, initial or preceded by **n**, became **d**: Goth **dauhtar**, OE **dohtor**, *daughter.*

3. Prim Gmc ʒ, preceded by **ŋ**, became the stop **g**: Goth, OE **singan**, *sing.*

Germanic Vowels and Diphthongs in West Germanic

217. Gmc had the following vowels and diphthongs:

Short vowels: **a, e, i, o, u.**

Long vowels: **ā, ē,**[17] **ǣ,**[18] **ī, ō, ū.**

Diphthongs: **ai, au, eo, iu.**

218. Gmc Vowels in WGmc.

Short **a, e, i, o, u** remained unchanged in WGmc. Of the long vowels, **ā, ē, ī, ō, ū** remained unchanged in WGmc.

Gmc **ǣ** became WGmc **ā**: Goth **fr-ēt**, OS **āt**, OHG **āʒ**, (OE **ǣt**), *ate.*

219. Gmc Diphthongs in WGmc.

All Gmc diphthongs, **ai, au, eo, iu** remained unchanged in WGmc, though later they went thru various changes in the separate WGmc languages.

220. Gmc Consonants in WGmc.

The Gmc consonants remained unchanged in WGmc, except that Gmc **z** became WGmc **r**: Gmc *wǣzun, OS, OHG **wārun**, OE **wǣron**, *were;* and Gmc ð became WGmc **d**: Goth **fadar**, OS **fadar**, OE **fæder.**

---

[17] ē from IE ēi. See 204, 7.
[18] ǣ from IE ē. See 203, 2.

221. WGmc Gemination before j.

In the WGmc period any single consonant (except **r**) pre-ceded by a short vowel was geminated by a following **j.**

(Gmc)	(WGmc)	(Prehist OE)	(OE)	
*satjan>	*sattjan>	*sættjan>	*settian>	settan[19]
*laʒjan>	*laʒʒjan>	*læ̇ġ̇jan>	*leġ̇ġian>	lecgan
*habjan[20]>	*habbjan>	*hæbbjan>	*hebbian>	hebban
*hazjan>	*harjan>	*hærjan>		herian[21]

WGMC SOUNDS

222. WGmc had the following vowels and diphthongs:

Short vowels: **a, e, i, o, u.**

Long vowels: **ā, ē, ī, ō, ū.**

Diphthongs: **ai, au, eo, iu.**

223. WGmc had the following consonants:

j, w, semi-vowels	**f, þ, h, s,** voiceless spirants
r, l, liquids	**b, d, g,** voiced stops
m, n, ŋ,[22] nasals	**ƀ, ʒ,** voiced spirants
p, t, k, voiceless stops	

WGMC VOWELS AND DIPHTHONGS IN OE

224. WGmc a.

WGmc a became OE æ[23] when followed by **h**; in most closed syllables; in open syllables unless followed by **a, u,** or **ŏ**; it did

---

[19] Cf. Goth **satjan,** OS **settian,** OHG **sezzan.**

[20] In *habjan, the b was a voiced bilabial spirant, somewhat like ModE **v** (which, however, is a labio-dental). The result of geminating this bilabial voiced spirant was -bb-, as in **hebban.**

[21] -i- of **herian** represents the sound **j,** i.e., ModE consonantal **y.**

[22] ŋ represents the **ng** in *sing.*

[23] See however note 25, page 39. In the Southwest Mercian and the Kentish dialects this æ later developed into **e: deg. hefde.** A similar change occurred in OFris: **dei, heved.**

not change when followed by a nasal, or by **w.**[24] **dæ̇g,** *day;*
hæfde, *had;* **æcer,** *field;* **slēan** (<*sleahan<*slæhan<*slahan).

225. WGmc a+Nasal.

WGmc a followed by a nasal did not become **æ,** but either
remained **a** or was changed to **o.**[25] In the earliest OE MSS
this sound is always spelled **a;** in EWS MSS (850-900) **o** is
decidedly more frequent than **a;** in the LWS MSS **a** is practi-
cally universal: **mann, monn,** *man;* **cann, conn,** *can.*

226. WGmc e+m.

WGmc e followed by **m** became OE **i**:[26] OHG **neman,** OE
niman, *take.*

227. WGmc o.

WGmc o in some words appears as OE **u,**[27] especially be-
tween a labial consonant and **l: full,** *full;* **wulle,** *wool;* **wulf,**
wolf; **fugol,** *bird.*

For the most part, however, WGmc **o** appears as OE **o:**
folgian, *follow;* **bolt,** *bolt;* **folc,** *folk.*

228. WGmc o+Nasal.

WGmc o followed by a nasal became OE **u**:[28] OHG **donar,**
OE **þunor,** *thunder;* OHG **honag,** OE **huniġ,** *honey.*

---

[24] WGmc a remained **a** in **dagas, dagum;** **sadol,** *saddle;* **hand,** *hand;* **awel,**
awl. Sometimes WGmc **a** plus double consonant plus **a, o, u** remained **a:**
lappa, *skirt;* **mattuc,** *mattock.*

[25] This change occurred also in OFris: **mon.**

[26] This change occurred also in OS: **niman.** In OFris it did not occur.

[27] This change occurred also in OFris and OS: OFris, OS **full,** *full.*

[28] This change occurred also in OFris and OS: OHG **coman,** OFris **kuma,**
OS **kuman,** OE **cuman,** *come.*

229. WGmc ā.

WGmc ā became OE ǣ, but remained ā when followed by one of the consonants w, p, g, or k and a back vowel:[29] OS lātan, OHG lāzzan, OE lǣtan, *permit*.

230. WGmc ā+Nasal.

WGmc ā followed by a nasal became OE ō :[30] OHG mānod, OE mōnaþ, *month;* OHG nāmun, OE nōmon, *they took;* OHG quāmun, OE cōmon, *they came.*

Gmc ā, as in Goth þāhta (<Gmc *þanhtǣ), OS thāhta, OHG dāhte, *he thought* (cf. 215), appears as OE ō: þōhte. In such words WGmc ā retained a nasal quality long enough in the OE period to become OE ō, and not ǣ.

231. WGmc Short Vowel+Nasal+Voiceless Spirant.

Prim Gmc short vowel+nasal+h had become Gmc long vowel+h. (See 215.)

WGmc short vowel+nasal+s, f, or þ became OE long vowel+s, f, or þ.[31] Goth uns, OE ūs, *us;* Goth fimf, OE fif, *five;* Goth munþs, OE mūþ, *mouth.*

WGmc a+nasal+s, f, or þ became OE ō+s, f, or þ: OHG gans, OE gōs, *goose;* OHG samfto, OE sōfte, *softly;* Goth anþar, OE ōþer, *other.* In such words Prehist OE ā retained a nasal quality long enough in the OE period to become ō, and not ǣ. (Cf. 230.)

232. WGmc ai.

WGmc ai became OE ā: Goth stáins, OHG stein, OE stān, *stone.* WGmc ai must have become OE ā after WGmc ā

---

[29] WGmc ā remained ā in sāwon, *they saw;* slāpan, (mostly slǣpan by analogy with lǣtan, slǣpest, etc.), *sleep;* māgas, *kinsmen;* hrāca, *spittle.* For OE þōhte from WGmc *þāhtǣ (<Gmc *þanhtǣ), see 230.

[30] This change occurs also in OFris: nōmen, *they took.*

[31] This change occurs also in OFris and to a great extent in OS: Goth anþar, OFris, OS, OE ōþer, *other.*

became OE ǣ; otherwise the two sounds in OE would have
fallen together into ǣ.

233.   WGmc au.

WGmc **au** became OE **ēa:** Goth **hlaupan,** OHG **hlouffan,**
OE **hlēapan,** *run.*

234.   WGmc eo, iu.

WGmc **eo** (see 214, 219) became OE **ēo:** OS **liof,** OE **lēof,**
dear; OHG **deota,** OE **þēod,** *people.*

WGmc **iu** became OE **io:**[32] OS **liudi,** OE **liode,** *people.*

In EWS, **ēo** and **īo** are frequently confused in the MSS, **īo**
being spelled **eo,** and, less frequently, **ēo** being spelled **io.** In
LWS MSS, **eo** is practically universal for both sounds.

WGmc Consonants in OE

235.   WGmc r, l, m, n, ŋ (liquids and nasals); **p, t, k** (voice-
less stops); **b, d** (voiced stops); **ȝ** (voiced spirant), remained
unchanged in Prim OE; **ƀ** (voiced spirant, see note 9 above)
became voiced **f,** that is, ModE **v.**

236.   WGmc n or **m,** when preceded by a vowel and fol-
lowed by **f, þ,** or **s,** disappeared in OFris, OE, and partly in OS;
the vowel preceding **f, s,** or **þ** was lengthened.   Cf. 231.

237.   Final OE ƀ became voiceless **f; wīf,** *woman;* final **ȝ**
was frequently unvoiced, becoming **h: stāh,** *went* (cf. **stīgan,**
stigon).

238.   WGmc j.

Initial **j-** remained unchanged, but was spelled **g, ge, gi,**
or **i:** OHG **jār,** OE **ġēar,** *year;* OS, OHG **jung,** OE **ġeong,**
ġiong, iung, *young.*

---

[32] When **iu** was followed in the next sylable by **i, ī,** or **j,** it was umlauted
to **īe** in EWS: Prehist OE *biudiþ became OE **biett,** *he commands.*

Medial -j- remained between vowels, but was spelled ġ, ġe: ćieġan, ćieġean, *call.*

Medial -j- remained after a short syllable ending in -r, but was spelled, i, ġ, iġ, ġe, or iġe: herian, herġan, heriġan, herġean, heriġean, *praise.*

Medial -j- after a long syllable ending in a consonant became i, and was lost before the year 700: OS settian, OE settan, *set.*

Final -j remained after long vowels or diphthongs, but was spelled ġ: hīeġ, *hedge.*

239. WGmc w.

Initial and medial w-, -w- remained: wēnan, *expect;* blōwan, *bloom;* beadwe, *of a battle.*

Final -w after a vowel coalesced into a diphthong: WGmc *trew > OE trēo, *tree.*

SIMPLIFICATION OF DOUBLE CONSONANTS

240. (a) Final double consonants were very frequently written single: mann, man, *man;* feorr, feor, *far.*

(b) Medially, a double consonant adjacent to another consonant was simplified: Prehist OE *wendide > *wendde > wende, *turned;* *fullide > *fyllde > fylde, *filled.*

PREHISTORIC OE CHANGES

241. A number of important sound changes, both vowel and consonant, occurred within the OE period, but earlier than the date of our oldest documents.

242. OE palatalization of ȝ (g), k, ȝȝ, kk.

Initial ȝ (g) and k (c) were palatalized (or fronted) in Prehistoric OE by a following palatal vowel or diphthong. The palatalization was caused by:

i, ī, e, ē, æ,[33] or ǣ.

īo, ēo, ēa.

[33] The short vowels i, e, and æ at a later period "broke" to io, eo, and ea, if followed by certain consonants. Cf. 248.

Palatalized ȝ (ġ) fell together in sound with j- (in ġēar from WGmc *jār).

Palatalized k (ċ) remained a front stop consonant in some dialects, but in WS underwent the further change to ċ (Mod E ch in *church*).

Illustrations:

ġiellan, ġeaf, ġēafon, ġeorn, ġeard, ġēotan.
ċiriċe, ċinn, ċīdan, ċeaster, ċeorl, ċīest, ċēosan.

243. Prehist OE ȝ, ġġ, k, kk, ŋk, and ŋġ were palatalized in WS by a following i, ī, or j:

ȝ became ġ: WGmc *burȝi (Dat. Sing.) became OE byrġ (often spelled byriġ) *city;* WGmc *bauȝjan became OE bīeġan, *bend.*

k became ċ (ModE ch): WGmc *bisōkjan became OE besēċan, *beseech;* WGmc *bōci (Dat. Sing.) became OE bēċ, *book.*

kk became ċċ (ModE ch): WGmc *wikkjōn became OE wiċċe, *witch.*

ȝȝ became cġ (ModE dg as in *bridge*); WGmc *hruȝȝjaȥ became OE hrycġ, *ridge.*

ŋk became nċ (ModE nch): WGmc *bankjō became OE benċ, *bench.*

ŋġ became nġ (ModE nge as in *singe*): WGmc *sangjan became OE senġan, *singe.*

244. Prehist OE final k (c) was palatalized by a preceding i or ī: iċ, *I;* dīċ, *ditch.*

245. Prehist OE ȝ (g) at the end of a word or syllable was palatalized by a preceding æ, ǣ, e, ē, i, or ī: dæġ, *day,* weġ, *way,* stīġ (Imper. Sing.), *go;* hāliġ, *holy.*

246. Prehist OE ȝ (ġ) was palatalized between palatal vowels: **dæġes; weġes.**

247. WGmc sk.

WGmc sk was spelled **sc** in OE, but in WS developed into the sound of ModE **sh** as in *shoe;* OE **scōh,** *shoe;* **scīnan,** *shine;* **scunian,** *shun;* **scrūd,** *garment.*

In both EWS and LWS the palatal character of this sound was frequently indicated in the spelling by the insertion of an **e** when the following vowel was velar: **sceolon,** *shall;* **sceōp,** *created;* **sceama,** *shame;* **fisceas,** *fish.* It is possible, however, that this **e** represents an intermediate vowel or glide that developed between the palatal **sc** and the back vowel that followed.

248. Breaking.

OE **æ, e, i** (front vowels) developed into diphthongs, or "broke," in a prehistoric period when followed by l+consonant, r+consonant, or **h.** (See Chapter IX.)

The diphthongs at first consisted of **æ, e,** or **i**+the glide sound **u: æu, eu, iu.**

Later **æu** became **ea,** **eu** became **eo,**[34] **iu** became **io.**[34]

These diphthongs were short, and are to be distinguished from the OE long diphthongs **ēa, ēo, īo** that developed from the WGmc diphthongs **au, eo, iu.**

e, i broke before l+consonant only when the combination was **lh; e** also broke between **s** and **lc** or **lf,** e.g., **āseolcan,** *become sluggish;* **seolf,** *self.*

æ broke before l+consonant only in Kent and eastern Wessex. In those dialects in which breaking did not occur

---

[34] Both **eo** and **io** occur in the earliest OE MSS; in later OE, **io** became **eo.**

the æ became a before l+consonant. Both **ea** and **a** occur in EWS: **feallan, fallan,** *fall.* LWS has only **ea.**

Illustrations:

1. æ became **ea**: **fællan*>**feallan,** *fall;* **ærm*>**earm,** *arm;* **fæht*>**feaht,** *fought;* **slæhan*>**sleahan*>**slēan,** *strike.*

2. e became **eo**: **selh*>**seolh,** *seal;* **werþ*>**weorþ,** *worth;* **fehtan*>**feohtan,** *fight;* **feh*>**feoh,** *cattle;* **fehes* (Gen. Sing.) >**feohes*>**fēos.**

3. i became **io**: **wirþiþ*[35] (3d Sing. Pres.)>**wiorþiþ*> **wierþiþ*>**wierþ,** *becomes;* **sihiþ*>**siohiþ*>**siehþ,** *sees.*

249. The OE long front vowels **ǣ, ī** were broken to **ēa, īo** (**ēo**), before **h**:

1. ǣ became **ēa**: **nǣh*>**nēah,** *near.*

2. ī became **īo, ēo**: **līht*>**līoht, lēoht,** *light* (adj.); **betwih*> **betwēoh,** *between;* **tīhan*>**tīohan*>**tīon, tēon,** *blame.*

250. Diphthongization by Initial Palatals.

The initial palatals **ġ, ċ, sc** (see 242) caused a following **e** to diphthongize to **ie,** æ to **ea,** ǣ to **ēa.** (See Chapter X.)

Illustrations:

1. e became **ie** (LWS **i** or **y**): **ġefan*>**ġiefan,** *give;* **sceran*> **scieran,** *shear.*

2. æ became **ea**: **ġæf*>**ġeaf,** *gave;* **cæster*>**ċeaster,** *city;* **scæl*>**sceal,** *shall.*

3. ǣ became **ēa**: **ġǣfon*>**ġēafon,** *gave;* **ġǣr*>**ġēar,** *year;* **ċǣce*>**ċēace,** *cheek;* **scǣron*>**scēaron,** *sheared.*

251. i-, ī-, j-Umlaut.

Every vowel and diphthong in Prehist OE (except **ǣ, ē, i,** and **ī**) was raised or fronted if an **i, ī,** or **j** occurred in the follow-

---

[35] **i** of **wirþiþ* came from **e** (Prim Gmc **werþiþ*); the change of Prim Gmc **e** to **i** was Gmc; see 211, 2; **io** became **ie** as the result of OE umlaut; see 251.

ing syllable. This change is commonly called "i-umlaut," sometimes "mutation." It was caused by the raising and fronting influence of the high front sound i, ī, or j; that is, a low or a back vowel was approximated to the position of a following high front i, ī, or j.

Illustrations:

æ became e: *sættjan > settan, *set;* *æġi > eġe, *fear.*

æ+cons. group usually remained æ: *fæstjan > fæstan, *make fast.*

a became e: *manni > *mænni > menn, *men;* *sandjan > sendan, *send.*

ā became ǣ: *hāli > hǣl, *health;* *hāljan > hǣlan, *heal.*

o became œ > e:[36] *dohtri > *dœhtri > dehter (Dat. Sing.), *daughter.*

ō became œ̄ > ē:[36] *dōmjan > dœ̄man > dēman, *judge.*

u became y:[37] *fulljan > fyllan, *fill.*

ū became ȳ:[37] *tūnjan > tȳnan, *enclose.*

io became ie (LWS i or y):[38] *wiorpiþ > wierpþ, *throws.*

īo became īe (LWS ī or ȳ):[39] *ġeþīodjan > ġeþīedan, *unite.*

ea became ie: *fealliþ > fielþ, *falls.*

ēa became īe: *hēarjan > hīeran, *hear.*

---

[36] The back rounded vowels o, ō were fronted to œ, œ̄ (like ModHG ö, ȫ) as shown by the spelling œ in the earliest documents, as well as in the later documents of some dialects. By 900 the sounds had been completely unrounded in WS to e, ē.

[37] The back rounded vowels u, ū were fronted and became lip-rounded palatal vowels y, ȳ (like ModHG ü, ǖ). In some dialects y, ȳ were unrounded in the OE period to i, ī. In some Southern and Western dialects y, ȳ remained rounded even in the MidE period.

[38] In the non-WS dialects, and even to some extent in WS, io followed by r+consonant was not umlauted by a following i, ī, or j: Angl., Kent., EWS. iorre, *angry;* hiorde, *shepherd;* beside usual WS ierre, hierde.

[39] In the non-WS dialects, and even to some extent in WS, io was not umlauted by a following i, ī, or j: stioran, *steer;* liode, *people* (i-stem).

252. u-, o-, a-Umlaut.

About 700 æ, e, and i in an open syllable were, under some circumstances (and in some districts), diphthongized to ea, eo, and io by u, o, or a in the following syllable.[40]

This umlaut is similar to Breaking, in that the same vowels were affected, they developed into the same diphthongs, and the influence causing the development of the "glide" was a following back sound—in this case a vowel.

u-, o-, a-Umlaut is only partly present in pure WS. The umlaut of æ appears only in Mercian and in Kentish (except in WS ealu).

The influence of the u, o, or a operated freely thru an intervening liquid or labial (l, r, f, p); was somewhat restricted by an intervening dental (t, d, þ, s) or nasal; and was much restricted by an intervening velar (c, ʒ). The umlaut was usually prevented by an intervening double consonant or by two consonants: swimman, *swim;* drincan, *drink.*

WS illustrations:

1. æ became ea   *ælu > ealu, ale.[41]
2. e became eo (io): *herot > heorot, *hart;* *hefon > heofon, *heaven.*
3. i became io (eo): *silufr > siolfor, *silver;* *sifun > siofun, *seven.*

---

[40] Inasmuch as the vowel æ does not occur in an open syllable in WS when the vowel of the following syllable is u, o, or a, this umlaut could not take place in the WS dialect. At the time when the u-, o-, a-umlaut was operating, however, the Mercian dialect (and probably the Kentish dialect) had æ before back as well as front vowels; we therefore have Mercian heafoc, featu, etc., as compared with WS hafoc, fatu, etc. In ealo, the single WS example of this umlaut of æ, the vowel æ was probably introduced into the nominative form alo from the dative singular *æleþe, in which æ was phonetically regular.

[41] See preceding note.

Unaccented Vowels

253. A peculiarity of the Gmc languages, already noted in the discussion of Verner's Law (see 208), is the fixed accent on the radical syllable. This accent being a strong stress accent, its presence on one syllable of a word resulted in the loss of accent on adjacent and near-by syllables of the word, altho often a secondary accent was retained, especially in the second element of compound words, such as **bordweall, wīs-fæst.** In general, however, the lack of accent on suffixes and inflectional endings resulted, in Gmc and in OE, in the weakening or disappearance of vowels, and even of final consonants in unaccented syllables.

254. The history of IE and Gmc consonants and vowels in medial and final unaccented syllables is too lengthy and complicated for profitable discussion in an elementary book about OE. Two unaccented vowels, however, in the final position are of sufficient importance to compel attention. They are -ĭ, and -ō.

255. Gmc final -ĭ preserved its original sound in OE long enough to umlaut a preceding vowel. About 700 it disappeared if preceded by a long syllable; if preceded by a short syllable, it became -e: thus in the **i**-stem nouns: *gasti> *ġæsti> *ġeasti> *ġiesti> ġiest; *wini> wine.

256. WGmc final -ō became OE -u, thus falling together with original final -u, which occurs in the u-stems. About 700, final -u disappeared after a long radical syllable, but remained after a short radical syllable: WGmc *gefō> OE ġiefu; WGmc *lairō> Prehist OE *lāru> OE lār; WGmc *feldu> OE feld; WGmc *handu> OE hand; sunu, duru, with short radical syllables, retain original -u.

257. When followed by a consonant in a final syllable, WGmc unaccented -ō- often became a: Second weak verbs, 2d and 3d Sing. Pres. Indic., **bodast, bodaþ** < Prehist OE ***bodōs(t) *bodōþ.**

SYNCOPATION

258. Syncopation, which consists in the loss of a vowel between two consonants, occurred frequently in the case of the short vowels **e, i,** and **o,** after the period of umlaut, but before 700. Syncopation affected sometimes the vowel of the second syllable of a dissyllabic word or form, and sometimes the vowel of the medial syllable of a trisyllabic word or form.

259. Syncopation in Dissyllabic Forms.

The dissyllabic forms in which the vowel of the second syllable is syncopated are:

(1) The 2d and 3d Sing. Pres. Indic. of all strong verbs and of many first weak verbs: **helpan, hilpst, hilpþ; cuman, cymst, cymþ; dēman, dēmst, dēmþ; lecgan, leġst, leġþ.**

(2) The Past Part. of first weak verbs which had a radical syllable ending in **d** or **t: hreddan, hredd; settan, sett; lǣdan, lǣdd.**

260. Syncopation in Trisyllabic Forms.

Syncopation of the vowel of the second (medial) syllable occurred in an open syllable when the radical syllable was long.

(1) Some inflectional forms of nouns and adjectives, such as: **engles, engle, englas;** beside Nom. Sing. **engel,** *angel;* **hēafdes, hēafde,** beside **hēafod,** *head;* **hālġes, hālgum, hālgan** beside **hāliġ,** *holy;* **ōþres, ōþre,** beside **ōþer,** *other.*

(2) In the Pret. of first weak verbs which had an originally long radical syllable, or a radical syllable ending in **d** or **t; dēmde, dēmdest, dēmdon,** *iudged;* **hredde; sette.**

(3) In inflected forms of the Past Part. of first weak verbs with a long radical syllable, if the inflectional ending began with a vowel: Nom. Acc. Plu. hīerde, *heard,* beside Acc. Sing. Masc. hīeredne; fylde, beside fylledne, *filled;* dēmde, beside dēmedne, *judged.*

(4) In some originally trisyllabic nouns, such as Prehist OE *strangiþō, OE strengþu, *strength.*

(5) In the comparative degree of adjectives: *brādira, brǣdra, *broader.*

Consonant Changes

261. f, þ, s, in OE.

Initial and final Prim OE f, þ, and s remained voiceless in OE: fīf, *five;* þorn, *thorn;* wearþ, *became;* sendan, *send;* wæs, *was.*

Medial f and s next to voiceless consonants remained voiceless: hæft, *captive;* fæst, *firm.*

Medial f, þ, and s between voiced sounds became voiced spirants, v, ð, and z, about 700: wulfas, *wolves;* sēoþan, *boil;* nosu, *nose.*

262. WGmc h in OE.

WGmc initial h was a simple breath, as in ModE *horn.* WGmc medial or final h was a voiceless spirant like ModHG ch in macht, *makes,* ich, *I.*

Initial h in OE remained a simple breath, as in ModE: horn, *horn.*

Medial -h- remained a voiceless spirant before a voiceless consonant: sōhte, *he sought.*

Final -h remained a spirant: ġeþāh, *he prospered.*

hs became ks (x): weahsan, weaxan, *grow.*

263. Loss of Intervocalic h.

1. Intervocalic h disappeared about 700. The accented vowel or diphthong which originally preceded h absorbed the vowel which followed.

ā+vowel became ā :   *tāhe became tā, *toe.*

ō+vowel became ō :   *fōhan became fōn, *seize;* *fōhe became fō, *I seize* (subjunc.).

ēa+vowel became ēa : *hēahes became hēas, *high* (Gen. Sing.).

ēo+vowel became ēo : *flēohan became flēon, *flee.*

īo+vowel became īo : *tīohan became tīon (tēon), *blame.*

A short diphthong was lengthened by the absorption of a following vowel:

ea+vowel became ēa : *sleahan became slēan, *strike.*

eo+vowel became ēo : *feohes became fēos, *property* (Gen. Sing.).

io+vowel became īo :   *twioha became twīo (twēo), *doubt.*

ie+vowel became īe :   *iehe became īe, *river* (Dat. Sing.).

Apparent exceptions to this change are 2d sing. pres. fēhst, siehst (<*fōhis, *siohis); 3d sing. fēhþ, siehþ (<*fōhiþ, *siohiþ). The preservation of the originally intervocalic h is due here to the syncopation of the following vowel i, which took place before the disappearance of intervocalic h.

2. h between a liquid and a vowel also disappeared about 700. A short preceding diphthong is usually lengthened:

ea became ēa : *mearhes became mēares, *of a horse;* *Wealhas became Wēalas, *foreigners.*

eo became ēo : *feorhes became fēores, *of a life;* *seolhes became sēoles, *of a seal.*

Late Changes in Vowels and Diphthongs

264. During the historic period of OE a number of changes took place in vowels and diphthongs.

265. In EWS, ie or īe, no matter of what origin, and without regard to the adjacent sounds, frequently became i or ī, beside which appears also ie or īe. EWS ġiefan, ġifan, *give;* nieht, niht, *night;* scieppend, scippend, *creator;* hierde, hirde, *shepherd;* wielm, wilm, *welling;* hīeran, hīran, *hear;* ġieman, ġiman, *care for;* fiend, find, *foes;* þrie, þrī, *three.* After w, however, ie frequently appears in EWS as y; e.g., wierðe, wyrðe; wierpþ, wyrpþ.

In LWS, ie or īe usually appears as y or ȳ, but sometimes, especially when followed by c, ġ, h, or s, as i or ī.

LWS ġyfan, wylm, hȳran, ġȳman, fȳnd, þrȳ.

LWS hlihhan, *laugh;* niht, *night;* līġ, *flame;* frȳst, *freezes,* (EWS hliehhan, nieht, līeġ, frīest).

266. y or ȳ which came from u or ū by i-umlaut became LWS i or ī thru the influence of a following palatal; hiġe, *mind;* bicgan, *buy;* þincan, *seem;* brīcþ[42] (brūcan), *enjoys,* (EWS hyġe, bycgan, þyncan, brȳcþ).

267. io and eo, the diphthongs resulting from Breaking, became, as early as 900, ie, i, or y before hs and ht; Gmc *sehs, EWS seox > WS siex, six, *six;* Gmc *reht, Prehist OE *reoht > WS riht, ryht, *right;* Gmc *cneht, Prehist OE *cneoht > WS cnieht, cniht, *boy.*

In LWS the diphthong eo usually became u when it was preceded by w and followed by r plus a consonant: EWS weorðan, LWS wurðan, *become;* EWS sweord, LWS swurd, *sword.*

---

[42] In brīcþ (EWS brȳcþ) the c was palatalised, that is fronted, in Prehist OE, but probably did not undergo the further change to ċ. The change to ċ was hindered by the þ which followed the c after syncopation had taken place. See **242.**

268. ea, the diphthong resulting from Breaking, often became EWS e before h: meahte, mehte, *might;* eahta, ehta, *eight;* feaht, feht, *fought;* seah, seh, *saw.*

269. ea, of whatever origin, sometimes became EWS e when preceded by ċ, ġ, or sc: ċeaster, ċester, *city;* forġeaf, forġef, *forgave;* sceal, scel, *shall.*

270. ēa sometimes became EWS ē when preceded by ċ, ġ, or sc: ġēar, ġēr, *year;* onġēan, onġēn, *against;* ċēas, ċēs, *chose;* scēaþ, scēþ, *sheath.*

271. ēa often became LWS ē when followed by hþ, hs, or hg: *ēagþȳrel, ēhþȳrel, *window;* hēahsta, hēhsta, *highest;* nēahġebūr, nēhġebūr, *neighbor.*

272. ēa often became LWS ē when followed by h, g, c: tēah, tēh, *drew;* þēah, þēh, *though;* hēah, hēh, *high;* nēah, nēh, *near;* ēage, ēġe, *eye;* ēac, ēc, *also.*

273. LWS ġd, ġn.
In LWS, ġ between a short vowel and a voiced dental was frequently lost; the preceding vowel was lengthened: friġnan became frīnan, *ask;* breġdan became brēdan, *move.*

MORPHOLOGY

DECLENSIONS

301. The Old English declensions were historically the same as those of Latin, Greek, Sanskrit, Gothic, Old Norse, Old Saxon, and Old High German.

302. The Gmc noun in a prehistoric period was inflected by adding to a **stem** various **endings** which indicated case and number.

A **stem** seems originally to have consisted of an element called a "base" or "root," to which usually was added a suffix consisting of a vowel (IE **e, o, ā, i, u**), or of a consonant (**r**), or of a vowel plus a consonant (**ĕn, ŏn, es, os, et, ot,** etc.); some words in the IE languages had stems consisting of a base ending in a consonant to which the case endings were attached without an intervening suffix.

The classification of nouns in school grammars of Latin does not conform to the scientific classification. The Lat "first" declension consists of IE **ā**-stems; the "second" declension of IE **o**-stems; the "third" of consonant-stems and **i**-stems; the "fourth" of **u**-stems.

303. The vowel stems can be clearly distinguished in Gothic, where, in the Acc. Plu., the case ending **-ns** (or **-s**) is added to the stem.   It must be remembered that IE **o** became Gmc **a**, and IE **ā** became Gmc **ō**.

1. IE **o**, Gmc a-decl. Goth Acc. Plu. **daga-ns,** *days.*
2. IE **ā**, Gmc ō-decl. Goth Acc. Plu. **gibō-s,** *gifts.*
3. IE and Gmc **i**-decl. Goth Acc. Plu. **gasti-ns,** *guests.*
4. IE and Gmc **u**-decl. Goth Acc. Plu. **sunu-ns,** *sons.*

137

Case Endings

304. IE had eight cases: Nominative, Genitive, Dative, Accusative, Vocative, Ablative, Instrumental, Locative. These cases were distinguished by case endings which were added to the stem. The IE case endings were so affected, however, by Gmc and OE sound changes that in OE the fact that the noun originally consisted of base, suffix, and case ending is usually much obscured. In some forms, e.g., OE Nom. Sing. dæġ (<Gmc *daǥaz) both the vowel suffix, indicating the kind of stem, and the case ending have been completely lost.

Furthermore, in OE (as in most other IE languages) cases have "fallen together," that is, by phonetic change two or more cases which were originally distinct have become identical, or one case ending has been abandoned for another. Thus, of the eight IE cases, OE has only four surviving in the noun, and five in the adjective and pronoun: Nominative, Genitive, Dative, Accusative, Instrumental.

305. Vowel Stems. Four kinds of Gmc vowel stems are to be distinguished: a-stems (masc. and neut.), ō-stems (fem.), i-stems (all genders), u-stems (all genders).

In OE nearly all the nouns originally belonging to the i-stems and u-stems have "gone over" to the a-stems or the ō-stems; that is to say, the masculine and neuter i-stems and u-stems exhibit the same inflectional endings as the a-stems, the feminines the same endings as the ō-stems.

306. Consonant Stems. Several types of consonant stems existed in OE. The original consonant stems are of two types:

1. Those consisting of a radical syllable+suffix ending in a consonant, to which were added the primitive case endings.

The consonant stems of this first class had suffixes ending in -n (huntan-), -z (lambaz-), -r (faðr-), -þ (mōnaþ-).

2. Those consisting of a radical syllable ending in a consonant, to which were added the primitive case endings.

The consonant stems of this second class end in any consonant (**mann, fōt, bōc**).

3. In addition to these, certain derivative consonant stems existed in OE which were originally present active participles which became nouns of the agent, as **fēond,** *hater, enemy.* The stem of these nouns ends in **-nd.**

Nouns

MASCULINE AND NEUTER a-DECLENSION

307. The a-declension[1] consists of masculines and neuters. It includes a-stems, ja-stems, and wa-stems.

MASCULINE a-STEMS

Monosyllables: stān, *stone;* **dæġ,** *day;* **mearh,** *horse;* **eoh,** *horse.*

	Singular			
N. A.	stān	dæġ	mearh	eoh
G.	stānes	dæġes	mēares	ēos
D. I.	stāne	dæġe	mēare	ēo
	Plural			
N. A.	stānas	dagas	mēaras	
G.	stāna	daga	mēara	
D. I.	stānum	dagum	mēarum	

In Prim Gmc the Nom. Sing. of **stān** was ***stainaz.**

For the change from a to æ in the Sing. of **dæġ,** see 224. For the disappearance of h in the oblique cases of **mearh, eoh,** see 263.

---

[1] The Gmc a-declension corresponds to the Lat and Gr "second" declension (Lat **servus, servos;** Gr **logos**); it is sometimes called the "o-declension," according to the IE terminology.

308. Dissyllables: cyning, *king;* engel, *angel;* heofon, *heaven;* fugol, *bird.*

Singular

N. A.	cyning	engel	heofon	fugol
G.	cyninges	engles	heofones	fugles
D. I.	cyninge	engle	heofone	fugle

Plural

N. A.	cyningas	englas	heofenas	fuglas
G.	cyninga	engla	heofena	fugla
D. I.	cyningum	englum	heofenum	fuglum

If the first syllable is long and if the second syllable is short, as in **engel,** as a general rule the vowel which appears in the second syllable of the Nom. Sing. does not appear in the inflected forms. If both syllables are short, the vowel which appears in the second syllable of the Nom. Sing. sometimes appears and sometime does not appear in the inflected forms.

NEUTER a-STEMS

309. Monosyllables: lim, *limb;* fæt, *vessel;* bān, *bone;* word, *word;* feoh, *property.*

Singular

N. A.	lim	fæt	bān	word	feoh
G.	limes	fætes	bānes	wordes	fēos
D. I.	lime	fæte	bāne	worde	fēo

Plural

N. A.	limu	fatu	bān	word
G.	lima	fata	bāna	worda
D. I.	limum	fatum	bānum	wordum

In Prim Gmc the Nom. Sing. of **lim** was *limam.

In monosyllables the ending **-u** of the Nom.-Acc. Plu. disappeared after a long syllable (see 256). For **fēos, fēo,** see **263.**

310. Dissyllables: tungol, *star;* wæter, *water;* tācen, *sign;* hēafod, *head.*

Singular

N. A.	tungol	wæter	tācen	hēafod
G.	tungles	wæteres	tācnes	hēafdes
D. I.	tungle	wætere	tācne	hēafde

Plural

N. A.	tungol (-glu)	wæter(-u)	tācen(-u)	hēaf(o)du
G.	tungla	wætera	tācna	hēafda
D. I.	tunglum	wæterum	tācnum	hēafdum

If the first syllable is long, and the second short, as in **tungol,** the vowel which appears in the second syllable of the Nom. Sing. generally does not appear in the inflected forms.

MASCULINE AND NEUTER ja-STEMS

311. Masculines: secg, *man;* here, *army;* ende, *end.*

Singular

N. A.	secg	here	ende
G.	secges	her(i)ġes	endes
D. I.	secge	her(i)ġe	ende

Plural

N. A.	secg(e)as	her(i)ġas	endas
G.	secg(e)a	her(i)ġa	enda
D. I.	secg(e)um	her(i)ġum	endum

312. Neuters: cynn, *kin;* rīċe, *kingdom;* wēsten, *waste.*

Singular

N. A.	cyn(n)	rīċe	wēsten
G.	cynnes	rīċes	wēstennes
D. I.	cynne	rīċe	wēstenne

Plural

N. A.	cyn(n)	rīċu	wēstennu
G.	cynna	rīċa	wēstenna
D. I.	cynnum	rīċum	wēstennum

In Prim Gmc the Nom. Sing. of **secg** and **cynn** were ***saȝjaz**
and ***kunjam.**

The **j** umlauted the vowel of the preceding syllable, and
geminated the final consonant (except **r**) if the vowel of the
preceding syllable was short (see **251, 238, 221**). The **j** dis-
appeared except after **r,** as in **herȝes** (see **238**).

In the Nom. Sing., **secg** and **cynn,** which exhibit no ending,
had originally short radical syllables; while **ende** and **rīce,**
which exhibit the ending **-e,** had originally long radical syl-
lables.

In the Nom.-Acc. Neut. Plu., **cynn,** with no ending, had an
originally short radical syllable; while **rīċu,** with **-u,** had an
originally long radical syllable.

wa-STEMS

313. Masculines: bearu, *grove;* **þēow,** *servant.*

	Singular	
N. A.	bearu, -o	þĕo(w)
G.	bearwes	þĕowes
D. I.	bearwe	þĕowe
	Plural	
N. A.	bearwas	þĕowas
G.	bearwa	þĕowa
D. I.	bearwum	þĕowum

In Prim Gmc the Nom. Sing. of **bearu** and **þēow** were
***barwaz** and ***þewaz.** When the ending **-az** was lost, **-w**
became vocalized to **-u,** often written **-o.** The **-u** remained
after a short syllable as in **bearu.** When the radical syllable
ended in a short vowel, the **-u** combined with the vowel to form
a diphthong. Thus Prim OE ***þew>*þeu>þĕo.** The **-w** of
þēow is by analogy with the oblique cases. In the oblique
cases the original **e** of **þēow** became **eo** thru the influence of the
w that followed; this **eo,** which was originally short, was fre-

quently lengthened to ēo thru the influence of the nominative form þēo(w).

314. Neuters: **bealu**, *evil;* **cnēo**, *knee.*

Singular

N. A.	bealu, -o	cnēo(w)
G.	bealwes	cnĕowes
D. I.	bealwe	cnĕowe

Plural

N. A.	bealu, -o	cnēo(w), -wu
G.	bealwa	cnĕowa
D. I.	bealwum	cnĕowum

In Prim Gmc the Nom. Sing. of **bealu** was *balwam.

FEMININE ō-DECLENSION

315. The ō-declension[2] consists of feminine nouns only. It includes ō-stems, jō-stems, and wō-stems.

FEMININE ō-STEMS

ģiefu, *gift;* **lār**, *wisdom.*

	Singular		Plural	
N.	ģiefu	lār	ģiefa, -e	lāra, -e
G.	ģiefe	lāre	ģiefa, -ena	lāra, -na, -ena
D. I.	ģiefe	lāre	ģiefum	lārum
A.	ģiefe	lāre	ģiefa, -e	lāra, -e

In Prim Gmc the Nom. Sing. of **ģiefu** was *ჳebō.

The Nom. Sing. ending **-u** was retained after a short syllable, but was lost after a long syllable (see **256**).

The ending **-ena, -na** of the Gen. Plu., which occurs in some words of this class beside the regular Gen. Plu. ending **-a**, is

---

[2] The Gmc ō-declension corresponds to the Lat and Gr "first" declension (Lat mēnsā-); it is sometimes called the "ā-declension," according to the IE terminology.

after the analogy of the **n-**stems. It occurs chiefly in words with short stems.

316. Dissyllables: firen, *crime;* sāwol, *soul.*

	Singular			Plural	
N.	firen	sāwol	N. A.	firena, -e	sāwla, -e
G.	firene	sāwle		firena	sāwla
D. I.	firene	sāwle		firenum	sāwlum
A.	firene	sāwle			

In the Nom. Sing. no endings occur.

If the radical syllable is long, as in **sāwol,** the vowel of the second syllable of the Nom. Sing. generally does not appear in the inflected forms.

FEMININE jō-STEMS

317. Monosyllables: synn, *sin;* ġierd, *rod.*

	Singular			Plural	
N.	syn(n)	ġierd	N. A.	synna, -e	ġierda, -e
G.	synne	ġierde	G.	synna	ġierda
D. I.	synne	ġierde	D. I.	synnum	ġierdum
A.	synne	ġierde			

In Prim Gmc the Nom. Sing. of **synn** was **sunjō.* The **j** umlauted the radical vowel, and geminated the final consonant of a short radical syllable (see 251, 221). In Prehist OE ***synnu** the Nom. Sing. ending **-u** was then lost after the long syllable, as also in ***ġierdu,** originally long (see 256).

318. Polysyllables: byrþen, *burden.*

	Singular	Plural
N.	byrþen	byrþenna, -e
G.	byrþenne	byrþenna
D. I.	byrþenne	byrþennum
A.	byrþenne	byrþenna, -e

The **j** geminated the preceding consonant (see 221).

FEMININE wō-STEMS

319. **beadu,** *battle;* **mǣd,** *meadow;* **clēa,** *claw.*

Singular

N.	beadu	mǣd	clēa(w)
G.	beadwe	mǣdwe	clawe
D. I.	beadwe	mǣdwe	clawe
A.	beadwe	mǣdwe	clawe

Plural

N. A.	beadwa, -e	mǣdwa, -e	clēa
G.	beadwa	mǣdwa	clawa
D. I.	beadwum	mǣdwum	clēam

In Prim Gmc the Nom. Sing. of **beadu** was *baðwō. In the Nom. Sing. *-wō became -wu, and w disappeared, because followed by the rounded vowel -u.

Nom. Sing. -u was lost after a long syllable, as in **mǣd** (see 256).

In the Nom. Sing. **clēa(w),** *clawu > *clau > clēa (see 233). The (w) is by analogy from the oblique cases.

OTHER FEMININE NOUNS

320. Old English had also three groups of feminine nouns, of different history from the ō-stems, but usually showing in OE the same endings as the regular ō-stems. These nouns may, therefore, be considered here.

FEMININE STEMS IN -iþō

321. Prim Gmc formed from adjectives a number of abstract nouns in -iþō, e.g., *stranȝiþō, OE **strengþu, -o,** *strength.*

	Singular	Plural
N.	strengþu, -o, strengþ	strengþa, -e, -u, -o
G.	strengþe, -u, -o	strengþa
D. I.	strengþe, -u, -o	strengþum
A.	strengþe, -u, -o	strengþa, -e, -u, -o

In Prehist OE the radical vowel was umlauted and the medial vowel syncopated (see **251; 260, 4**). In the Nom. Sing., the **-u** sometimes appears, sometimes not. The **-u** of the Nom. Sing. was often levelled into the oblique cases.

322. Prim Gmc also formed abstract nouns from adjectives by means of the suffix **-īn**. Cf. Goth **bráidei**, Gen. Sing. **bráideins**; ModHG **Breite**, *breadth*. In Prehist OE the **-ī** of the stem was shortened to **-i**; i umlauted the radical vowel.

But very early the nouns with this stem were remodelled after the analogy of the **ō**-stems, the suffix **-īn** giving way to Nom. Sing. **-u, -o**, G.D.A. **-e**. Later the **-u, -o** of the Nom. was levelled into the other cases of the Sing.

brǣdu, *breadth*

Singular		Plural	
N.	brǣdu, -o	N. A.	brǣda, -e; -u, -o
G. D. I. A.	brǣde, -u, -o	G.	brǣda
		D. I.	brǣdum

323. Prim Gmc formed abstract nouns in **-ingō, -ungō, -angō**, chiefly from second weak verbs. In OE the ending **-ung** has been generalized, so that **-ing** is of comparatively infrequent occurrence; **-ang** occurs rarely, if ever, in OE.

leornung, *learning*

Singular		Plural	
N.	leornung	N.	leornunga, -e
G.	leornunga, -e	G.	leornunga
D. I.	leornunga, -e	D. I.	leornungum
A.	leornunga, -e	A.	leornunga, -e

i-Stems

324. The i-declension includes masculine, feminine, and neuter nouns. In OE the great majority of original i-stems appear with the endings of a- or ō-stems throughout.

Masculines: **wine,** *friend;* **ġiest,** *stranger,* *guest.*

	Singular		Plural	
N. A.	wine	ġiest	wine, -as	ġiestas
G.	wines	ġiestes	wina	ġiesta
D. I.	wine	ġieste	winum	ġiestum

In Prim Gmc the Nom. Sing. of **wine** and **ġiest** were *winiz and *ʒastiz. The -i of the stem umlauted the radical vowel (*ʒastiz > *ġæsti > *ġeasti > ġiest). Final -i was lost after a long radical syllable, but remained after a short radical syllable (see 255).

The endings -es of the Gen. Sing., -as of the Nom.-Acc. Plu., -a of the Gen. Plu., and -um of the Dat. Plu. are analogical endings from the masculine a-stems.

A few plurals, especially the names of tribes of peoples, retain the old ending -e of the Nom.-Acc. Plu: **Dene,** *Danes;* **Engle,** *(the) English;* **Mierċe,** *the Mercians;* **Northymbre,** *the Northumbrians;* **Seaxe,** *the Saxons.* So also **ielde,** *men;* **wine,** *friends;* **ielfe,** *elves;* and **liode, lēode,** *peoples.*

A few words like **Dene** and **wine** sometimes retain the old Gen. Plu. **Deniġea** and **winiġea.**

325. **Long-Stemmed Feminines: cwēn,** *queen.*

	Singular	Plural
N.	cwēn	cwēne
G.	cwēne	cwēna
D. I.	cwēne	cwēnum
A.	cwēn, (-e)	cwēne

In Prim Gmc the Nom. Sing. of **cwēn** was *kwǣniz.

The Acc. Sing. with no ending is a distinguishing mark of these nouns; the Acc. Sing. of Fem. ō-stems ends in **-e**.

The short feminine **i**-stems went over to the ō-stems in Prehist OE, so that only the umlaut of the radical vowel discloses their original declension.

326. Neuters: spere, *spear.*

	Singular	Plural
N. A.	spere	speru, -o
G.	speres	spera
D. I.	spere	sperum

The Gen. Sing. and all the cases of the plural are analogical formations after the neuter a-stems.

327. Long-Stemmed Neuters: flǣsc, *flesh.*

	Singular	Plural
N. A.	flǣsc	flǣsc
G.	flǣsces	flǣsca
D. I.	flǣsce	flǣscum

Like **flǣsc** are declined a few long-stemmed neuters. Since the radical syllable is long, no endings occur in the Nom.-Acc. Sing. and Plu.

u-Stems

328. This declension includes masculines, feminines, and neuters. The great majority of these nouns appear, however, with the endings of the a- or ō-stems.

Masculines: sunu, *son;* **feld,** *field.*

	Singular		Plural	
N. A.	sunu, -o, -a	feld	suna	felda, -as
G.	suna	felda, feldes	suna	felda
D. I.	suna	felda, -e	sunum	feldum

In Prim Gmc the Nom. Sing. of **sunu** was *sunuz. Only a small number of short-stemmed masculine **u**-stems are found in OE. Only **sunu** and **wudu** are fully declined.

In long stems, like **feld,** the -u of the Nom.-Acc. Sing. has disappeared.

329. Feminines: Only a few feminine **u**-stems remain in literary OE: **duru,** *door;* **hand (hond),** *hand;* **flōr,** *floor;* **cweorn,** *mill.*

	Singular		Plural	
N. A.	**duru**	cweorn	**dura, -u**	cweorna
G.	**dura**	cweorna	**dura**	cweorna
D. I.	**dura, -u**	cweorna	**durum**	cweornum

In Prim Gmc the Nom. Sing. of **duru** was *duruz. The long stems have lost the -u in the Nom-Acc. Sing (see **256**).

330. Neuters: The neuter u-stems have all but disappeared in literary OE. The only trace is WS **fela, feola,** *much,* indeclinable.

CONSONANT STEMS

ORIGINAL CONSONANT STEMS

n-STEMS

331. The n-stems correspond to Latin nouns like **homo, hominis; nomen, nominis.** The **n,** which in OE looks like a case ending, belonged originally to the suffix which was added to the base of the word to form the stem (see **302, 306**). The relation between the **n** and the case ending, however, is still apparent in the OE Gen. Plu.

Masculines: hunta, *hunter;* **frēa,** *lord.*

	Singular		Plural	
N.	**hunta**	**frēa**	**huntan**	**frēan**
G.	**huntan**	**frēan**	**huntena**	**frēana**
D. I.	**huntan**	**frēan**	**huntum**	**frēa(u)m**
A.	**huntan**	**frēan**	**huntan**	**frēan**

332. Feminines: tunge, *tongue.*

	Singular	Plural
N.	tunge	tungan
G.	tungan	tungena
D. I.	tungan	tungum
A.	tungan	tungan

333. Neuters: Only two words in OE are invariably declined according to this declension: **ēage,** *eye;* **ēare,** *ear;* **wange,** *cheek,* is sometimes inflected as a neuter **n-**stem.

	Singular	Plural
N. A.	ēage	ēagan
G.	ēagan	ēagena
D. I.	ēagan	ēagum

NEUTER **iz-, az-**STEMS

334. The neuter **iz-, az-**stems[3] correspond to the Latin neuters like **genus, generis.**
lamb (lomb), *lamb.*

	Singular	Plural
N. A.	lamb	lambru
G.	lambes	lambra
D. I.	lambe	lambrum

Like **lamb (lomb)** are declined **ċealf,** *calf;* **ǣġ,** *egg;* and occasionally **ċild,** *child.*

In OE these words show the characteristic **-r-** ($<$Gmc **-z-**) only in the plural. The other nouns which originally belonged here have the endings of other declensions.

For an account of the "**es, os-**declension," see Wright, *Old English Grammar,* §419.

---

[3] The OE grammars usually call these "**es-, os-**stems," using the IE terminology.

r-STEMS

335. To this declension belong nouns of relationship in -r: **fæder,** *father;* **brōþor,** *brother;* **mōdor,** *mother;* **dohtor,** *daughter;* **sweostor,** *sister,* and the collective plurals **ġebrōþor, -ru,** *brethren;* **ġesweostor, -ru,** *sisters.*

	Singular		Plural	
N.	fæder	brōþor	fæderas	brōþor, brōþru
G.	fæder, -eres	brōþor	fædera	brōþra
D.	fæder	brēþer	fæderum	brōþrum
A.	fæder	brōþor	fæderas	brōþor, -ru

dohtor has Dat. Sing. **dehter,** Nom. Acc. Plu. **dehter; mōdor** has Dat. Sing. **mēder,** Nom. Acc. Plu. **mōdor, -dru, -dra.**

The umlaut in the Dat. Sing. and Nom. Plu. is due to the Prim Gmc endings **-i** and **-iz;** the forms were Dat. Sing. *dohtri;* Nom. Plu. *dohtriz.*

The umlauted radical vowel often appears in the Gen. Sing. of fems.: **mēder, dehter.**

STEMS IN -þ

336. In OE only four nouns belonging to this declension are found:

Masculines, **hæle, hæleþ,** *man;* **mōnaþ,** *month;* feminine **mæġeþ,** *maiden;* neuter, **ealu,** *ale.*

	Singular			
N. A.	hæle, hæleþ	mōnaþ	mæġ(e)þ	ealu
G.	hæleþes	mōnaþes	mæġ(e)þ	ealoþ
D. I.	hæleþe	mōnaþe	mæġ(e)þ	ealoþ

	Plural			
N. A.	hæleþ	mōnaþ	mæġ(e)þ	
G.	hæleþa	mōn(e)þa	mæġ(e)þa	ealeþa
D. I.	hæleþum	mōn(e)þum	mæġ(e)þum	

The -þ is not phonetically regular in the Nom. Sing., but was levelled from the cases where it was regular. The old Nom. Sing. is preserved in **hæle** and **ealu.** The Gen. Sing. ending **-es** of **hæleþes** and **mōnaþes** is from the a-stems. These two words also have Nom. Plu. in **-as, hæleþas** and **mōneþas.**

Root Consonant Stems

337. In this class the primitive case endings were attached directly to the final consonant of the root or base. The class includes masculines, feminines, and one neuter. Examples are: masculines, **mann,** *man;* **fōt,** *foot;* feminines, **bōc,** *book;* **burg,** *city.*

Singular			
N. A.	**mann**	**fōt**	**bōc**	**burg**
G.	**mannes**	**fōtes**	**bōce, bēċ**	**byriġ**
D. I.	**menn**	**fēt**	**bēċ**	**byrġ, byriġ**

Plural			
N. A.	**menn**	**fēt**	**bēċ**	**byrġ, byriġ**
G.	**manna**	**fōta**	**bōca**	**burga**
D. I.	**mannum**	**fōtum**	**bōcum**	**burgum**

Other nouns belonging to this declension are **tōþ,** *tooth;* Nom. Plu. **tēþ,** masc.; and **gōs,** *goose,* Nom. Plu. **gēs,** fem.

In Prim Gmc the Dat. Sing. ended in **-i** (**fōti*), the Nom. Plu. in **-iz.** The **-i** and **-iz** were lost after umlauting the radical vowel (see 255). The umlauted forms of the Gen. Sing. in feminines are historically datives; those of the Acc. Plu. in masculines and feminines are analogical after the Nom. Plu.

338. Neuter: The only neuter of this class is the word **scrūd,** *garment.*

	Singular	Plural
N. A.	**scrūd**	**scrūd**
G.	**scrūdes**	**scrūda**
D. I.	**scrȳd**	**scrūdum**

The only trace of the original inflection in this word is the Dat.-Inst. Sing. **scrȳd**. Otherwise it is declined like a neuter **a**-stem.

DERIVATIVE CONSONANT STEMS
nd-STEMS

339. The **-nd** declension consists of original present participles used as nouns: **frēond,** *friend;* **hettend,** *enemy.*

Singular

N. A.	frēond	N. A.	hettend
G.	frēondes	G.	hettendes
D. I.	friend, frēonde	D. I.	hettende

Plural

N. A.	friend, frēond, frēondas	hettend, hettende, hettendas
G.	frēonda	hettendra
D. I.	frēondum	hettendum

Prim Gmc Dat. Sing. *frijondi > Prehist OE*frīondi > friend.
Prim Gmc Nom. Plu. *frijondiz > Prehist OE *frīondi > friend.

The ending **-e** of the Nom. Plu. **hettende** is from the adjective (pronominal) declension, as is also the ending **-ra** of the Gen. Plu. **hettendra.**

Pronouns

PERSONAL PRONOUNS

340. First Person.

	Singular	Dual	Plural
N.	iċ	wit	wē
G.	mīn	uncer	ūser, ūre
D.	mē	unc	ūs
A.	mec, mē	uncit, unc	ūsiċ, ūs

341. Second Person.

	Singular	Dual	Plural
N.	þū	ġit	ġē
G.	þīn	incer	ēower, īower
D.	þē	inc	ēow, īow
A.	þec, þē	incit, inc	ēowiċ, ēow, īow

342. Third Person.

Singular

	Masculine	Feminine	Neuter
N.	hē	hēo, hīe	hit
G.	his	hiere, hire, hyre	his
D.	him	hiere, hire, hyre	him
A.	hine	hīe, hī, hȳ	hit

Plural—All Genders

N.	hīe, hī, hȳ; hēo, hīo
G.	hiera, hira, hyra; heora, hiora
D.	him; heom
A.	hīe, hī, hȳ; hēo, hīo

REFLEXIVE PRONOUNS

343. Old English did not have an independent reflexive pronoun. The corresponding forms of the personal pronouns were used for the reflexive pronoun.

POSSESSIVE PRONOUNS

344. Possessive pronouns are declined as strong adjectives. They are: mīn, *mine;* þīn, *thine;* sīn, *his, her,* etc.; **uncer,** *of us two;* **incer,** *of you two;* ūre, ūser, *our;* ēower, īower, *your.* In addition, the genitives of the third personal pronoun are used to indicate possession.

DEMONSTRATIVE PRONOUNS

345. The Demonstrative sē, sēo (sīo), þæt, *that.*

	Singular			Plural
Masculine		Feminine	Neuter	All genders
N.	sē	sēo, sīo	þæt	þā
G.	þæs	þǣre	þæs	þāra, þǣra
D.	þǣm, þām	þǣre	þǣm, þām	þǣm, þām
A.	þone, þæne, þane	þā	þæt	þā
I.	þȳ, þon, þē		þȳ, þon, þē	

346. The Demonstrative þēs, þēos (þīos), þis, *this.*

	Singular		
	Masculine	Feminine	Neuter
N.	þēs	þēos, þīos	þis
G.	þis(s)es	þisse, þis(se)re	þis(s)es
D.	þis(s)um	þisse, þis(se)re	þis(s)um
A.	þisne	þās	þis
I.	þȳs	þisse, þis(se)re	þȳs

Plural
All Genders

N.	þās
G.	þissa, þeossa, þissera
D.	þis(s)um, þys(s)um, þeos(s)um
A.	þās

RELATIVE PRONOUNS

347. No relative pronoun existed in IE or Gmc. The relative clause construction was a late independent development in the separate languages.

I. In OE the word þe was used as a relative pronoun. It is found

(a) by itself, e.g., sē stān þe, *the stone that (the builders rejected)*;

(b) in combination with the various forms of sē, sēo, þæt,
e.g., **Augustinum þone þe hī ġecoren hæfdon,** *Augustine,
whom they had chosen;*

(c) occasionally in combination with a form of the personal
pronoun, e.g., **Fæder ūre, þū þe eart on heofenum,** *Our
Father, who art in heaven.*

II. The demonstrative **sē, sēo, þæt** may be used as a
relative pronoun, e.g., **þā fēng Nero tō rīċe, sē forlēt Britena,**
then came Nero to the throne, who lost Britain.

III. **swylċ,** *such,* is sometimes used as a relative pronoun,
e.g., **hē sēċe swylcne hlāford, swylcne hē wile,** *let him seek
such a lord as he may choose.*

IV. **swā,** *so, as,* is sometimes used as a relative, e.g.,
swylcra yrmþa, swā þū unc ǣr scrife, *of such miseries as thou
before assigned to us.*

INTERROGATIVE PRONOUN

348. The simple interrogative pronoun has two genders,
there being no independent form for the feminine. It is
declined only in the singular.

Masculine	Neuter
N. hwā	hwæt
G. hwæs	hwæs
D. hwǣm, hwām	hwǣm, hwām
A. hwone, hwane, hwæne	hwæt
I. hwī, hwȳ, hwon	hwī, hwȳ, hwon

INDEFINITE PRONOUNS

349. OE has a variety of words used as indefinite pronouns.
Interrogative pronouns are often used as indefinite pronouns:
hwā (*who?*), *someone, anyone;* **hwæt** (*what?*), *something, any-
thing;* **hwelċ, hwilċ** (*which?*), *someone;* **hwæþer** (*who of two?*).

someone. These pronouns are given a more general meaning by being used with **swā . . . swā**, e.g., **swā hwā swā**, *whoever.*

350. Other indefinite pronouns are made from **hwā, hwæt, hwelċ, hwæþer** by composition:

(1) With the indeclinable **hwugu, hugu**: **hwæt(h)wugu**, *something,* **hwelċ(h)wugu**, *anyone.*

(2) With the prefix **ġe-**:
ġehwā, *everyone,* **ġehwelċ**, *everyone,* **ġehwæþer**, *each of two.*

(3) With the prefix **ā-**:
āhwā, *anyone,* **āhwæt**, *anything,* **āhwæþer, āwþer, āuþer, āþer, ōwþer**, *either, each.*

(4) With the prefix **nā < ne+ā-** (negative):
nāhwæþer, *neither.*

(5) With the prefix **ǣ ġ < ā + *ġi-**:
ǣ ġhwā, *any one;* **ǣ ġhwæt**, *anything;* **ǣ ġhwæþer**, *any one.*

(6) With **ā-, ō-,** or **nā-, nō + wiht**:
āwiht, ǣuht, āuht, āht, *anything.*
ōwiht, ōwuht, ōht, *anything.*
nāwiht, nōwiht, nāht, nōht, *nothing.*

(7) With the verb **nāt** ("I know not") prefixed to **hwā, hwelċ**: **nāthwā, nāthwelċ**, *anyone whatever* (literally, *I know not who, which*).

(8) Indefinite pronouns are made also from numerals: **nān** (< **ne+ān**), *no one;* **ōþer**, *another, other.* These, together with the indefinite **swelċ, swilċ**, *such a one;* **sum**, *some one,* are declined like strong adjectives.

(9) The substantive **man(n)**, *one, they, people, men,* is also used as an indefinite pronoun.

Adjectives

351. For an explanation of the use of the strong and the weak adjective declensions, see Chapter VII, 77.

STRONG DECLENSION OF ADJECTIVES
a-, ō-STEMS

352. Short-stemmed adjective: **sum,** *some.*

Singular

	Masculine	Feminine	Neuter
N.	sum	sumu	sum
G.	sumes	sumre	sumes
D.	sumum	sumre	sumum
A.	sumne	sume	sum
I.	sume	sumre	sume

Plural

	Masculine	Feminine	Neuter
N. A.	sume	suma, -e	sumu, -e
G.	sumra	sumra	sumra
D. I.	sumum	sumum	sumum

353. Long-stemmed adjective: **gōd,** *good.*

Singular

	Masculine	Feminine	Neuter
N.	gōd	gōd	gōd
G.	gōdes	gōdre	gōdes
D.	gōdum	gōdre	gōdum
A.	gōdne	gōde	gōd
I.	gōde	gōdre	gōde

Plural

	Masculine	Feminine	Neuter
N. A.	gōde	gōda, gōde	gōd, gōde
G.	gōdra	gōdra	gōdra
D. I.	gōdum	gōdum	gōdum

The ending -e of the Nom.-Acc. Plu. Neut. is after the analogy of the masculines and feminines.

The Nom. Sing. Fem. and the Nom.-Acc. Plu. Neut. of **gōd** lost the final -u because of the long radical syllable.

Forms like **hwate,** Nom. Plu. of **hwæt,** have **a** (instead of æ) by analogy with such plural forms as **hwatu, hwata, hwatum.**

354. Adjectives in -h: hēah, _high_.

Because of the disappearance of intervocalic **h** in OE, many forms of **hēah** show contraction (see 263). Such are Nom. Sing. Fem. **hēa** (<*hēahu); Gen. Sing. Masc. and Neut. **hēas**; Dat. Sing. Masc. and Neut. **hēa(u)m**; Nom.-Acc. Plu. **hēa.** Forms like Gen.-Dat. Sing. Fem. **hēa(r)re,** Gen. Plu. **hēa(r)ra,** Acc. Sing. Masc. **hēa(n)ne,** frequently have -rr-, -nn-, by assimilation of -hr-, -hn-.

355. Polysyllabic Adjectives.

Polysyllabic adjectives are to be divided into two classes: (1) those with short radical syllables, like **maniġ**, _many_, **open**, _open_, **coren**, _chosen;_ (2) those with long radical syllables, like **hāliġ**, _holy_, **lȳtel**, _little_, **holpen**, _helped_.

(1) Those with short radical syllables retain the vowel of the second syllable throughout. The endings of the strong declension are the same as those of _long_ monosyllabic adjectives like **ġōd**, _good_.

(2) Those with long radical syllables when declined strong usually do not retain the vowel of the second syllable if the endings begin with a vowel. Thus the strong Masc. Sing. of **hāliġ** is declined Nom. **hāliġ**, Gen. **hālġes**, Dat. **hālgum**, Acc. **hāliġne**, Inst. **hālġe**. When declined weak, the vowel of the second syllable rarely appears. Thus the weak Masc. Sing. is declined, Nom. **hālga**, Gen. Dat. Acc. Inst. **hālgan** (see 258, 260). The endings of the strong declension are the same as those of short monosyllabic adjectives like **sum**, _some_.

Analogy: Forms like **hāliġes, hāligum, hāliġe, hāligan**, are due to the analogy of forms like **hāliġ, hāliġne,** which kept the vowel of the second syllable.

ja-, jō-Stems

356. In adjectives with stems originally ending in -ja, -jō, the -j- umlauted the radical vowel. When the radical syllable

was originally short, as in **midd,** *middle,* **nytt,** *useful,* the final
consonant had already been geminated in WGmc. Adjectives
with originally short stems are declined like the a-, ō-stem
adjectives, e.g., **gōd;** adjectives with originally long radical
syllables are declined like **grēne,** *green.*

357. grēne, *green.*

Singular

	Masculine	Feminine	Neuter
N.	grēne	grēnu, -o	grēne
G.	grēnes	grēnre	grēnes
D.	grēnum	grēnre	grēnum
A.	grēnne	grēne	grēne
I.	grēne	grēnre	grēne

Plural

	Masculine	Feminine	Neuter
N. A.	grēne	grēna, -e	grēnu
G.	grēnra	grēnra	grēnra
D. I.	grēnum	grēnum	grēnum

358. wa-, wō-stems: ġearu, *ready.*

Singular

	Masculine	Feminine	Neuter
N.	ġearu, -o	ġearu, -o	ġearu, -o
G.	ġearwes	ġearore	ġearwes
D.	ġearwum	ġearore	ġearwum
A.	ġearone	ġearwe	ġearu, -o
I.	ġearwe	ġearore	ġearwe

Plural

	Masculine	Feminine	Neuter
N. A.	ġearwe	ġearwa, -e	ġearu, -o
G.	ġearora	ġearora	ġearora
D. I.	ġearwum	ġearwum	ġearwum

359. The **i**-stem adjectives, which were few in number, in
OE take the same endings as the **ja-, jo-**stem adjectives like

grēne. Thus are declined bryċe, *brittle;* ġemyne, *mindful;* swiċe, *deceitful;* bliþe, *joyful;* clǣne, *clean;* swēte, *sweet,* etc.

u-Stems

360. Only slight traces of u-stem adjectives are found in OE. cwic, *alive,* and wlæc, *tepid,* occasionally have the Nom. Sing. Masc. cwucu, wlacu; and cwic sometimes has the Acc. Sing. Masc. cucune. As a rule, however, these adjectives are declined throughout like a-, ō-stems.

Declension of Participles

361. **Present Participle.**

The present participle may be declined strong or weak. When declined strong, it is declined like a long-stemmed ja-, jō-stem.

When used predicatively, the present participle is usually uninflected; thus, ġiefende is used as masculine, feminine, or neuter, singular or plural.

362. **Past Participle.**

The past participle is declined strong or weak in accordance with the same rules and with the same endings as an ordinary adjective.

Weak Declension of Adjectives

363. ġōda, *good.*

	Singular			Plural
	Masculine	Feminine	Neuter	All Genders
N.	ġōda	ġōde	ġōde	N.A. ġōdan
G.D.I.	ġōdan	ġōdan	ġōdan	G. ġōdena, ġōdra
A.	ġōdan	ġōdan	ġōde	D.I. ġōdum

Comparison of Adjectives

364. The suffix which forms the comparative degree of the adjective appears in OE as -ra. Prim Gmc used two suffixes, -iz- and -ōz-, to which were added the case endings of the weak adjective. In WGmc, -iza became -ira, and -ōza became -ora; in Prehist OE -i- of -ira umlauted the vowel of the radical syllable. Most adjectives in Gmc and Prehist OE ended in -ōza (-ora), but after the period of umlaut had passed, -ra (< *-ira < *-iza) completely supplanted -ora. This is the reason for the prevailing lack of umlaut in OE adjectives on the one hand, and the regular ending -ra on the other.

earm, *poor*—earmra;
lēof, *dear*—lēofra;
glæd, *glad*—glædra;
ġearu, *ready*—ġearora (-o- < vocalized -w-);
nēah, *near*—nēahra, nēarra (-rr- from assimilation of -hr-).

365. Only a few adjectives in OE have umlaut of the radical syllable.

brād, *broad*—brǣdra, beside brādra; eald, *old*—ieldra; feorr, *far*—fierra; ġeong, *young*—ġingra; grēat, *great*—grīetra; hēah, *high*—hīehra, hīerra, beside hēahra; lang, *long*—lengra; sceort, *short*—scyrtra.

The comparative forms in OE were declined weak.

The Superlative

366. The two suffixes which formed the superlative degree of the adjective appear in OE as -est and -ost. In Prim Gmc these suffixes were -ist and -ōst. The ending -ost is the most frequent in literary OE. The adjectives which had the Prim Gmc ending -ist were comparatively few in number; they show umlaut of the radical vowel.

Examples:

(a) Superlative in -ost(a): earmost(a), lēofost(a), glæ-dost(a).

(b) Superlative in -est(a); ieldest(a), fierrest(a), ġingest(a). The superlative forms in OE were frequently declined weak.

367. In the case of some adjectives, the comparative and superlative are formed from a different root from that of the positive.

gōd, *good*—bet(e)ra, bettra—bet(e)st(a); sēlra, sēlla.
lȳtel, *little*—lǣssa—lǣst(a).
miċel, *great*—māra—mǣst(a).
yfel, *evil*—wiersa—wierrest(a), wierst(a).

368. In a few cases comparative and superlative adjectives were formed on the basis of prepositions and adverbs. In such cases the positive degree does not exist as an adjective.

(feorr), *far*—fierra—fierrest(a);
(nēah), *near*—nēar(r)a—nīehst(a);
(ǣr), *earlier*—ǣrresta;
(fore), *before*—furþra—fyrest(a), *the first.*

369. forma, *first* (cf. fore, *before*); hindema, *hindmost* (cf. hindan, *behind*); meduma, *average* (cf. midd, *middle of*), and other similar words, were originally superlatives formed with the suffix -umo. Many of these words have acquired thru analogy the ending -est, so that the superlative ending appears to be -mest. The comparative, when it occurs, usually ends in -erra.

Most of the adjectives in this group are like those of the preceding group in that they are formed on the basis of prepositions and adverbs, and that no positive degree exists.

(æfter), *after*	æfterra	æftemest(a)
(ēast), *eastward*	ēasterra	ēastmest(a)
(fore), *before*		forma, fyrmesta
(hindan), *behind*		hindema

(inne), *within*	innerra	innemest(a)
(læt), *late*	lætra	lætemesta
(midd), *middle*		meduma, medema, mid-mesta
(nioþan), *below*	niþerra	ni(o)þemest(a)
(norþ), *northwards*	norþerra, nyrþra	norþmesta
(sīþ), *late*	sīþra	sīþemesta
(sūþ), *southwards*	sūþerra, sȳþerra	sūþmest(a)
(ufan), *above*	uferra, yferra	ufemest(a), yfemest(a)
(ūte), *without*	ūterra, ȳterra	ūt(e)mest(a), ȳt(e)-mest(a)
(west), *westward*	westerra	westmesta

NUMERALS

370. The cardinal and ordinal numbers in OE are as follows:

	Cardinals	Ordinals
1.	ān	forma, formesta, fyrmest, fyrst, ǣrest
2.	twēġen, tū, twā	ōþer, æfterra
3.	þrīe, þrīo, þrēo	þridda
4.	fīower, fēower	fēowerþa, fēorþa
5.	fīf	fīfta
6.	siex, six	siexta
7.	siofon, seofon	seofoþa, seofeþa
8.	eahta	eahtoþa, -eþa, -eoþa
9.	nigon	nigoþa, -eþa, -eoþa
10.	tīen, tȳn	tēoþa
11.	endlefan, -leofan, -lufan	endlefta, ellefta
12.	twelf	twelfta
13.	þrēotīene, -tēne, -tȳne	þrēotēoþa
14.	fēowertīene	fēowertēoþa
15.	fīftīene	fīftēoþa

16. siextïene	siextēoþa
17. seofontïene	seofontēoþa
18. eahtatïene	eahtatēoþa
19. nigontïene	nigontēoþa
20. twēntiġ	twēntigoþa, -tiġþa, -tiga
21. ān ond twēntiġ	ān ond twēntigoþa
30. þrītiġ	þrītigoþa
40. fēowertiġ	fēowertigoþa
50. fīftiġ	fīftigoþa
60. siextiġ	siextigoþa
70. (hund)seofontiġ	(hund)seofontigoþa
80. (hund)eahtatiġ	(hund)eahtigoþa
90. (hund)nigontiġ	(hund)nigontigoþa
100. hundtēontiġ, hund, hundred	hundtēontigoþa
110. hundendlefantiġ,	hundendleftigoþa
hundælleftiġ	
120. hundtwelftiġ	hundtwelftigoþa
200. twā (tū) hund	
1000. þūsend	

DECLENSION OF NUMERALS

371. **ān**, *one*, which is sometimes a numeral and sometimes an adjective, is declined with the endings of the strong declension of the adjective; the Acc. Sing. Masc., however, occurs in two forms, **ānne**, and **ǣnne** (<*ānina), the latter occurring more frequently. The Masc.-Neut. Inst. Sing. is **ǣne** or **āne**. Plural forms are used in the sense of *only*, and in the phrase **ānra ġehwylċ**, *each one*. **āna**, declined weak, means *alone*.

372. **twēġen**, *two*, is declined as follows:

	Masculine	Feminine	Neuter
N.A.	twēġen	twā	tū, twā
G.	twēġa, twēġra	twēġa, twēġra	twēġa, twēġra

D.I.　twǣm, twām　　　　twǣm, twām　　　　twǣm, twām

Like twēġen is declined bēġen, *both;* Fem. bā, Neut. bū,
G. bēġra, D. bǣm, bām.

The forms of the N.-A. are used almost interchange-
ably in all genders. Thus twā is feminine, but is sometimes
used as a neuter, sometimes also as a masculine. With two
nouns of different gender, the neuter form is usually employed.

373.　þrīe, *three,* is declined as follows:

	Masculine	Feminine	Neuter
N.A.	þrīe, þrī	þrēo	þrēo
G.	þrēora	þrēora	þrēora
D.I.	þrim	þrim	þrim

The other cardinal numbers are generally not inflected.
They are chiefly used either as indeclinable adjectives or as
nouns governing the genitive; for example, **on fīf dagum,** *in
five days;* **þrītiġ daga,** *thirty days.*

374.　The ordinals, except **ōþer,** are declined like weak
adjectives. **ōþer** is declined as a strong adjective.

Adverbs

375.　Most adverbs in OE are formed from adjectives, or
are case forms of adjectives or nouns used adverbially.

1. Adverbs are regularly formed from adjectives by the
ending **-e**: **heard,** *hard*—**hearde,** *boldly.* If the adjective
ends in **-e,** the adverb is identical with the adjective; **blīþe,**
joyful—**blīþe,** *joyfully.*

2. Many adjectives were formed from nouns by the addition
of the suffix **-līċ.** Thus the noun **frēond,** *friend,* was the basis
of the adjective **frēond-līċ,** *friendly.* From such adjectives

were formed adverbs by the addition of the regular adverbial ending **-e;** thus **frēond-lić-e,** *in a friendly manner.* The whole ending **-lić-e** then came to be felt to be an adverbial ending, and was freely attached to adjectives also; thus, **eornost,** *earnest,* was made into an adverb **eornostlić-e.**

3. Adverbs are formed from adjectives and other words by means of the suffixes **-unga, -inga;** —**eallunga,** *entirely,* from **eall,** *all;* **hōlinga,** *slanderously,* from **hōlian,** *to slander.*

4. The case forms of adjectives and nouns are frequently used adverbially.

a. Acc. Sing.:

eall, *altogether, completely;* **lȳtel, lȳt,** *little;* **ġenōg,** *enough;* **fyrn, ġefyrn,** *formerly;* **full,** *fully;* **ealneġ,** *always* (<*ealne weġ); and compounds of **-weard,** originally an adjective: **ūpweard,** *upward;* **norþ(e)weard,** *northward;* and **niþerweard,** *downward.*

b. Gen. Sing.:

dæġes, *daily, by day;* **orþances,** *heedlessly;* **selfwilles,** *voluntarily.* This **-es** then came to be felt to be an adverbial ending, and was added to feminines, as in **nīedes,** *needs, of necessity;* **nihtes,** *nightly, by night.* The Gen. Sing. used adverbially was also combined with prepositions as in **tō-æfenes,** *till evening;* **tō-ġifes,** *freely, gratis;* **tō-middes,** *amidst, among.*

c. Gen. Plu.: **ġēara,** *of yore.*

d. Dat.-Inst. Sing.:

fācne, *very;* **sāre,** *sorely;* **dæġ-hwām,** *daily;* **micle,** *much.*

e. Dat.-Inst. Plu., especially in forms with **-mǣlum:** **ġēardagum,** *in days of yore, formerly;* **hwīl-tīdum,** *at times;* **þrymmum,** *powerfully;* **drop-mǣlum,** *drop by drop;* **stund-mǣlum,** *now and then;* **styċċe-mǣlum,** *here and there, piecemeal;* **miclum,** *very:* **lȳtlum,** *little.*

376. The chief adverbs of place are the following:

Rest	Motion towards	Motion from
feorr(an), *far*	feorr	feorran
foran, *before*	fore	foran
hēr, *here*	hider	heonan
hindan, *behind*	hinder	hindan
hwǣr, *where*	hwider	hwanon
inne, innan, *within*	in(n)	innan
nēah, *near*	nēar	nēan
nioþan, *beneath*	niþer	nioþan
þǣr, *there*	þider	þanan, þonan
uppe, up, *above*	up(p)	uppan
ūte, ūtan, *outside*	ūt	ūtan

377. The suffix **-an** was added to other adverbs to signify motion from: **sūþ,** *southwards,* **sūþan,** *from the south;* **ēastan, norþan, westan,** are thus formed.

COMPARISON OF ADVERBS

378. The comparative of adverbs ends in **-or; swīþe,** *exceedingly,* **swīþor; ġeorne,** *eagerly,* **ġeornor.**

The superlative ends in **-ost,** e.g., **swīþost, ġeornost.**

A few OE adverbs show traces of the comparative in **-iz.** These are monosyllables and can be recognized as comparatives only by the umlaut. Examples are: **leng,** *longer;* **sēft,** *softer;* **bet** (<*batiz), *better.* These adverbs form the superlative in **-(e)st: lengest, betst. ǣr** (<*airiz), *earlier,* **ǣrest,** *earliest,* though it has no positive, belongs to this group.

Verbs

379. OE, like the other Gmc languages, has two kinds of verbs, strong and weak.

The strong verbs form the preterit tense and the past participle by means of a change of the radical vowel (ablaut), e.g., Pres. Inf. **findan,** Pret. Sing. **fand,** Pret. Plu. **fundon,** Past Participle, **funden.**

The weak verbs form their preterit by means of a suffix containing **d** or **t.**

The intensive and perfective prefix **ġe-** sometimes seems to be used as a past participial prefix. But **ġe-** is prefixed to so many verbs in the present and preterit, and is so frequently lacking in the past participle, that it cannot be regarded as a fixed past participial prefix.

380. The OE verb has (in addition to the infinitive and participles) three moods, the indicative, the subjunctive, and the imperative. It has two tenses, the present and the preterit (or past), and each tense has two numbers, singular and plural.

381. To some extent new perfect compound tenses appear in OE; they are formed by a combination of the past participle of intransitive verbs with **wesan,** of transitive verbs with **habban:**

Ðū mē forlǣred hæfst, *Thou hast seduced me.*

Norþhymbre ond Eastengle hæfdon Ælfrēde cyninge āþas ġeseald, *The Northumbrians and East-Angles had given oaths to King Alfred.*

Ðā wæs forð cumen ġēoc æfter gyrne, *Then was come forth comfort after grief.*

382. The OE verb has no special form for the passive voice. For this voice are used compound forms made by combining the past participle with **bēon, wesan,** or **weorþan.**

Bēon ðā oferhȳdegan ealle ġescende, *May the proud be confounded.*

þæs ġēares wǣrun ofslæġene nigon eorlas, *That year were slain nine earls.*

þæs ġēares wurdon nigon folcġefeoht ġefohten, *That year nine battles were fought.*

383. The principal parts of a strong verb are the Infinitive, the Preterit Indicative 1 Singular, the Preterit Indicative Plural, and the Past Participle.

The principal parts of a weak verb are the Infinitive, the Preterit Indicative 1 Singular and the Past Participle.

STRONG VERBS

384. In OE, as in the other Gmc languages, there are seven classes of strong verbs (frequently called "ablaut series"), each of the first six classes being marked by a distinctive series of vowel changes.

CLASS I

385. The OE ablaut of Class I was: ī; ā; i; i. The Prim Gmc ablaut was: ī; ai; i; i. Representative verbs are:

bīdan, *await*	bād	bidon	biden
bītan, *bite*	bāt	biton	biten
drīfan, *drive*	drāf	drifon	drifen
ġewītan, *go*	ġewāt	ġewiton	ġewiten
rīdan, *ride*	rād	ridon	riden
rīsan, *rise*	rās	rison	risen[4]
stīgan, *go*	stāh	stigon	stiġen
scīnan, *shine*	scān	scinon	scinen

386. Verbs showing grammatical change (see 208-210):

snīðan, *cut*	snāð,	snidon,	sniden.
līðan, *go*	lāð,	lidon,	liden.
scrīðan, *go*	scrāð,	scridon,	scriden.

---

[4] rīsan lacks grammatical change in the Pret. Plu. and Past Part. The s has been levelled from the first two forms into the last two.

387.   Contract Verbs:

tēon (<*tīhan), *censure*	tāh,	tigon,	tigen.[5]
þēon (<*þīhan), *thrive*	þāh,	þigon,	þigen.[5]
wrēon (<*wrīhan), *cover*	wrāh,	wrigon,	wrigen.[5]

CLASS II

388.   The OE ablaut of Class II was: ēo (ū); ēa; u; o. The Prim Gmc ablaut was: **eu** (ū); **au; u; u.**   Representative verbs are:

bēodan, *command*	bēad	budon	boden
cēowan, *chew*	cēaw	cuwon	cowen
crēopan, *creep*	crēap	crupon	cropen
drēogan, *endure*	drēag	drugon	drogen
ġēotan, *pour*	ġēat	guton	goten
scēotan, *shoot*	scēat	scuton	scoten

389.   Verbs with ū in the present:[6]

brūcan, *enjoy*	brēac	brucon	brocen
būgan, *bow*	bēag	bugon	bogen
lūcan, *lock*	lēac	lucon	locen
lūtan, *bow*	lēat	luton	loten
scūfan, *shove*	scēaf	scufon	scofen

390.   Verbs with Grammatical Change:

cēosan, *choose*	cēas	curon	coren
frēosan, *freeze*	frēas	fruron	froren
sēoðan, *boil*	sēað	sudon	soden
drēosan, *fall*	drēas	druron	droren
lēosan, *lose*	lēas	luron	loren

[5] These verbs also form their principal parts according to Class II: tēon, tēah, tugon, togen; þēon, þēah, þugon, þogen; wrēon, wrēah, wrugon, wrogen; þēon also has some parts formed according to Class III: Pret. Plur. þungon. Past Part. þungen; see note 93, Chapter XXIV.

[6] Verbs with ū belong to a class called "aorist presents."

391. Contract Verbs:

tēon (<*tēohan), *draw*	tēah	tugon	togen
flēon (<*flēohan), *flee*	flēah	flugon	flogen

CLASS III

392. The Prim Gmc ablaut of Class III was: e; a; u; u.
Strong verbs of Class III have a radical syllable ending in two
consonants, of which the first is nearly always a nasal (m, n)
or a liquid (l, r); they fall into four sub-classes:

393. (1) Verbs with radical syllable ending in nasal plus
consonant:

bindan, *bind*	band (bond)	bundon	bunden
drincan, *drink*	dranc (dronc)	druncon	druncen
ġelimpan, *happen*	ġelamp (ġelomp)	ġelumpon	ġelumpen
irnan, *run*	arn (orn)	urnon	urnen[7]
onġinnan, *begin*	ongann (ongonn)	ongunnon	ongunnen
singan, *sing*	sang (song)	sungon	sungen
swimman, *swim*	swamm (swomm)	swummon	swummen
winnan, *strive*	wann (wonn)	wunnon	wunnen

394. (2) Verbs with radical syllable ending in l plus con-
sonant:

delfan, *dig*	dealf	dulfon	dolfen
ġieldan, *yield*	ġeald	guldon	golden
ġiellan, *yell*	ġeall	gullon	gollen

---

[7] In Gmc this verb was *rinnan, *rann, *runnun, *runnanaz. In Prehist
OE occurred metathesis (transposition) of the r, resulting in OE irnan, arn,
urnon, urnen.

ġielpan, *boast*	ġealp	gulpon	golpen
helpan, *help*	healp	hulpon	holpen
meltan, *melt*	mealt	multon	molten
melcan, *milk*	mealc	mulcon	molcen
swelġan, *swell*	swealġ	swulgon	swolġen

395. Contract Verb:

fēolan (<*felhan), *pierce*	fealh	fulgon (fǣlon[8])	fōlen[9]

396. (3) Verbs with radical syllable ending in r or h plus consonant:

ċeorfan, *carve*	ċearf	curfon	corfen
feohtan, *fight*	feaht	fuhton	fohten
hweorfan, *turn*	hwearf	hwurfon	hworfen
weorpan, *cast*	wearp	wurpon	worpen

397. With Grammatical Change:

weorðan, *become*	wearð	wurdon	worden

398. (4) Other Verbs:

breġdan, *move swiftly*	bræġd	brugdon	brogden
berstan,[10] *burst*	bærst[10]	burston	borsten
friġnan, *inquire, ascertain*	fræġn	frugnon	frugnen

[8] Pret. Plu. fǣlon is due to analogy with fourth ablaut series forms like stǣlon.

[9] Past Part. fōlen, instead of *folgen, is due to an early levelling of h from Pres. and Pret. Sing.; *folhen then became fōlen.

[10] In Gmc this verb was *brestan, *brast, *brustun, *brustanaz; *brast became OE bræst; after the period of Breaking, occurred metathesis of r, resulting in OE berstan, bærst, etc.

murnan,[11] *mourn*	mearn	murnon	
spurnan,[11]	spearn	spurnon	spornen
tread down			

CLASS IV

399. The Prim Gmc ablaut of Class IV was: e; a; $\bar{æ}$; u.
Strong verbs of Class IV have stems ending in a single
consonant, nearly always a liquid (l, r) or a nasal.
Representative verbs are:

beran, *bear*	bær	bǣron	boren
scieran, *shear*	scear	scēaron	scoren
stelan, *steal*	stæl	stǣlon	stolen

400. One verb originally belonged to Class V:

| brecan, *break* | bræc | brǣcon | brocen |

401. Two verbs had a radical syllable ending in a nasal:

niman,[12] *seize, take*	nam	nōmon	numen
	(nōm)	(nāmon)	
cuman,[13] *come*	cōm	cōmon	cumen
	(cwōm)	(cwōmon)	(cymen)

[11] murnan and spurnan are "aorist present" verbs.

[12] The i of niman is due to the OE change of WGmc e to i if followed by m
(see 226). The ō of nōmon is due to the development of WGmc ā to ō if fol-
lowed by a nasal (see 230); nōm has ō by analogy with nōmon. The WGmc
Past Part. *nomanz became OE numen (see 228).

[13] cuman appeared in Gmc as *cweman and as *cwuman, the latter form
being an "aorist present." In WGmc w disappeared if preceded by a con-
sonant and followed by u or o. Gmc *cwuman therefore became OE cuman.
Pret. Plu. cōmon (<*cwōmon) has ō from WGmc ā (see 230). cōm has ō
by analogy with cōmon. The Past Part. cumen was from WGmc *komanz
(see 228). The Past Part. cymen developed from a form *cuminz (an alterna-
tive Gmc and WGmc Past Part. ending *-inz existed beside *-anz).

CLASS V

402. The Prim Gmc ablaut of Class V was: e; a; ǣ; e. It should be observed that this is the same as that of Class IV except in the past participle.

Strong verbs of Class V have stems ending in a single consonant which is neither a liquid nor a nasal. Representative verbs are:

metan, *measure*	mæt	mǣton	meten
ġiefan, *give*	ġeaf	ġēafon	ġiefen
ġietan, *get*	ġeat	ġēaton	ġieten
specan, *speak*	spæc	spǣcon	specen
sprecan, *speak*	spræc	sprǣcon	sprecen
swefan, *sleep*	swæf	swǣfon	swefen
tredan, *tread*	træd	trǣdon	treden
weġan, *carry*	wæġ	wǣgon	weġen

403. Two verbs with irregular Pret. Sing.:

etan, *eat*	ǣt	ǣton	eten
fretan, *devour*	frǣt	frǣton	freten

404. With grammatical change:

cweþan, *say*	cwæþ	cwǣdon	cweden

405. Contract verbs:

ġefēon (<*ġefe-han), *rejoice*	ġefeah	ġefǣgon	ġefǣġen (adj.)
plēon (<*plehan), *adventure*	pleah		
sēon[14] (<*sehan), *see*	seah	sāwon (sǣgon)	sewen (seġen)

[14] This verb comes from Gmc *sehwan, *sahw, *sǣ ȝwun, *seȝwanaz. In WGmc *sāȝwun, sometimes ȝ, sometimes w disappeared, giving OFris sēgin; OS sāwun; OE sǣgon and sāwon. Similarly the WGmc Past Part. *seȝwanz gave OE seġen and sewen.

406. j-presents (see Chapter XIX):

biddan, *ask*	bæd	bǣdon	beden
licgan, *lie*	læġ	lǣgon	leġen
sittan, *sit*	sæt	sǣton	seten

CLASS VI

407. The Prim Gmc ablaut of Class VI was: **a; ō; ō; a.**
Representative verbs are:

dragan, *draw*	drōg	drōgon	dragen
faran, *go*	fōr	fōron	faren (færen)
hladan, *lade*	hlōd	hlōdon	hladen
scacan, *shake*	scōc	scōcon	scacen
scafan, *shave*	scōf	scōfon	scafen
spanan, *seduce*	spōn	spōnon	spanen
(spannan)	(spēon)[15]	(spēonon)	(spannen)
standan,[16] *stand*	stōd	stōdon	standen
wascan, *wash*	wōsc	wōscon	wascen
weaxan, *grow*	wōx	wōxon	weaxen
	(wēox)[15]	(wēoxon)	

408. Contract Verbs:

slēan (<*slahan), *strike*	slōh (slōg)	slōgon	slagen (slæ- ġen, sleġen)[17]
lēan (<*lahan), *blame*	lōh (lōg)	lōgon	lagen (læġen, leġen)[17]
flēan (<*flahan), *flay*	flōh (flōg)	flōgon	flagen

---

[15] **weaxan** and **spannan** form preterits **wēox, spēon** by analogy with verbs of Class VII.

[16] **standan** has a "nasal infix" in the Pres. and Past Part.

[17] **sleġen, leġen, scepen,** are due to Prehist OE forms like *slaġinz, etc. Cf. note 13, **cymen** (p. 174).

409. j-presents:

hebban, *heave*	hōf	hōfon	hafen (hæfen)
steppan, *step*	stōp	stōpon	stapen
swerian, *swear*	swōr	swōron	swaren (sworen)[18]
scieppan, *create*	scōp	scōpon	scapen (scepen)[17]
hliehhan, *laugh*	hlōh	hlōgon	
sceþþan, *injure*	scōd[19]	scōdon	

CLASS VII

410. Verbs of the seventh class have been called "reduplicating" because in Gothic their preterits were formed by prefixing to the preterit stem a syllable consisting of the initial consonant plus e (in Goth spelled aí): Goth slēpan— saíslēp, *sleep—slept;* lētan—laílōt, *permit—permitted.* In all other Gmc languages, however, this reduplicating preterit has almost completely disappeared, leaving only a few traces: e.g., in OE, chiefly in poetry, occur occasionally:

heht, Pret. Sing. of hātan, beside usual hēt.

reord, Pret. Sing. of rǣdan, beside usual rǣdde, rēd.

leolc, Pret. Sing. of lācan, beside usual lēc.

leort, Pret. Sing. of lǣtan, beside usual lēt.

dreord, Pret. Sing. of drǣdan beside usual drǣdde, drēd.

In OE, as in the Old Norse, Old Saxon, and Old High German, the usual preterit of these so-called "reduplicating" verbs is an ablaut tense form.

411. Reduplication was an important method of tense formation in the older Indo-European languages. In Greek and Sanskrit the perfect was almost always a reduplicating

[18] sworen is due to analogy with boren, etc.

[19] scōd has -d by analogy with Pret. Plu. scōdon.

tense. In Latin many verbs retain reduplication in their perfect. Thus Latin **dare, canere,** and **cadere** have as their perfects **dedi, cecini,** and **cecidi.** In Greek, Sanskrit, and prehistoric Latin, however, there was another very important past tense called the aorist, which did not have reduplication and which seems to have been one of the possible ancestors of the OE ablauting preterit. In the case of these so-called reduplicating verbs, the Germanic languages seem originally to have had two preterit tenses, one based on the non-reduplicating aorist, the other on the reduplicating perfect. In Gothic the reduplicating perfect completely supplanted the aorist. In the West and North Germanic languages the non-reduplicating aorist almost completely supplanted the reduplicating perfect. This explanation avoids the utterly impossible theory that OE **cnēow,** *knew,* (for example) developed from such a form as *cné-cnāw by the loss of medial -cn- and the consequent contraction of the vowels.

412. The infinitive and present of verbs of Class VII have as their stem vowel **ā, a** (o) followed by a nasal, **ea, ēa, ǣ, ō, ē,** and the preterit has either **ē** or **ēo.** The verbs are divided into two sub-classes on the basis of the preterit vowel.

413. (1) Verbs with **ē** in preterit. Representative verbs are:

hātan, *call*	hēt	hēton	hāten
blandan, *blend*	blēnd	blēndon	blanden
drǣdan, *dread*	drēd	drēdon	drǣden
	(drǣdde[20])	(drǣddon)	
lǣtan, *permit*	lēt	lēton	lǣten
rǣdan, *advise*	rēd	rēdon	rǣden
	(rǣdde[20])	(rǣddon)	
slǣpan, *sleep*	slēp[21]	slēpon	slǣpen

[20] rǣdan and drǣdan usually have weak preterits.
[21] slǣpan occasionally has a weak preterit, slǣpte.

414. Contract Verbs:

fōn (< Prim Gmc   fēng   fēngon   fangen
*fanhanan), *seize*
hōn (< Prim Gmc   hēng   hēngon   hangen
*hanhanan), *hang*

415. (2) Verbs with ēo in preterit. Representative verbs are:

bēatan, *beat*	bēot	bēoton	bēaten
hēawan, *hew*	hēow	hēowon	hēawen
hlēapan, *run*	hlēop	hlēopon	hlēapen
blāwan, *blow*	blēow	blēowon	blāwen
cnāwan, *know*	cnēow	cnēowon	cnāwen
sāwan, *sow*	sēow	sēowon	sāwen
gangan, *go*	ġēong	ġēongon	gangen
fealdan, *fold*	fēold	fēoldon	fealden
feallan, *fall*	fēoll	fēollon	feallen
healdan, *hold*	hēold	hēoldon	healden
wealdan, *rule*	wēold	wēoldon	wealden
blōwan, *bloom*	blēow	blēowon	blōwen
flōwan, *flow*	flēow	flēowon	flōwen
grōwan, *grow*	grēow	grēowon	grōwen

416. j-presents:

wēpan (<*wōpjan),   wēop   wēopon   wōpen
   weep
hwēsan (<*hwōs-   hwēos   hwēoson   hwōsen
   jan), *wheeze*

STRONG VERBS—PARADIGMS

417. The full conjugation of the strong verbs, exemplified by **bīdan**, *await*, **bēodan**, *command*, and **beran**, *bear*, is as follows:

INDICATIVE
Present

Sing. 1	bīde	bēode	bere
2	bītst, bīdest	bīetst, bēodest	birst, berest
3	bīt(t), bīdeþ	bīet(t), bēodeþ	birþ, bereþ
Plu. 1, 2, 3	bīdaþ	bēodaþ	beraþ

Preterit

Sing. 1	bād	bēad	bær
2	bide	bude	bǣre
3	bād	bēad	bær
Plu. 1, 2, 3	bidon	budon	bǣron

SUBJUNCTIVE
Present

Sing. 1, 2, 3	bīde	bēode	bere
Plu. 1, 2, 3	bīden	bēoden	beren

Preterit

Sing. 1, 2, 3	bide	bude	bǣre
Plu. 1, 2, 3	biden	buden	bǣren

IMPERATIVE
Present

Sing. 2	bīd	bēod	ber
Plu. 1	bīdan	bēodan	beran
2	bīdaþ	bēodaþ	beraþ
Infinitive	bīdan	bēodan	beran
Gerund	tō bīdenne, -anne	tō bēodenne, -anne	tō berenne, -anne
Pres. Part.	bīdende	bēodende	berende
Past Part.	biden	boden	boren

PERSONAL ENDINGS OF STRONG (AND OF FIRST WEAK) VERBS

Present Indicative

418. 1st Sing. was Gmc -ō. This became OE -u, which often appears in the earliest MSS. After 800 the usual ending is -e, probably from the Subjunc. 1st Sing.

2d Sing. was Gmc -is. The -i- produced umlaut of the radical vowel, after which the vowel of the ending weakened, and the ending became -es. The -t of -es-t came from the frequent juncture with the postpositive subject -þū, giving *-esþū > *-estū > -est.

In strong verbs (and long-stemmed first weak verbs) the -e- is usually syncopated in EWS, giving the ending -st (see 259. 1).

3d Sing. was Gmc -iþ. After producing umlaut the ending became -eþ. In strong verbs (and long-stemmed first weak verbs) the -e- is usually syncopated in EWS, giving -þ (see 259. 1).

The Plu. ending was originally the Gmc 3d Plu. -anþ, which became OE -aþ. This ending was extended by analogy to the 1st and 2nd Plu.

Plu. Indic. forms such as **bide, bēode, bere,** etc., occur when the subject is the 1st or 2d personal pronoun wē, ġē, wit, ġit, if the pronoun follows the verb: **bide wē, bēode ġē.**

Present Subjunctive

In the Sing. the Prim Gmc endings all became OE -e. In the Plu., the regularly developed ending of the 3d person, -en, was extended to the 1st and 2d persons.

Preterit Indicative

The 1st and 3d Sing. IE endings were lost in Prim Gmc. The 2d Sing. forms **bide, bude, bǣre,** etc., may be from the Subjunc.

Gmc 3d Plu. **-un** became OE **-on.**   As in the Pres. Indic.,
the ending of the 3d person was extended by analogy to the 1st
and 2d persons plural.

Forms like Pres. Plu. Indic. **bīde wē,** etc., occur in the
Pret. also, but rarely: **bide wē, bude wē, bǣre wē.**

Imperative

The 1st Plu. **-an** is of obscure origin.   The form is used as
a hortative.   It is usually supplanted by the Subjunc. **-en.**

Gerund

The Gerund was originally the Dat. of the Infin., Gmc
*-anjai, which became OE **-enne.**   The ending **-anne** has **-a-**
by analogy with the Infin. **-an.**

Conjugation of Contract Verbs

419.   The contract verbs, exemplified by **tēon,** *draw,* **sēon**
see, **slēan,** *strike,* and **fōn,** *seize,* are conjugated in the Pres.
Indic., Subjunc., and Imper. as follows:

INDICATIVE

Pres. Sing. 1	tēo	sēo	slēa	fō
2	tīehst	siehst	sliehst	fēhst
3	tīehþ	siehþ	sliehþ	fēhþ
Plu. 1, 2, 3	tēoþ	sēoþ	slēaþ	fōþ

SUBJUNCTIVE

Pres. Sing. 1, 2, 3	tēo	sēo	slēa	fō
Plu. 1, 2, 3	tēon	sēon	slēan	fōn

IMPERATIVE

Pres. Sing. 2	tēoh	seoh	sleah	fōh
Plu. 1	tēon	sēon	slēan	fōn
2	tēoþ	sēoþ	slēaþ	fōþ
Infinitive	tēon	sēon	slēan	fōn
Gerund	tō tēonne	tō sēonne	tō slēanne	tō fōnne

For explanations of these forms, see Chapter XXIV.

420. The forms of the Pres. Indic. 2d and 3d Sing. of other contract verbs are as follows:

Class I: þēon: þiehst, þiehþ; wrēon: wriehst, wriehþ.

Class II: flēon: fliehst, fliehþ.

Class III: fēolan: fielhst, fielhþ.

Class V: fēon: fiehst, fiehþ.

Class VI: þwēan: þwiehst, þwiehþ.

Class VII: hōn: hēhst, hēhþ.

SYNCOPATION AND ASSIMILATION IN STRONG VERBS

421. In the 2d and 3d Sing. Pres. Indic. of strong verbs the vowel of the endings -est, -eþ, is often syncopated, and a final d, t, þ, or g of the radical syllable is assimilated, the resulting combination often being further simplified. Before syncopation took place, umlaut of the radical vowel, whenever it was capable of umlaut, had already occurred. But as the result of analogy, syncopated forms without umlaut and unsyncopated forms, both with and without umlaut, were developed. In WS the syncopated forms with umlaut are the prevailing ones.

Verb	2d Sing.	3d Sing.
bīdan (I) *await*	bītst, bīdest	bīt(t), bīdeþ
stīgan (I) *go*	stīhst, stīġest	stīhþ, stīġeþ
bēodan (II) *command*	bietst, bēodest	biet(t), bēodeþ
ċēosan (II) *choose*	ċiest, ċēosest	ċiest, ċēoseþ

bindan (III) *bind*	bintst, bindest	bint, bindeþ
helpan (III) *help*	hilpst, helpest	hilpþ, helpeþ
weorþan (III) *become*	wierst, weorþest	wierþ, weorþeþ
weorpan (III) *cast*	wierpst, weorpest	wierpþ, weorpeþ
beran (IV) *bear*	birst, berest	birþ, bereþ
cuman (IV) *come*	cymst, cumest	cymþ, cumeþ
etan (V) *eat*	itst, etest	it(t), eteþ
cweþan (V) *say*	cwist, cweþest	cwiþ, cweþeþ
biddan (V) *ask*	bitst, bidest	bit(t), bideþ
faran (VI) *go*	færst, færest	færþ, færeþ
standan (VI) *stand*	stentst, standest	stent, standeþ
hātan (VII) *command*	hǣtst, hātest	hǣt(t), hāteþ
healdan (VII) *hold*	hieltst, healdest	hielt, healdeþ
feallan (VII) *fall*	fielst, feallest	fielþ, fealleþ
tēon (I) *blame*	tīehst	tīehþ
tēon (II) *draw*	tīehst	tīehþ
sēon (V) *see*	siehst	siehþ
slēan (VI) *strike*	sliehst	sliehþ
fōn (VII) *seize*	fēhst	fēhþ

422. In the syncopated forms:

1. A double consonant at the end of the radical syllable is simplified: **feallan, fielst, fielþ.**

2. **d** before **st** becomes **t**: **bīdan, bītst.**

3. **d** before **þ** becomes **t, þ** becomes **t,** and **tt** is simplified: **bīdan, bīt.**

4. **t** before **þ** assimilates **þ** to **t,** and **tt** is simplified: **etan, it.**

5. **g** before **st** or **þ** becomes **h**: **stīgan, stīhst, stīhþ.**

6. **þ** before **st** usually disappears, but may become **t,** or may be restored: **cweþan, cwist; snīþan, snītst, snīþst.**

7. **þ** before **þ** is simplified: **cweþan, cwiþ.**

8. **s** before **st** is simplified: **cēosan, cīest** (2d).

9. **s** before **þ** gives **st**: **cēosan, cīest** (3d).

Weak Verbs

423. Three classes of weak verbs are to be distinguished in OE.

1. Weak verbs of the first class had a prehistoric suffix containing **-j-** or **-i-**. Cf. Chapter XVIII.

2. Weak verbs of the second class had a prehistoric suffix containing **-ōj-** or **-ō-**.

3. Weak verbs of the third class had a prehistoric suffix containing **-ai-**.

First Weak Verbs

424. Typical first weak verbs are conjugated as follows: **fremman,** *make;* **dēman,** *judge;* **nerian,** *save.*

INDICATIVE

Present

Sing. 1	fremme	dēme	nerie
2	fremest	dēmst, dēmest	nerest
3	fremeþ	dēmþ, dēmeþ	nereþ
Plu. 1, 2, 3	fremmaþ	dēmaþ	neriaþ

Preterit

Sing. 1, 3	fremede	dēmde	nerede
2	fremedest	dēmdest	neredest
Plu. 1, 2, 3	fremedon	dēmdon	neredon

SUBJUNCTIVE

Present

Sing.	fremme	dēme	nerie
Plu.	fremmen	dēmen	nerien

Preterit

Sing.	fremede	dēmde	nerede
Plu.	fremeden	dēmden	nereden

IMPERATIVE
Present

Sing. 2	freme	dēm	nere
Plu. 1	fremman	dēman	nerian
2	fremmaþ	dēmaþ	neriaþ
Infin.	fremman	dēman	nerian
Gerund	tō fremmenne,	tō dēmenne,	tō nerienne,
	-anne	-anne	-anne
Pres. Part.	fremmende	dēmende	neriende
Past Part.	fremed	dēmed	nered

425. First weak verbs had in Prim Gmc a prehistoric suffix which occurred sometimes in the form **j**, sometimes in the form **i**. In the Gmc forms from which the OE forms were derived **j** occurred in the Pres. Indic. 1st Sing., the Pres. Indic. Plu., the Pres. Subjunc. Sing. and Plu., the Imper. Plu., the Infin., Ger., and Pres. Part.; **i** occurred in the Pres. Indic. 2d and 3d Sing., the Pret. Indic. and Subjunc., the Imper. Sing., and the Past Part. Both **j** and **i** umlauted the vowel of the radical syllable. Wherever **j** occurred the final consonant (except **r**) of an originally short radical syllable was geminated. **i**, however, tho causing umlaut, did not cause gemination. For a detailed presentation, see Chapters XVII, XVIII.

426. A distinction is to be made between verbs with an originally short radical syllable like **fremman, nerian** (< Gmc *****fram-jan, *****naz-jan), and those with an originally long radical syllable, like **dēman** (< Gmc *****dōm-jan).

1. Verbs with originally short stems form their preterit indicative first person singular by means of the ending **-ede**, and their past participle by means of the ending **-ed**. The principal parts of representative verbs are as follows:

fremman, *make*	**fremede**	**fremed**
nerian, *save*	**nerede**	**nered**

2. Verbs with originally long stems form the preterit indicative first person singular by means of the ending **-de** or **-te**; that is, the middle vowel **-e-** is syncopated. When the stem of the verb ends in a voiced consonant, the ending is **-de**; but when the stem ends in a voiceless consonant, the ending is **-te**. They form the past participle by means of the ending **-ed**. Representative verbs are:

dēman, *judge*	**dēmde**	**dēmed**
cemban, *comb*	**cembde**	**cembed**
ærnan, *gallop*	**ærnde**	**ærned**
cēpan, *keep*	**cēpte**	**cēped**
scierpan, *sharpen*	**scierpte**	**scierped**
ādwǣscan, *quench*	**ādwǣscte**	**ādwǣsced**
fyllan, *fill*	**fylde**	**fylled**

Verbs whose stems end in **d** or **t** always syncopate the middle vowel of the preterit ending, no matter whether the stem was originally long or originally short, so that the ending becomes **-de** or **-te**. The vowel of the ending of the past participle may also be syncopated, so that it becomes **-dd** or **-tt** instead of **-ed**. Representative verbs are:

hreddan, *save*	**hredde**	**hreded, hred(d)**
settan, *set*	**sette**	**seted, set(t)**
lǣdan, *lead*	**lǣdde**	**lǣded, lǣd(d)**
mētan, *meet*	**mētte**	**mēted, mēt(t)**

Verbs whose stems end in **d** or **t** preceded by another consonant have only a single **d** or **t** in the preterit and in the syncopated form of the past participle. Examples are:

wendan, *turn*	**wende**	**wended, wend**
fæstan, *make fast*	**fæste**	**fæsted, fæst**

427. The preterits and past participles of verbs of several types require special attention. The principal parts are:

nemnan, *name*	nemde	nemned, nemd
hyngran, *hunger*	hyngrede	hyngred
bīecnan, *make a sign*	bīecnede	bīecned
diéġlan, *conceal*	dieġlede	dieġled
ġierwan, *prepare*	ġierede	ġier(w)ed
lecgan, *lay*	leġde	leġd

nemde, nemd show syncopation after the long radical syllable **nemn-**; n disappeared between **m** and **d** thru "phonetic economy."

hyngrede, hyngred (and **bīecnede, dieġlede,** etc.) retain the middle vowel because the long radical syllable plus **r, n,** or **l** phonetically required a vowel between **r, n,** or **l** and **d.**

ġierede, ġiered, show the regular disappearance of **w** before **e** ($<$**i**); **w** was sometimes restored by analogy with the forms where it was retained.

leġde, leġd, though the radical syllable is short, show syncopation.

Syncopation and Assimilation in First Weak Verbs

428. Syncopation, and the frequent assimilation and simplification of resultant consonant combinations, occurred under certain circumstances in the 2d and 3d Sing. Pres. Indic., and in the Pret. and Past Part. of many first weak verbs.

429. I. In the 2d and 3d Sing. Pres. Indic., syncopation occurred in EWS in verbs with originally long radical syllables, providing the consonant combination which would result was capable of being pronounced. Thus **dēmst, dēmþ, cēpst, cēpþ, mētst.** After syncopation, the final consonant of the radical syllable was often assimilated to that of the ending, or the consonant of the ending to that of the radical syllable. (See **418, 422, 259, 260.**)

1. A double consonant at the end of the radical syllable is simplified: **fyllan, fylst, fylþ.**

2. **d** before **st** becomes **t**: **lǣdan, lǣtst** (2d).

3. **d** before **þ** gives **tt**, and **tt** is simplified: **lǣdan, lǣt** (3d).

4. **þ** after **t** is assimilated to **t**, and **tt** is simplified: **mētan, mēt** (3d).

5. **s(s)** before **st** is simplified: **cyssan, cyst** (2d).

6. **s** before **þ** gives **st**: **cyssan, cyst** (3d).

7. **st** before **st** gives **st**: **fæstan, fæst** (2d).

But in all verbs with long radical syllables we find frequently the endings **-est, -eþ**, levelled by analogy from verbs with originally short radical syllables.

Verbs like **hyngran**, *hunger*, **timbran**, *build*, **efnan**, *level*, **seġlan**, *sail*, which have a radical syllable ending in a voiced consonant plus a liquid or nasal, do not exhibit syncopation.

430. II. In the preterit, syncopation of the vowel **-e-** (<**i**) of the ending occurs in most verbs with originally long radical syllables: **dēman, dēmde, cemban, cembde, lǣdan, lǣdde**.

Syncopation occurs even in verbs with originally short radical syllables if the radical syllable ends in **d** or **t**: **hreddan, hredde; settan, sette**.

If the radical syllable ended in two consonants, the latter of which was **d** or **t**, the resulting combination was simplified: **wendan, wende; fæstan, fæste**.

431. III. In the past participle, syncopation, assimilation, and simplification occurred if the radical syllable ended in **d** or **t**: **hreddan, hred; settan, set; lǣdan, lǣd; mētan, mēt; wendan, wend; fæstan, fæst**; also in **nemnan, nemd**. Unsyncopated forms with **-ed**, however, occur rather frequently in the past participle of these verbs.

First Weak Verbs "Without Middle Vowel"

432. Certain weak verbs of Class I exhibit no umlaut in the preterit and past participle. In Prim Gmc these verbs

had -j- or -i- in the present, but had no -i- in the Pret. and
Past Part. See 146.

Representative verbs are:

tellan, *count*	tealde	teald
sellan, *give*	sealde	seald
cwellan, *kill*	cwealde	cweald
stellan, *place*	stealde	steald
bycgan, *buy*	bohte	boht
cweċċan, *shake*	cweahte, cwehte	cweaht, cweht
reċċan, *narrate*	reahte	reaht, reht
streċċan, *stretch*	streahte, strehte	streaht, streht
rǣċan, *reach*	rāhte, rǣhte	rāht, rǣht
tǣċan, *teach*	tāhte, tǣhte	tāht, tǣht
sēċan, *seek*	sōhte	sōht
wyrċan, *work*	worhte	worht
þenċan, *think*	þōhte	þōht
þynċan, *seem*	þūhte	þūht
brengan, bringan, *bring*	brōhte	brōht

433. Conjugation of **tellan,** *count,* **sēċan,** *seek,* **bycgan,**
buy, **þenċan,** *think,* in present indicative:

Sing. 1	telle	sċe	byċge	þenċe
2	telest	sēcst, sēċest	byġest	þencst, þenċest
3	teleþ	sēcþ, sēċeþ	byġeþ	þencþ, þenċeþ
Plu. 1, 2, 3	tellaþ	sēċaþ	bycgaþ	þenċaþ

SECOND WEAK VERBS

434. Second weak verbs in Gmc had a stem ending in -ō-,
as appears from Goth **salbōn,** OHG **salbōn,** *anoint.* In OFris,
OS, and OE, however, the ending -jan (-jō, -janþ, etc.) is added
to the stem *salbō-, giving Prehist OE *salbōjan; this, by umlaut
of the ō, became *sealfējan > *sealfejan > *sealfijan > sealfian.

435. The conjugation of **bodian**, *proclaim*, together with the Prehist OE forms, follows:

INDICATIVE
Present

	Prehist OE	OE
Sing. 1	*bodōju	bodie
2	*bodōs	bodas(t)
3	*bodōþ	bodaþ
Plu. 1, 2, 3	*bodōjanþ	bodiaþ

Preterit

Sing. 1	*bodōde	bodode
2	*bodōdes	bododest
3	*bodōde	bodode
Plu. 1, 2, 3	*bodōdun	bododon, bodedon[22]

SUBJUNCTIVE
Present

Sing. 1, 2, 3	*bodōje	bodie
Plu. 1, 2, 3	*bodōjen	bodien

Preterit

Sing. 1, 2, 3	*bodōde	bodode
Plu. 1, 2, 3	*bodōden	bododen

IMPERATIVE

Sing. 2	*bodō	boda
Plu. 1	*bodōjan	bodian
2	*bodōjanþ	bodiaþ
Infin.	*bodōjan	bodian
Gerund	tō *bodōjannje	tō bodienne
Pres. Part.	*bodōjandī	bodiende
Past Part.	*bodōd	bodod

[22] The middle vowel -o- often became e when the vowel of the next syllable was a, o, or u; it remained o, however, when the vowel of the next syllable was e. This explains the variation that we find between **bodode** and **bodedon**, and between **heofones**, Gen. Sing., and **heofenas**, Nom. Plur.

THIRD WEAK VERBS

436. Third weak verbs in Gmc had a stem ending in -ai-, as appears in Goth 2d and 3d Sing. Pres. Indic. **habais; habaiþ,** *have;* Pret. **habaida,** *had;* OHG **habēn** (<***habain**). In OFris, OS, and OE the verbs originally belonging to the third class have been so widely and thoroughly influenced by analogy with the first and second classes that practically no traces of the Gmc conjugation remain.

(1) Some verbs, like **fæstan,** *make firm,* (cf. OHG **fastēn**), have completely "gone over" to the first weak verbs.

(2) Some verbs, like **tilian,** *strive* (cf. OHG **zilēn**), have completely "gone over" to the second weak verbs.

(3) Some verbs, like **fylġean, folġian,** *follow,* exhibit, in one set of forms, umlaut and the endings of the first weak verbs, as in **fylġean,** and, in another complete set of forms, no umlaut and the endings of the second weak verbs, as in **folgian.**

(4) A few verbs, **habban,** *have;* **libban,** *live;* **secgan,** *say;* **hycgan,** *think;* and contract verbs like **þrēagan,** *rebuke;* **frēogan,** *free,* are usually so conjugated in WS as to deserve to be regarded as still a separate conjugation.

437. The principal parts of **þrēagan,** *rebuke,* and **frēogan,** *free,* are:

þrēagan	þrēade	þrēad
frēogan	frēode	frēod

The present indicative forms are: **þrēage, þrēast, þrēaþ,** Plu. **þrēagaþ; frēoge, frēost, frēoþ,** Plu. **frēogaþ.**

438. Conjugation of **habban,** *have,* **libban,** *live,* **secgan,** *say:*

INDICATIVE

Present

Sing.	1	hæbbe	libbe, lifġe	secge
	2	hæfst, hafast	liofast	sæġst, sagast
	3	hæfþ, hafaþ	liofaþ	sæġþ, sagaþ
Plu.	1, 2, 3	habbaþ, hæbbaþ	libbaþ, lifġaþ	secgaþ

Preterit

Sing. 1, 3	hæfde	lifde	sæġde
2	hæfdest	lifdest	sæġdest
Plu. 1, 2, 3	hæfdon	lifdon	sæġdon

SUBJUNCTIVE

Present

| Sing. | hæbbe | libbe, lifġe | secġe |
| Plu. | hæbben | libben, lifġen | secġen |

Preterit

| Sing. | hæfde | lifde | sæġde |
| Plu. | hæfden | lifden | sæġden |

IMPERATIVE

Present

| Sing. 2 | hafa | liofa | saga, sæġe |
| Plu. 2 | habbaþ | libbaþ, lifġaþ | secgaþ |

INFINITIVE

| habban | libban, lifġan | secgan |

PRESENT PARTICIPLE

| hæbbende | libbende, lifġende | secgende |

PAST PARTICIPLE

| hæfd | lifd | sæġd |

Forms with gemination (hæbbe, libbe, secġe, etc.) show that they derive from Gmc -j- forms, *habjai, *libjai, *saʒjai.

Forms with -a- in the ending (**hafaþ, hafa,** etc.) show that they derive from prehistoric -ō- forms.

Forms like **hæfde, hæfd,** etc., are like such first weak forms as **tealde, teald,** which lack a middle vowel in the preterit and past participle.

Preteritive-Present Verbs

439. The Preteritive-Present Verbs were originally strong verbs. The original strong preterits, however, have the meaning of the present tense in OE and other Gmc languages, while a new weak preterit has been formed to signify past time. For details see **175-177.**

440. Since these verbs not only originally belonged to various classes of strong verbs, but still show the class to which they belong, they may be grouped as follows:

Original Series	Verb	Pres. 3 Sing. (Old Str. Pret.)	Pres. Plu. (Old Str. Pret.)	Pret. 3 Sing. (New Weak Pret.)
I.	**āgan,** *possess*	**āh**	**āgon**	**āhte**
I.	**witan,** *know*	**wāt**	**witon**	**wisse, wiste**
II.	**dugan,** *avail*	**dēag**	**dugon**	**dohte**
III.	**unnan,** *grant*	**ann, onn**	**unnon**	**ūþe**
III.	**cunnan,** *know, be able*	**cann, conn**	**cunnon**	**cūþe**
III.	**þurfan,** *need*	**þearf**	**þurfon**	**þorfte**
III.	**durran,** *dare*	**dearr**	**durron**	**dorste**
IV.	**sculan,** *be obliged*	**sceal**	**sculon**	**sceolde**
IV.	**munan,** *remember*	**man, mon**	**munon**	**munde**
V.	**magan,** *be able*	**mæġ**	**magon**	**meahte, mihte**
V.	**(ġe)nugan,** *suffice*	**neah**	**nugon**	**nohte**
VI.	**mōtan,** *be permitted*	**mōt**	**mōton**	**mōste**

441. Conjugation of **witan, cunnan, sculan, magan:**

INDICATIVE

Present

Sing. 1	wāt	cann, conn	sceal	mæġ
2	wāst	canst, const	scealt	meaht
3	wāt	cann, conn	sceal	mæġ
Plu.	witon	cunnon	sculon	magan

Preterit

Sing. 1	wisse, wiste	cūþe	sceolde	meahte, mihte
2		cūþest	sceoldest	meahtest, mihtest
3	wisse, wiste	cūþe	sceolde	meahte, mihte
Plu.	wisson, wiston	cūþon	sceoldon	meahton, mihton

SUBJUNCTIVE

Present

Sing.	wite	cunne	scyle, scule	mæġe, muge
Plu.	witen	cunnen	scylen, sculen	mæġen, mugen

Preterit

Sing.	wisse, wiste	cūþe	sceolde	meahte, mihte
Plu.	wissen, wisten	cūþen	sceolden	meahten, mihten

IMPERATIVE

Sing.	wite			
Plu.	witaþ			
Infin.	witan	cunnan	sculan	magan
Gerund	tō witenne,	tō cunnenne,		
	-anne	-anne		
Pres. Part.	witende			
Past Part.	witen	cunnen, cūþ		

ANOMALOUS VERBS

442. The four "anomalous" verbs are thus termed because no one of them can be classified with any of the other groups of verbs. They are **bēon (wesan)**, *be;* **dōn,** *do;* **gān,** *go;* **willan,** *will.*

bēon, is, wesan

443. bēon, is, wesan, were originally three independent verbs, with the IE roots **bheu,* **es/os,* **wes/wos,* various forms of which became joined in Gmc to make a complete "composite" conjugation.

INDICATIVE

	Singular		Plural	
1	eom; bēo		1, 2, 3	sindon, sind, sint;
				bēoþ; wesaþ
2	eart; bist			
3	is; biþ			
			Preterit	
1	wæs		1, 2, 3	wǣron
2	wǣre			
3	wæs			

SUBJUNCTIVE

Present

1, 2, 3 sīe; bēo	sīen; bēon

Preterit

1, 2, 3 wǣre	wǣren

IMPERATIVE

2 bēo; wes	bēoþ; wesaþ

Infin. bēon, wesan   Pres. Part. bēonde, wesende
Gerund tō bēonne

eom, eart, is, belong to the IE base *es/os, which appears in Lat forms such as es-se, es, est.

s-ind(on), etc., belong to the IE base *es/os, which appears in Lat forms such as s-unt.

bēo, etc., belong to the IE base *bheu, which appears in Lat forms such as fui.

In the present indicative, eom, eart, is, sindon are used to signify *present* time. bēo bist, biþ, bēoþ are used often to signify *future* time

dōn

444. dōn, *do:*

INDICATIVE		SUBJUNCTIVE	
Pres.	Pret.	Pres.	Pret.
Sing. 1 dō	dyde, dǣde	1, 2, 3 dō	dyde
2 dēst	dydest		
3 dēþ	dyde, dǣde		
Plu. dōþ	dydon, dǣdon	1, 2, 3 dōn	dyden

IMPERATIVE

Sing. 2	dō	Plu. 2	dōþ
Infin.	dōn	Pres. Part.	dōnde
Gerund	tō dōnne	Past Part.	dōn

gān

445. gān, *go.*

	INDICATIVE		SUBJUNCTIVE	
	Pres.	Pret.	Pres.	Pret.
Sing. 1	gā	ēode	1, 2, 3 gā	ēode
2	gǣst	ēodest		
3	gǣþ	ēode		
Plu.	gāþ	ēodon	gān	ēoden

IMPERATIVE

Sing. 2	gā	Plu. 2	gāþ
Infin.	gān		
Gerund	tō gānne	Past Part.	gān

willan

446. willan, *wish, will.*

	INDICATIVE		SUBJUNCTIVE	
	Pres.	Pret.	Pres.	Pret.
Sing. 1	wille	wolde	1, 2, 3 wille	wolde
2	wilt	woldest		
3	wile, wille	wolde		
Plu.	willaþ	woldon	willen	wolden
Infin.	willan		Pres. Part. willende	
Gerund	tō willenne,			
	-anne			

THE HARROWING OF HELL

The apocryphal Gospel of Nicodemus, from which this extract is taken, was in existence in the fourth century of the Christian era. Versions in Greek and in Latin are extant. The Old English translation is a free treatment of the Latin. It was published by W. H. Hulme in the *Publications of the Modern Language Association* (1898). The text here printed has been slightly condensed, normalized, and occasionally emended.

Karinus and Leuticus þus hit āwriton and þus cwǣdon:

Sōðlīce þā wē wǣron mid eallum ūrum fæderum on þǣre hellīcan dēopnesse, þǣr becōm sēo beorhtness on þǣre þēostra dimnesse, þæt wē ealle ġeondlīehte and ġeblissiende wǣron. Þā wæs fǣringa ġeworden on ansīene swylċe þǣr gylden sunne onǣled wǣre, and ofer ūs ealle ġeondlīehte, and Satanas þā and eall þæt rēðe werod wǣron āfyrhte, and þus cwǣdon, "Hwæt is þis lēoht þæt hēr ofer ūs swā fǣrlīce scīneþ?"

Þā wæs sōna eall þæt mennisce cynn ġeblissiende, ūre fæder Adam mid eallum hēahfæderum and mid eallum wītegum for þǣre miclan beorhtnesse, and hīe þus cwǣdon, "Þis lēoht is ealdor þæs ēċan lēohtes, eall swā ūs Drihten behēt þæt hē ūs þæt ēċe lēoht onsendan wolde."

Þā clipode Īsaias sē wītega and cwæþ, "Þis is þæt fæderlīce lēoht, and hit is Godes sunu, eall swā iċ foresæġde þā iċ on eorðan wæs, þā iċ cwæþ and forewītegode þæt þæt land Zabulon and þæt land Neptalim wið þā ēa Jordanen, and þæt folc þæt on þām þēostrum sæt sceoldon mǣre lēoht ġesēon; and þā þe on dimmum rīċe wunodon, iċ wītegode þæt hīe lēoht sceoldon onfōn. And nū hit is tōcumen, and ūs onlīeht þā ðe ġefyrn on dēaðes dimnesse sǣton. Ac uton ealle ġeblissian þæs lēohtes."

Sē wītega þā Simeon, heom eallum ġeblissiendum, heom tō cwæþ, "Wuldriaþ þone Drihten Crist, Godes sunu, þone þe iċ bær on mīnum earmum intō þam temple. And iċ þā þus cwæþ,

'þū eart lēoht and frōfor eallum þēodum, and þū eart wuldor and
weorþmynd eallum Israela folce.'"

Simeone þā þus ġesprecenum, eall þæt werod þǣra hālgena
þā wearð swīðe ġeblissiende. And æfter þām þǣr cōm swylċe
þunres sleġe, and ealle þā hālgan onġean clipodon and cwǣdon,
"Hwæt eart þū?" Sēo stefen heom andswarode and cwæþ, "Iċ
eom Johannes þæs hīehstan wītega, and iċ eom cumen tōforan
him þæt iċ his wegas ġeġearwian sceal, and ġeīeċan þā hǣle his
folces." ...

Hit wæs swīþe angrīslīċ þā ðā Satanas, þǣre helle ealdor and
þæs dēaðes heretoga, cwæð tō þǣre helle, "Ġeġearwa þē selfe
þæt ðū mæġe Crist onfōn, sē hine selfne ġewuldrod hæfð, and is
Godes sunu and ēac man, and ēac sē dēað is hine ondrǣdende,
and mīn sāwol is swā unrōt þæt mē þyncþ þæt iċ ālibban ne
mæġ. For þȳ hē is miċel wiðerwinna, and yfel wyrċende onġēan
mē and ēac onġēan þē. And fela þe iċ hæfde tō mē ġewield and
tō ātogen, blinde and healte, ġebīeġede and hrēoflan, ealle hē
fram þē ātīehð."

Sēo hell þā swīðe grimme and swīðe eġeslīċe andswarode þā
Satanase, þām ealdan dēofle, and cwæþ, "Hwæt is sē ðe is swā
strang and swā mihtiġ, ġif hē man is, þæt hē ne sīe ðone dēað
ondrǣdende þe wit ġefyrn beclȳsed hæfdon? For þām ealle
þā ðe on eorþan anweald hæfdon, þū hīe mid þīnre mihte tō mē
ġetuge, and iċ hīe fæste ġehēold. And ġif þū swā mihtiġ eart
swā þū ǣr wǣre, hwæt is sē man and sē Hǣlend þe ne sīe þone
dēað and þīne mihte ondrǣdende? Ac tō sōðum iċ wāt, ġif hē
on menniscnesse swā mihtiġ is þæt hē nāþer nē unc nē ðone
dēað ne ondrǣdeþ, þæt iċ wāt, þæt swā mihtiġ hē is on godcund-
nesse þæt him ne mæġ nān þing wiðstandan. And iċ wāt ġif sē
dēað hine ondrǣdeþ, þonne ġefēhð hē þē, and þē biþ ǣfre wā tō
ēċere worolde."

Satanas þā, þæs cwicsūsles ealdor, þǣre helle andswarode and
þus cwæþ, "Hwæt twēonað þē, oððe hwæt ondrǣdest þū þē
þone Hǣlend tō onfōnne, mīnne wiðerwinnan and ēac þīnne?

For þon iċ his costnode, and iċ ġedyde him þæt eal þæt Judeisce
folc þæt hīe wǣron onġēan hine mid ierre and mid andan
āwehte. And iċ ġedyde þæt hē wæs mid spere ġesticod. And
iċ ġedyde þæt him man drincan mengde mid ġeallan and mid
eċede. And iċ ġedyde þæt man him trēowene rōde ġeġearwode
and hine þǣr on āhēng and hine mid næġlum ġefæstnode. And
nū æt nēxtan iċ wille his dēaðtō þē ġelǣdan, and hē sceal bēon
underþēod ǣġðer ġe mē ġe þē."

Sēo hell þā swīðe angrīsenlīċe þus cwæþ, "Wite þæt þū swā
dō þæt hē ðā dēadan fram mē ne ātēo, for þām þe hēr fela sindon
ġeornfulle fram mē, þæt hīe on mē wunian noldon. Ac iċ wāt
þæt hīe fram mē ne ġewītað þurh heora āgene mihte, būton hīe
sē ælmihtiga God fram mē ātēo, sē þe Lazarum of mē ġenam,
þone þe iċ hēold dēadne fēower nieht fæste ġebunden, and iċ
hine eft cwicne āġeaf þurh his bebodu."

Þā andswarode Satanas and cwæð, "Sē ilca hit is sē ðe
Lazarum of unc bām ġenam." Sēo hell him þā ðus tō
cwæð, "Ēalā, iċ hālsie þē þurh þīne mæġenu, and ēac þurh mīne,
þæt þū nǣfre ne ġeþafie þæt hē in on mē cume, for þām þā iċ
ġehīerde þæt word his bebodes, iċ wæs mid miclum eġe āfyrht,
and ealle mīne ārlēasan þeġnas wǣron samod mid mē ġedrehte
and ġedrēfede, swā þæt wē ne mihton Lazarum ġehealdan. Ac
hē wæs hine āsceacende eal swā earn þonne hē mid hradum
flyhte wile forð āflēon; and hē wæs fram ūs rǣsende, and sēo
eorðe þe Lazarus dēadan līċhaman hēold, hēo hine cwicne āġeaf.
And þæt iċ nū wāt, þæt sē man þe eall þæt ġedyde, þæt hē is on
Gode strang and mihtiġ, and ġif þū hine tō mē lǣdest, ealle þā
þe hēr sindon on þisum wælhrēowan cwearterne beclȳsde and on
þisum bendum mid synnum ġewriðene, ealle he mid his god-
cundnesse fram mē ātīehþ, and tō līfe ġelǣdeþ."

Ac amang þām þe hīe þus sprǣcon, þǣr wæs stefen and
gāstlīċ hrēam swā hlūd swelċe ðunres sleġe, and wæs þus cwe-
ðende, "Tollite portas, principes, vestras, et elavamini porte
eternales et introibit rex glorie." Ðæt biþ on Englisce, "Ġē

ealdras, tōnimað þā gatu, and ūp āhebbað þā ēċan gatu, þæt
mæġe ingān sē cyning þæs ēċan wuldres."

Ac þā sēo hell þæt ġehīerde, þā cwæþ hēo tō þām ealdre
Satane, "Ġewīt raðe fram mē, and far ūt of mīnre onwununge.
And ġif þū swā mihtiġ eart swā þū ær ymbe spræce, þonne winn
þū nū onġēan þone wuldres Cyning. And ġeweorþe þē and
him." And sēo hell þā Satan of his setlum ūt ādrāf, and cwæð
tō þām ārlēasum þeġnum, "Belūcaþ þā wælhrēowan and þā
ærenan gatu, and tōforan onscēotað þā īsenan scyttelsas, and
heom stranglīċe wiðstandað and þā hæftinga ġehealdað, þæt wē
ne bēon ġehæfte."

Þā þæt ġehīerde sēo manigu þāra hālgena þe ðærinne wæron,
hīe clypedon ealle ānre stefne, and cwædon tō þære helle,
"Ġeopena þīne gatu, þæt mæġe ingān sē Cyning þæs ēċan wul-
dres. . . . Nū þū scealt bēon untrum and unmihtiġ, and mid
eallum oferswīþed."

Heom þā ðus ġesprecenum, þær wæs ġeworden sēo miċele
stefen swilċe þunres sleġe, and þus cwæþ, "Ġē ealdras, tōnimað
ēowre gatu, and ūp āhebbað þā ēċan gatu, þæt mæġe ingān sē
Cyning þæs ēċan wuldres." Ac sēo hell þā þæt ġehīerde þæt
hit wæs tuwa swā ġeclipod. Þā clypode hēo onġēan and þus
cwæð, "Hwæt is sē Cyning þe siġ wuldres Cyning?"

David hire andswarode þā and cwæð, "Þās word iċ oncnāwe,
and ēac iċ þās word ġeġieddode þā ðā iċ on eorðan wæs; and iċ
hit ġecwæð, þæt sē selfa Drihten wolde of heofenum on eorðan
besēon, and þær ġehīeran þā ġēomrunge his ġebundenra þēowa.
Ac nū þū fūleste and þū fūl stincendeste hell, ġeopena þīne gatu
þæt mæġe ingān þæs ēċan wuldres Cyning."

Davide þā þus ġesprecenum, þær tō becōm sē wuldorfulla
Cyning on mannes ġelīcnesse, þæt wæs ūre heofenlīca Drihten,
and þær þā ēċan þīestru ealle ġeondlīehte.   And þær þā syn-
bendas hē ealle tōbræc, and hē ūre ealdfæderas ealle ġenēosode
þær þær hīe on þæm þīestrum ær lange wuniende wæron.

Ac sēo hell and sē dēað and hira ārlēasan þeġnunga, þā ðā

hīe þæt ġesāwon and ġehīerdon, wǣron āforhtode mid hiera
wælhrēowum þeġnum, for þām ðe hīe on hiera āgenum rīċe swā
miċele beorhtnesse þæs lēohtes ġesāwon. And hīe fǣringa Crist
ġesāwon on þām setle sittan þe hē him selfum ġeāhnod hæfde.
And hīe wǣron clypiende and þus cweðende, "Wē sindon fram
þē oferswīðde. Ac wē ācsiað þē, hwæt eart þū, þū ðe būton
ælcum ġeflyte and būton ælċere ġewemminge mid þīnum mæġen-
þrymme hæfst ūre mihte ġeniðerod. Oððe hwæt eart þū, swā
miċel and ēac swā lȳtel and swā niðerlīċ, and eft ūp swā hēah,
and swā wunderlīċ on ānes mannes hīwe ūs tō oferdrīfenne?
Hwæt! Ne eart þū sē ðe lǣġe dēad on byrġene, and eart
lifiġende hider to ūs cumen? And on þīnum dēaðe ealle eorðan
ġesceafta and ealle tungla sindon āstyrode. And þū eart frēoh
ġeworden betwēonum eallum ōðrum dēadum, and ealle ūre
ēoredu þū hæfst swīðe ġedrēfed. And hwæt eart þū þe hæfst
þæt lēoht hider ġeondsend, and mid þīnre godcundan mihte and
beorhtnesse hæfst āblend þā synfullan þīestru? And ġelīċe
ealle þās ēoredu þissa dēofla sindon swīðe āfyrhte." . . .
    Ac sē wuldorfæsta Cyning and ūre heofenlīca Hlāford þā
nolde þǣra dēofla ġemaðeles nā māre habban. Ac hē þone dēoflī-
can dēað feor niðer ātrǣd, and hē Satan ġegrāp and hine fæste
ġeband, and hine þǣre helle sealde on anġeweald. Ac hēo hine
þā underfēng eall swā hire fram ūre heofenlīcan Hlāforde ġehāten
wæs. Þā cwæð sēo hell tō Satane, "Lā ðū ealdor ealre for-
spyllednesse, and lā þū ord and fruma ealra yfela, and lā þū
fæder ealra flȳmena, and lā ðū þe ealdor wǣre ealles dēaðes, and
lā ordfruma ealre mōdiġnesse, for hwȳ ġedyrstlǣhtest þū þē þæt
ðū þæt ġeþanc on þæt Judeisce folc āsendest, þæt hīe þisne
Hǣlend āhēngon? And þū him nǣnne gylt on ne oncnēowe.
And þū nū þurh þæt trēow and þurh þā rōde hæfst ealle þīne
blisse forspylled. And þurh þæt þe ðū þisne wuldres Cyning
āhēnge, þū dydest wiðerweardlīċe onġean þē and onġean mē.
And oncnāw nū hū fela ēċe tintregu and þā unġeendedan sūslu
þū bist þrōwiġende on mīnre ēċan ġehealtsumnesse."

Ac þā ðā sē wuldres Cyning þæt ġehīerde, hū sēo hell wið þone rēðan Satan spræc, hē cwæð tō þære helle, "Bēo Satan on þīnum anwealde, and ġit būtū on ēcum forwyrde. And þæt bēo æfre tō ēcere worulde, on þære stōwe þe ġē Adam and þæra wīteġena bearn ær lange on ġehēoldon."

And sē wuldorfulla Drihten þā his swīðran hand āðenede and cwæð, "Ealle ġē mīne hālgan, ġē þe mīne ġelīcnesse habbað, cumað tō mē; and ġē þe þurh þæs trēowes blēda ġeniðerode wæron, ġē sēoð nū þæt ġē sculon þurh þæt trēow mīnre rōde, þe iċ on āhangen wæs, oferswīðan þone dēað and ēac þone dēofol."

Hit wæs þā swīðe raðe þæt ealle þā hālgan wæron ġenēalæ-ċende tō þæs Hælendes handa. And sē Hælend þā Adam be þære rihthand ġenam, and him tō cwæð, "Sib sīe mid þē, Adam, and mid eallum þīnum bearnum." Adam wæs þā niðer āfeall-ende and þæs Hælendes cnēow cyssende, and mid tēarġēotendre hālsunge and mid miċelre stefne þus cwæð, "Iċ heriġe þē, heo-fena Hlāford, þæt þū mē of þissum cwicsūsle onfōn woldest."

And sē Hælend þā his hand āþenede and rōdetācen ofer Adam ġeworhte and ofer ealle his hālgan. And hē Adam be þære swīðran handa fram helle ġetēah, and ealle þā hālgan heom æfterfolgodon.

Sē hālga Drihten wæs þā Adames hand healdende, and hīe Michaele þām hēahengle sellende, and him self wæs on heofenas farende. Ealle þā hālgan wæron þā Michaele þām hēahengle æfterfolgiende, and hē hīe ealle in ġelædde on neorxnawang mid wuldorfulre blisse.

Ac þā hīe inweard fōron, þā ġemētton hīe twēġen ealde weras. And ealle þā hālgan hīe sōna ācsodon and him þus tō cwædon, "Hwæt sindon ġē þe on helle mid ūs næron, and ġē nū ġīt dēade næron, and ēower līċhaman swā þēah on neorxnawange tō-gædere sindon?"

Sē ōðer him þā andswarode and cwæð, "Iċ eom Enoch, and iċ þurh Drihtnes word wæs hider ālædd. And þis is Elias Thesbiten þe mid mē is. Sē wæs on fȳrenum cræte hider ġe-

ferod. And wit ġīt dēaðes ne onbyredon. Ac wit sculon mid
godcundum tācnum and mid forebēacnum Antecristes ġean-
bidian, and onġēan hine winnan. And wit sculon on Hierusa-
lem fram him bēon ofslagene, and hē ēac fram ūs. Ac wit
sculon binnan fēorðan healfes dæġes fæce bēon eft ġeedcwicode,
and þurh ġenypu ūp āhafene." . . .

Ðis sindon þā godcundan and þā hālgan ġerȳnu þe þā
twēġen wītegan, Carinus and Leuticus, tō sōðum ġesāwon and
ġehīerdon, eall swā iċ ǣr hēr beforan sǣgde, þæt hīe on þisne
dæġ mid þām Hǣlende of dēaðe ārison, eall swā hīe sē Hǣlend
of dēaðe āwehte. And þā hīe eall þis ġewriten and ġefylled
hæfdon, hīe ūp ārison and þā cartan þe hīe ġewriten hæfdon
þām ealdrum āġēafon. . . . And Carinus and Leuticus wǣron
þā fǣringa swā fæġeres hīwes swā sēo sunne þonne hēo beorhtest
scīneð. And on þǣre beorhtnesse hīe of þām folce ġewiton,
swā þæt þæs folces nāwiht niston hwider hīe fōron.

THE LEGEND OF ST. ANDREW

Fragments of a Latin Legend of St. Andrew are extant. The Old English
version is in two manuscripts. It is printed here from the *Blickling Homilies*,
published by Morris (Early English Text Society). The following text is nor-
malized and emended.

Hēr sæġþ þæt æfter þām þe Drihten Hǣlend Crist tō heo-
fenum āstāh, þæt þā apostoli wǣron ætsomne. And hīe sendon
hlot him betwēonum, hwider hira ġehwelċ faran sceolde tō
lǣrenne. Sæġþ þæt sē ēadiga Matheus ġehlēat tō Marmadonia
þǣre ċeastre. Sæġþ þonne þæt þā men þe on þǣre ċeastre
wǣron, þæt hīe hlāf ne ǣton, nē wæter ne druncon; ac hīe
ǣton manna līċhaman and hiera blōd druncon. And ǣġhwelċ
man þe on þǣre ċeastre cōm elþēodisc, sæġþ þæt hīe hine sōna

ġenōmon and his ēagan ūt āstungon, and hīe him sealdon āttor
drincan þæt mid miclum lybcræfte wæs ġeblanden, and mid
þām þe hīe þone drenċ druncon, hraþe hiera heorte wæs tōlīesed
and hiera mōd onwended. Sē ēadiga Matheus þā inēode on þā
ċeastre, and hraðe hīe hine ġenōmon and his ēagan ūt āstungon.
And hīe him sealdon āttor drincan, and hine sendon on carcerne.
And hīe hine hēton þæt āttor etan, and hē hit etan nolde. For
þon his heorte næs tōlīesed, nē his mōd onwended.

Ac hē wæs simble tō Drihtne biddende mid miclum wōpe,
and cwæþ tō him, "Mīn Drihten Hǣlend Crist, for þon wē ealle
forlēton ūre cnēoresse, and wǣron þē folgiende—and þū eart
ūre ealra fultum, þā þe on þē ġelīefaþ—beheald nū and ġeseoh
hū þās men þīnum þēowe dōþ. And iċ þē bidde, Drihten, þæt
þū mē forġiefe mīnra ēagena lēoht, þæt iċ ġesēo þā þe mē onġin-
naðdōn on þisse ċeastre þā wierrestan tintregu. And ne forlǣt
mē, mīn Drihten Hǣlend Crist, nē mē ne sele on þone bitterestan
dēað."

And mid þȳ þe hē þis ġebed, sē ēadiga Matheus, ġecweden
hæfde, miċel lēoht and beorht onlīehte þæt carcern. And
Drihtnes stefn wæs ġeworden tō him on þǣm lēohte, cweþende,
"Matheus, mīn sē lēofa, beheald on me." Sē ēadiga Matheus
þā lōciende ġeseah Drihten Crist. And eft Drihten wæs cwe-
þende, "Matheus, wes þū ġestrangod and ne ondrǣd þū þē, for
þon ne forlǣte iċ þē ǣfre. Ac iċ þē ġefrēolsie of ealre frēcen-
nesse, and ealle þīne brōþor, and ealle þā þe on mē ġelīefað
eallum tīdum on ēċnesse. Ac onbīd hēr seofon and twēntiġ
nihta. Æfter þon iċ sende tō þē Andreas þīnne brōþor, þæt hē
þē ūt ālǣdeþ of þissum carcerne, and ealle þā þe mid þē sindon."
And mid þȳ ðe þis ġecweden wæs, Drihten him eft tō cwæð,
"Sib sīe mid þē, Matheus."

Hē þā þurhwuniende mid ġebedum wæs, Drihtnes lof sing-
ende on þǣm carcerne. And þā unrihtan men inēodon on þæt
carcern, þæt hīe þā men ūtlǣdan woldon and him tō mete dōn.
Sē ēadiga Matheus þā betȳnde his ēagan, þē lǣs þā cwelleras

ġesāwon þæt his ēagan ġeopenode wǣron. And hīe cwǣdon him
betwēonum, "Þrīe dagas nū tō lāfe sindon, þæt wē hine willað
ācwellan and ūs tō mete ġedōn." Sē ēadiga Matheus þā ġefylde
twēntiġ daga.

Þā Drihten Hǣlend Crist cwæð tō þǣm hālgan Andrea his
apostole, mid þȳ þe hē wæs in Achaia þǣm lande and þǣr lǣrde
his discipuli. Hē cwæþ, "Gang on Marmadonia ċeastre, and
ālǣde þanon Matheum þīnne brōþor of þǣm carcerne; for þon
þe nū ġīet þrīe dagas tō lāfe sindon, þæt hīe hine willað ācwellan
and him tō mete dōn."

Sē hālga Andreas him andswarode, and hē cwæþ, "Mīn
Drihten Hǣlend Crist, hū mæġ iċ hit on þrim dagum ġefēran?
Ac mā wēn is þæt þū onsende þīnne engel, sē þe hit mæġ hrǣd-
līcor ġefēran. For þon, mīn Drihten, þū wāst þæt iċ eom
flǣsclīċ man, and iċ hit ne mæġ hrǣdlīcor ġefēran, for þon þe,
mīn Drihten, sē sīþfæt is þider tō lang, and þone weġ iċ ne cann."

Drihten Crist him tō cwæð, "Andreas, ġehīere mē, for þon
þe iċ þē ġeworhte, and iċ þīnne sīþfæt ġestaðelode and ġetrym-
ede. Gang nū tō þæs sǣs waroðe mid þīnum discipulum, and
þū þǣr ġemētst scip on þǣm waroðe; and āstīg on þæt mid
þīnum discipulum."

And mid þȳ þe hē þis cwæþ, Drihten Hǣlend ðā ġīet wæs
sprecende and cwæþ, "Sib mid þē and mid eallum þīnum discipu-
lum." And hē āstāg on heofenas.

Sē hālga Andreas þā ārās on morgen, and hē ēode tō þǣre
sǣ mid his discipulum. And hē ġeseah scip on þǣm waroðe and
þrīe weras on þǣm sittende. And hē wæs ġefēonde miclum
ġefēan, and him tō cwæþ, "Brōþor, hwider wille ġē fēran mid
þȳs medmiclum scipe?"

Drihten Hǣlend Crist wæs on þǣm scipe swā sē stēorrēþra,
and his twēġen englas mid him þe wǣron ġehwierfde on manna
onsīene. Drihten Crist him þā tō cwæþ, "On Marmadonia
ċeastre." Sē hālga Andreas him andswarode and cwæþ,
"Brōðor, onfōh ūs mid ēow on þæt scip, and ġelǣdaþ ūs on þā
ċeastre."

Drihten him tō cwæþ, "Ealle men flēoþ of þære ćeastre. Tō hwām wille ġē þider faran?" Sē hālga Andreas him andswarode, "Medmićel ǣrende wē þider habbaðˀ, and ūs is þearf þæt wē hit þēah ġefyllon."

Drihten Hǣlend Crist him tō cwæþ, "Āstīgaþ on þis scip tō ūs, and sellaþ ūs ēowerne fǣrsceat." Sē hālga Andreas him andswarode, "Ġehīeraþ, ġebrōþor, ne habbaþ wē fǣrsceat. Ac wē sindon discipuli Drihtnes Hǣlendes Cristes, þā þe hē ġećēas, and þis bebod hē ūs sealde, and hē cwæþ, 'Þonne ġē faran godspel tō lǣrenne, þonne nabbe ġē mid ēow hlāf, ne feoh, ne twȳfeald hræġl.' Ġif þū þonne wille mildheortnesse ūs dōn, saga ūs þæt hrædlīće. Ġif þū þonne nille, ġecȳþe ūs swā þēah þone weġ."

Drihten him tō cwæþ, "Ġif þis ġebod ēow wǣre ġeseald fram ēowrum Drihtne, āstīgaþ hider mid ġefēan on mīn scip."

Sē hālga Andreas þā āstāg on þæt scip mid his discipulum, and he ġesæt be þǣm stēorrēþran þæs scipes, þæt wæs Drihten Hǣlend Crist. Drihten Hǣlend Crist him tō cwæþ, "Ić ġesēo þæt þās brōþor sind ġeswenćede of þisse sǣwe hrēohnesse. Āxa hīe hwæþer hīe wolden tō eorþan āstīgan, and þīn þǣr onbīdan, oðˀ ðæt þū ġefylle þīne þeġnunge tō þǣre þe þū sended eart, and þū þonne eft hwierfest tō him."

Sē hālga Andreas him tō cwæþ, "Mīne bearn, wille ġē āstīgan on eorþan and mīn þǣr onbīdan?" His discipuli him andswarodon and cwǣdon, "Ġif wē ġewītaþ fram þē, þonne bēo wē fremde from eallum þǣm gōdum þe þū ūs ġeġearwodest. Ac wē bēoþ mid þē swā hwider swā þū fǣrest."

Drihten Hǣlend tō þǣm hālgan Andrea cwæþ, "Ġif þū sīe sōþlīće his discipul sē þe is cweden Crist, sprec tō þīnum discipulum be þǣm mæġenum þe þīn lārēow dyde, þætte sīe ġeblissod heora heorte, and hīe oferġieten þisse sǣwe eġe." Sē hālga Andreas þā cwæðˀ tō his discipulum, "Sumre tīde mid þȳ þe wē wǣron mid ūrum Drihtne, wē āstigon mid him on scip, and hē ætēowode swā hē slǣpende wǣre tō costienne, and dyde swīþe hrēohnesse þǣre sǣwe. Fram þǣm winde wæs ġeworden swā

þæt þā selfan ȳðа wæron āhafene ofer þæt scip. Wē ūs þā
swīþe ondrēdon, and ćīeġdon tō him, Drihtne Hǣlendum Criste.
And hē þā ārās and bebēad þǣm winde þæt hē ġestilde.   þā
wæs ġeworden miċel smyltnes on þǣre sǣ.   And hīe hine ondrē-
don, ealle þā þe his weorc ġesāwon.   Nū þonne, mīne bearn, ne
ondrǣdaþ ġē ēow, for þon þe ūre God ūs ne forlǣteþ."   And þus
cweðende, sē hālga Andreas āsette his hēafod ofer ǣnne his dis-
cipula, and hē onslēp.

Drihten Hǣlend Crist þā wiste for þon þe sē hālga An-
dreas þā slēp, and hē cwæþ tō his englum, "Ġenimaþ Andreas
and his discipuli and āsettað hīe beforan Marmadonia ċeastre,
and mid þȳ þe ġē hīe þǣr āsetten, hweorfað eft tō mē."   þā
englas þā dydon swā him beboden wæs.   And hē āstāg on he-
ofenas.

þā sē morgen ġeworden wæs, þā sē hālga Andreas wæs be-
foran Marmadonia ċeastre, and his discipuli ðǣr slǣpende
wæron mid him.   And hē hīe āweahte and cwæþ, "Ārīsaþ ġē,
mīne bearn, and onġietaþ Godes mildheortnesse, sēo þe is nū
mid ūs ġeworden.   Wē witon þæt ūre Drihten mid ūs wæs on
þǣm scipe, and wē hine ne onġēaton.   Hē hine ġeēaþmēdde
swā stēorrēþra, and hē hine ætēowode swā swā man ūs tō
costienne."   Sē hālga Andreas þā locode on heofenas and hē
cwæþ, "Mīn Drihten Hǣlend Crist, iċ wāt þæt þū ne eart feor
fram þīnum þēowum, and iċ þē behēold on þǣm scipe, and iċ
wæs tō þē sprecende swā tō men.   Nū þonne, Drihten, iċ þē
bidde þæt þū mē ætēowie on þisse stōwe."

þā þis ġecweden wæs, Drihten him ætēowode his onsīene on
fæġeres ċildes hēowe, and him tō cwæþ, "Andreas, ġefeoh mid
þīnum discipulum."   Sē hālga Andreas þā hine ġebæd and cwæþ,
"Forġief mē, Drihten, þæt iċ tō ðē sprecende wæs swā tō men.
Wēn is ðæt iċ ġefirenode, for þon þe iċ þē ne onġeat."

Drihten him þā tō cwæð, "Andreas, ne ġefirenodest þū nān-
wiht, ac for þon þū cwǣde þæt þū hit ne mihte on þrim dagum
hider ġefaran.   For þon iċ þē swā ætēowode, for þon iċ eom

mihtiġ mid worde swā eal tō dōnne, and ānra ġehwilcum tō
ætēowienne swā hwæt swā mē līcaþ. Nū þonne ārīs and gang
on þā ċeastre tō Matheum þīnum brēþer, and ālǣde þonne hine
of ðǣre ċeastre and ealle þā þe mid him sindon. Heonu iċ
þē ġecȳþe, Andreas, for þon þe maniga tintregu hīe þē onbringaþ,
and þīnne līċhaman ġeond þisse ċeastre lanan hīe tōstenċaþ, swā
þætte þīn blōd flēwþ ofer eorðan swā swā wæter. Tō dēaðe hīe
þē willaþ ġelǣdan, ac hīe ne magon. Ac maniga earfoðnessa
hīe þē magon onġebringan, ac þonne hweþre ārǣfne þū þā ealle,
Andreas, and ne dō þū æfter heora unġelēaffulnesse. Ġemune
ġē hū maniga earfoðnessa fram Judeum iċ wæs ðrōwiende. Hīe
mē swungon, and hīe mē spætledon on mīnne andwlitan. Ac
eal iċ hit ārǣfnede, þæt iċ ēow ætēowie hwilcum ġemete ġē
sculon ārǣfnan. Ġehīere mē, Andreas, and ārǣfne þās tintregu,
for þon maniġe sind on þisse ċeastre þā þe sculen ġelīefan on
mīnne naman." Mid þȳ þe hē þis cwæþ, Drihten Hǣlend Crist,
hē āstāg on heofenas.

Sē hālga Andreas þā inēode on þā ċeastre mid his discipulum,
and nǣniġ man hine ne mihte ġesēon. Mid þȳ þe hīe cōmon
tō þæs carcernes dura, hīe þǣr ġemētton seofon hierdas standan.
Sē hālga Andreas þā ġebæd on his heortan, and raþe hīe wǣron
dēade. Sē hālga Andreas þā ēode tō þæs carcernes dura, and
hē worhte Cristes rōdetācen, and raðe þā dura wǣron ontȳnede,
and hē inēode on þæt carcern mid his discipulum, and hē ġeseah
þone ēadigan Matheus ǣnne sittan singendne.

Sē ēadiga Matheus þā and sē hālga Andreas hīe wǣron cys-
sende him betwēonum. Sē hālga Andreas him tō cwæþ, "Hwæt
is þæt, brōþor? Hū eart þū hēr ġemēt? Nū þrīe dagas tō lāfe
sindon þæt hīe þē willaþ ācwellan, and him tō mete ġedōn."
Sē hālga Matheus him andswarode, and hē cwæþ, "Brōþor
Andreas, ac ne ġehīerdest þū Drihten cweþende, 'For þon þe iċ
ēow sende swā swā sċēap on middum wulfum'? Þanon wæs
ġeworden, mid þȳ þe hīe mē sendon on þis carcern, iċ bæd ūrne
Drihten þæt hē hine ætēowode, and hraþe hē mē hine ætēowode,

and hē mē tō cwæþ, 'Onbīd hēr seofon and twēntiġ daga, and
æfter þon iċ sende tō þē Andreas þīnne brōþor, and hē þē ūt
ālǣdeþ of þissum carcerne and ealle þā mid þē sindon.' Swā
mē Drihten tō cwæþ, iċ ġeseō. Brōþor, hwæt sculon wē nū
dōn?''

Sē hālga Andreas þā and sē hālga Matheus ġebǣdon tō
Drihtne, and æfter þon ġebede sē hālga Andreas sette his hand
ofer wera ēagan þe þǣr on carcerne wǣron, and ġesihþe hīe
onfēngon. And eft hē sette his hand ofer heora heortan, and heo-
ra andġiet him eft tō hwierfde. Sē hālga Andreas him tō cwæþ,
"Gangaþ on þās niþeran dǣlas þisse ċeastre, and ġē þǣr ġemētaþ
miċel fīctrēow. Sittaþ under him and etaþ of his wæstmum oð
ðæt iċ ēow tō cyme." Hīe cwǣdon tō þǣm hālgan Andrea,
"Cum nū mid ūs, for þon þe þū eart ūre wealdend, þȳ lǣs wēn is
þæt hīe ūs eft ġenimen and on þā wierrestan tintregu hīe ūs
onġebringen."

Sē hālga Andreas him tō cwæþ, "Faraþ þider, for þon þe ēow
nǣniġ wiht ne dereþ nē ne swenċeþ." And hraþe hīe ealle
fērdon, swā him sē hālga Andreas bebēad. And þǣr wǣron on
þǣm carcerne twā hund and eahta and fēowertiġ wera, and
nigon and fēowertiġ wīfa, ðā ðe sē hālga Andreas þanon on-
sende. And þone ēadigan Matheum hē ġedyde gangan tō
þǣm ēastdǣle mid his discipulum and āsettan hine on þā dūne
þǣr sē ēadiga Petrus sē apostol wæs. And hē þǣr wunode mid
him.

Sē hālgaAndreas þā ūt ēode of þǣm carcerne, and hē ongann
gangan ūt þurh midde þā ċeastre. And hē cōm tō sumre stōwe,
and hē þǣr ġeseah swēor standan, and ofer þone swēore ǣrne
onlīcnesse. And hē ġesæt be þǣm swēore anbīdende hwæt him
ġelimpan scolde. Ðā unrihtan men þā ēodon þæt hīe þā men ūt
ġelǣddon, and hīe tō mete ġedōn. And hīe ġemētton þæs car-
cernes dura opene, and þā seofon hierdas dēade licgan. Mid
þȳ þe hīe þæt ġesāwon, hīe eft hwierfdon tō heora ealdorman-
num, and hīe cwǣdon, "Þīn carcern open wē ġemētton, and in-

gangende næniġe wē þǣr ġemētton." Mid þȳ þe hīe ġehīerdon þāra sācerda ealdormen, hīe cwǣdon him betwēonan, "Hwæt wile þis wesan? Wēn is þæt hwelċ wundor inēode on þæt carcern and þā hierdas ācwealde, and samnunga ālīesde þā þe betȳnede wǣron."

Æfter þissum him ætēowode dēofol on cnihtes onlīcnesse, and him tō cwæþ, "Ġehīeraþ mē, and sēċaþ hēr sumne elþēodiġne man þæs nama is Andreas, and ācwella ð hine. Hē þæt is sē þā ġebundenan of þissum carcerne ūt ālǣdde, and hē is nū on þisse ċeastre. Ġē hine nū witon. Efestaþ, mīne bearn, and ācwellað hine."

Sē hālga Andreas þā cwæþ tō þǣm dēofle, "Heonu þū heardeste strǣl tō ǣġhwilcre unrihtnesse, þū þe simble fiehtest wið manna cynn. Mīn Drihten Hǣlend Crist þē ġehnǣġde in helle." Þæt dēofol, þā hē þis ġehīerde, hē him tō cwæþ, "Þīne stefne iċ ġehīere, ac iċ ne wāt hwǣr þū eart." Sē hālga Andreas him tō cwæþ, "For þon þe þū eart blind, þū ne ġesiehst ǣniġne of Godes þǣm hālgum." Þæt dēofol þā cwæþ tō þǣm folce, "Behealdaþ ēow and ġesēoþ hine, for þon þe hē þæt is sē þe wiþ mē sprǣc."

Ðā burhlēode þā urnon, and hīe betȳndon þǣre ċeastre gatu, and hīe sōhton þone hālgan Andreas þæt hīe hine ġenōmen. Drihten Hǣlend hine þā ætēowode þǣm hālgan Andrea, and him tō cwæþ, "Andreas, ārīs, and ġecȳþ him þæt hīe onġieten mīn mæġen on þē wesan." Sē hālga Andreas þā ārās on þæs folces ġesihþe, and he cwæþ, "Iċ eom sē Andreas þe ġē sēċaþ." Þæt folc þā arn, and hīe hine ġenōmon and cwǣdon, "For þon þū ūs þus dydest, wē hit þē forġieldaþ." And hīe þōhton hū hīe hine ācwellan mihton.

Þā wæs sē deofol ingangende, and cwæþ tō þǣm folce, "Ġif ēow swā līciġe, uton sendan rāp on his swēoran, and hine tēon þurh þisse ċeastre lanan, and þis uton wē dōn oþ þæt hē swelte. And mid þȳ þe hē dēad sīe, uton wē dǣlan his līċhaman ūrum burhlēodum." And þā eall þæt folc þæt ġehīerde, hit him līcode,

and hraþe hīe sendon rāp on his swēoran, and hīe hine tugon
ġeond þǣre ċeastre lanan.   Mid þȳ þe sē ēadiga Andreas wæs
togen, his līchama wæs ġemenged mid þǣre eorþan, swā þæt
blōd flēow ofer eorþan swā wæter.   Ðā ǣfen ġeworden wæs, hīe
hine sendon on þæt carcern, and hīe ġebunden his handa be-
hindan, and hīe hine forlēton.   And eall his līchama wæs
ġelīesed.   Swelċe ōþre dæġe þæt ilċe hīe dydon.

Sē hālġa Andreas þā wēop, and hē cwæþ, "Mīn Drihten
Hǣlend Crist, cum and ġeseoh þæt hīe mē dōð, þīnum þēowe.
And eall iċ hit āræfnie for þīnum ġebode þe þū mē sealdest, and
þū cwǣde, 'Ne dō æfter hiera unġelēaffulnesse.'   Beheald,
Drihten, and ġeseoh hū hīe mē dōð."   Mid þȳ hē þus cwæþ,
þæt dēofol cwæþ tō þǣm folce, "Swingað hine on his mūð, þæt
hē þus ne sprece."   Ðā ġeworden wæs þæt hīe hine eft betȳndon
on þǣm carcerne.

Ðæt dēofol þā ġenam mid him ōþre seofon dēoflu, þā þe sē
hālġa Andreas þanon āflīemde, and ingangende on þæt carcern
hīe ġestōdon on ġesihþe þæs ēadigan Andreas, and hine bismri-
ende mid miċelre bismre, and hīe cwǣdon, "Hwæt is þæt þū hēr
ġemētest?   Hwelċ ġefrēolseð þē nū of ūrum ġewealde?   Hwǣr
is þīn ġielp and þīn hyht?"   Þæt dēofol þā cwæð tō þǣm ōðrum
dēoflum, "Mīne bearn, ācwellað hine, for þon hē ūs ġescende
and ūre weorc."

Þā dēoflu þā blǣston hīe ofer þone hālgan Andreas, and hīe
ġesāwon Cristes rōdetācen on his ansīene.   Hīe ne dorston hine
ġenēalǣċan, ac hraðe hīe on weġ flugon.   Þæt dēofol him tō
cwæð, "Mīne bearn, for hwon ne ācwealdon ġē hine?"   Hīe
him andswarodon and hīe cwǣdon, "Wē ne mihton, for þon þe
Cristes rōdetācen on his ansīene wē ġesāwon, and wē ūs ondrē-
don.   Wē witon for þon þe, ǣr hē on þās earfoðnesse cōm, hē
wæs ūre wealdend.   Ġif þū mæġe, ācwell hine.   Wē þē on
þissum ne hīersumiaþ, þȳ lǣs wēn sīe þæt hine God ġefrēolsiġe
and ūs sende on wiersan tintregu."   Sē hālga Andreas him tō
cwæð, "Þēah þe ġē mē ācwellan, ne dō iċ ēowerne willan, ac iċ

dō willan mīnes Drihtnes Hǣlendes Cristes." And þus hīe ġehīerdon and on weġ flugon.

* * * *

On ǣfenne hīe hine betȳndon on þǣm carcerne, and hīe cwǣdon him betwēonum, "For þon þe þisse nihte hē swelt." Him ætēowode Drihten Hǣlend Crist on þǣm carcerne, and hē āþenede his hand and ġenam, and hē cwæð, "Andreas, ārīs." Mid þȳ þe hē þæt ġehīerde, hraþe hē þā ārās ġesund, and hē hine ġebæd, and hē cwæð, "Þancas iċ þē dō, mīn Drihten Hǣlend Crist."

Sē hālga Andreas þā lōciende, hē ġeseah on middum þǣm carcerne swēor standan, and ofer þone swēor stǣnene anlīcnesse. And hē āþenede his handa and hiere tō cwæð, "Ondrǣd þē Drihten and his rōdetācen, beforan þǣm forhtigað heofon and eorþe. Nū þonne, anlīcnes, dō þæt iċ bidde on naman mīnes Drihtnes Hǣlendes Cristes. Send miċel wæter þurh þīnne mūþ, swā þæt sīen ġewemmede ealle þā þe on þisse ceastre sindon."

Mid þȳ þe hē þus cwæð, sē ēadiga Andreas, hraþe sēo stǣnene anlīcnes sende miċel wæter þurh hiere mūþ swā sealt, and hit ǣt manna līċhaman, and hit ācwealde hiera bearn and hiera nīetenu. And hīe ealle woldon flēon of þǣre ċeastre. Sē hālga Andreas þā cwæð, "Mīn Drihten Hǣlend Crist, ne forlǣt mē, ac send mē þīnne engel of heofonum on fȳrenum wolcne, þæt hē ymbgange ealle þās ċeastre, þæt men hīe ne magen ġenēosian for þǣm fȳre." And þus cweþende, fȳren wolcen āstāg of heofonum, and hit ymbsealde ealle þā ċeastre.

Mid þȳ þe þæt onġeat sē ēadiga Andreas, hē blētsode Drihten. Þæt wæter wēox oþ mannes swēoran, and swīþe hit ǣt līċhaman. And hīe ealle ċīeġdon and cwǣdon, "Wā ūs, for þon þe þās ealle ūp cōmon for þissum elþēodigum, þe wē on þissum carcerne betȳned habbað. Hwæt bēo wē dōnde?" Sume hīe cwǣdon, "Ġif ēow swālīċe þūhte, uton gangan on þissum car-

cerne and hine ūt forlǣtan, þȳ lǣs wēn sīe þæt wē yfele forweor-
þen. And uton wē ealle ċīeġan and cweþan, for þon þe wē
ġelīefa ð on Drihten þises elþēodigan mannes. Þonne āfierreþ
þās earfoðnesse fram ūs."

Mid þȳ sē ēadiga Andreas onġeat þæt hīe tō Drihtene wǣron
ġehwierfede, hē cwæð tō þǣre stǣnenan anlīcnesse, "Āra nū
þurh mæġen ūres Drihtnes, and mā wæter of þīnum mūþe þū ne
send." And þā ġecweden, þæt wæter oflann, and mā of hiere
mūþe hit ne ēode. Sē hālga Andreas þā ūt ēode of þǣm car-
cerne, and þæt selfe wæter þeġnunge ġearwode beforan his
fōtum.

And þā þe þǣr tō lāfe wǣron, hīe cōmon tō þæs carcernes
dura, and hīe cwǣdon, "Ġemiltsa ūs, God, and ne dō ūs swā swā
wē dydon on þisne elþēodigan." Sē hālga Andreas þā ġebæd on
þæs folces ġesihþe, and sēo eorþe hīe ontȳnde, and hēo forswealh
þæt wæter mid þǣm mannum. Þā weras þe þæt ġesāwon, hīe
him swīþe ondrēdon, and hīe cwǣdon, "Wā ūs, for þon þe þēs
dēað fram Gode is, and hē ūs wile ācwellan for þissum ear-
foðnessum þe wē þissum menn dydon. Sōðlīċe fram Gode hē is
send, and hē is Godes þēowa."

Sē hālga Andreas him tō cwæþ, "Mīne bearn, ne ondrǣdaþ
ġē ēow, for þon þe þās þe on þis wætere sindon, eft hīe libbaþ.
Ac þis is for þon þus ġeworden, þæt ġē ġelīefen on mīnum
Drihtne Hǣlendum Criste."

Drihten þā hēt ealle ārīsan þe on þǣm wætere wǣron. And
æfter þissum sē hālga Andreas hēt ċyriċan ġetimbrian on þǣre
stōwe þǣr sē swēor stōd. And ænne of heora ealdormannum tō
biscope hē him ġesette and cwæþ, "Nū þonne iċ eom ġearu
þæt iċ gange tō mīnum discipulum." Hīe ealle hine bǣdon and
hīe cwǣdon, "Medmiċel fæc nū ġīt wuna mid ūs, þæt þū ūs
ġedēfran ġedō, for þon þe wē nīwe sindon tō þissum ġelēafan
ġedōn." . . .

Hīe wǣron ġefēonde micle ġefēan, and hē þǣr wunode mid
him seofon dagas, lǣrende and strangiende hiera heortan on

ġelēafan ūres Drihtnes Hǣlendes Cristes.   Mid þȳ þe þā wǣron
ġefyllede seofon dagas, hē fērde of Marmadonia ċeastre efest-
ende tō his discipulum.   And eall þæt folc hine lǣdde mid
ġefēan, and hīe cwǣdon, "Ān is Drihten God, sē is Hǣlend Crist,
and sē Hālga Gāst, þām is wuldor and ġeweald on þǣre Hālgan
þrȳnnesse þurh ealra worulda woruld, sōðlīce, ā būtan ende."

SELECTIONS FROM ÆLFRIC'S
TRANSLATION OF THE PENTATEUCH

Ælfric (c 955–c 1025), priest, monk, and abbot, translated voluminously
into Old English in order to improve Christian teaching. The text of the
Pentateuch is published in Grein-Wülcker, *Bibliothek der angelsächsischen prosa*,
Vol. I. The selections have been partly normalized.

Genesis I: The Creation

On anġinne ġescēōp God heofenan and eorðan.   Sēo eorðe
sōðlīċe wæs ȳdel and ǣmtiġ, and þēostra wǣron ofer þǣre
niwelnisse brādnisse, and Godes gāst wæs ġeferod ofer wæteru.
God cwæð þā: "Ġeweorðe lēoht."   And lēoht wearð ġeworht.
God ġeseah þā þæt hit gōd wæs; and hē ġedǣlde þæt lēoht fram
þām þēostrum, and hēt þæt lēoht dæġ and þā þēostra niht.
Þā wæs ġeworden ǣfen and morgen ān dæġ.   God cwæð þā
eft: "Ġewurðe nū fæstnis tōmiddes þām wæterum, and tōtwǣme
þā wæteru fram þām wæterum."   And God ġeworhte þā fæst-
nisse, and tōtwǣmde þā wæteru þe wǣron under þǣre fæstnisse
fram þām þe wǣron bufan þǣre fæstnisse.   Hit wæs þā swā
ġedōn.   And God hēt þā fæstnisse heofenan.   And wæs þā
ġeworden ǣfen and morgen ōðer dæġ.

God sōðlīċe cwæð, "Bēon ġegaderode þā wæteru þe sind
under þǣre heofenan, and ætēowiġe drīġnis."   Hit wæs swā

ġedōn. And God ġecīġde þā drīgnisse eorðan, and þæra wætera
ġegaderunga hē hēt sæs. God ġeseah þā þæt hit gōd wæs, and
cwæð, "Spritte sēo eorðe grōwende gærs and sæd wircende, and
æppelbære trēow wæstm wircende æfter his cinne, þæs sæd siġ
on him silfum ofer eorðan." Hit wæs þā swā ġedōn. And sēo
eorðe forð ātēah grōwende wyrte and sæd berende be hire cinne,
and trēow westm wircende and ġehwilc sæd hæbbende æfter his
hīwe. God ġeseah þā þæt hit gōd wæs. And wæs ġeworden
æfen and mergen sē þridda dæġ.

God cwæð þā sōðlīce: "Bēo nū lēoht on þære heofenan
fæstnysse, and tōdælen dæġ and nihte, and bēon tō tācnum
and tō tīdum, and tō dagum and tō ġearum. And hī scīnen
on þære heofenan fæstnysse, and ālīhten þā eorðan." Hit wæs
þā swā ġeworden. And God ġeworhte twā micele lēoht, þæt
māre lēoht tō þæs dæġes līhtinge, and þæt læsse lēoht tō þære
nihte līhtinge; and steorran hē ġeworhte, and ġesette hiġ on
þære heofenan, þæt hiġ scinen ofer eorðan, and ġīmden þæs
dæġes and þære nihte, and tōdælden lēoht and þēostra. God
ġeseah þā þæt hit gōd wæs. And wæs ġeworden æfen and mer-
gen sē fēorða dæġ.

God cwæð ēac swilce: "Tēon nū þā wæteru forð swimmende
cynn cucu on līfe, and flēogende cinn ofer eorðan under þære
heofenan fæstnisse." And God ġescēop þā þā micelan hwalas,
and eall libbende fisc-cinn and stiriġendlīc, þe þā wæteru tugon
forð on heora hīwum, and eall flēogende cinn æfter heora cinne.
God ġeseah þā þæt hit gōd wæs, and blētsode hiġ, þus cweðende:
"Weaxað and bēoð ġemeniġfilde, and ġefillað þære sæ wæteru;
and þā fugelas bēon ġemeniġfilde ofer eorðan." And þā wæs
ġeworden æfen and mergen sē fīfta dæġ.

God cwæð ēac swilce: "Læde sēo eorðe forð cuce nītenu on
heora cinne, and crēopende cinn and dēor æfter heora hīwum."
Hit wæs þā swā ġeworden. And God ġeworhte þære eorðan
dēor æfter hira hīwum, and þā nītenu and eall crēopende cynn
on heora cynne. God ġeseah þā þæt hit gōd wæs, and cwæð:

"Uton wirċean man tō andlīcnisse and tō ūre ġelīcnisse, and hē siġ ofer þā fixas and ofer þā fugelas, and ofer þā dēor and ofer ealle ġesceafta, and ofer ealle þā crēopende þe stiriað on eorðan." God ġesceōp þā man tō his andlīcnisse, tō Godes andlīcnisse hē ġesceōp hine. Werhādes and wīfhādes hē ġesceōp hiġ. And God hiġ blētsode, and cwæð: "Wexað and bēoð ġemeniġfilde, and ġefillað þā eorðan; and ġewildað hiġ, and habbað on ēowrum ġewealde þære sǣ fixas, and þære lyfte fugelas, and ealle nȳtenu þe stiriað ofer eorðan." God cwæð þā: "Efne, iċ forġeaf ēow eall gærs and wyrta sǣd berende ofer eorðan, and ealle trēowu þā þe habbað sǣd on him silfon heora āgenes cynnes, þæt hiġ bēon ēow tō mete. And eallum nȳtenum, and eallum fugelcynne, and eallum þām þe stiriað on eorðan, on þām þe ys libbende līf, þæt hiġ habben him tō ġereordienne." Hit wæs þā swā ġedōn. And God ġeseah ealle þā þing þe hē ġeworhte, and hiġ wǣron swīðe gōde. Wæs þā ġeworden ǣfen and mergen sē sixta dæġ.

Genesis VI–VII: The Flood

Þā wæs eall sēo eorðe ġewemmed ætforan Gode, and āfylled mid unrihtwīsnysse. Þā ġeseah God þæt sēo eorðe wæs ġewemmed, for þan þe ǣlċ flǣsc ġewemde his weġ ofer eorðan.

And God cwæð þā tō Noe: "Ġeendung ealles flǣsces cōm ætforan mē. Sēo eorðe ys āfylled mid unrihtwīsnysse fram heora ansīne, and iċ fordō hiġ mid þære eorðan samod. Wirċ þē nū ænne arc of āhēawenum bordum. And þū wircst wununge binnan þām arce, and clǣmst wiðinnan and wiðūtan mid tyrwan."

* * *

Noe sōðlīċe dide ealle þā þing þe him God bebēad.

And God cwæð tō him: "Gang in tō þām arce, and eall þīn hīwrǣden. Þē iċ ġeseah sōðlīċe rihtwīsne ætforan mē on þissere mǣġðe. Nim in tō þē of eallum clǣnum nītenum seofen and seofen ǣġðres ġecyndes, and of þām unclǣnum twām and twām;

and of fugelcinne seofen and seofen ǣġðres ġecyndes, þæt sǣd sī
ġehealden ofer ealre eorðan brādnisse. Ić sōðlīċe sende rēn nū
ymb seofon niht ofer eorðan fēowertiġ daga and fēowertiġ nihta
tōgædere, and ić ādīleġie ealle þā edwiste þe ić ġeworhte ofer
eorðan brādnisse." Noe þā dide ealle þā þing þe him God
bebēad. And hē wæs þā six hund ġēara on ylde, þā þā þæs
flōdes wæteru ȳðedon ofer eorðan.

Hwæt! Þā Noe ēode in tō þām arce and his þrī suna and his
wīf and his suna wīf for þæs flōdes wæterum. Ēac swilċe þā
nītenu of eallum cinne and of eallum fugelcynne cōmon tō Noe
in tō þām arce, swā swā God bebēad.

Þā on þām eahtoðan dæġe, þā þā hiġ inne wǣron, and God
hiġ belocen hæfde wiðūtan, þā ȳðode þæt flōd ofer eorðan. On
þām ōðrum mōnðe, on þām seofentēoðan dæġ þæs mōnðes, þā
āsprungon ealle wyllspringas þǣre miċelan niwelnisse, and þǣre
heofenan wæterþēotan wǣron ġeopenode. And hit rīnde þā
ofer eorðan fēowertiġ daga and fēowertiġ nihta on ān. Wæs þā
ġeworden miċel flōd, and þā wæteru wǣron ġemeniġfilde, and
āhefdon ūpp þone arc, and ȳðedon swīðe, and ġefyldon þǣre
eorðan brādnisse; witodlīċe sē arc wæs ġeferud ofer þā wæteru.

And þæt wæter swīðrode swīðe ofer þā eorðan; wurdon þā
behelede ealle þā hēhstan dūna under ealre heofenan. And
þæt wæter wæs fīftȳne fæðma dēop ofer þā hēhstan dūna.
Wearð þā fornumen eall flǣsc þe ofer eorðan styrode, manna and
fugela, nȳtena and crēopendra. And ǣlċ þing þe līf hæfde
wearð ādȳd on þām dēopan flōde, būton þām ānum þe binnan
þām arce wǣron. Þæt flōd stōd þā swā ān hund daga and
fīftiġ daga.

GENESIS XXII: ABRAHAM AND ISAAC

God wolde þā fandian Abrahames ġehȳrsumnysse, and
clypode his naman, and cwæð him þus tō: "Nim þīnne āncen-
nedan sunu Isaac, þe þū lufast, and far tō þām lande Visionis
raðe, and ġeoffra hyne þǣr uppon ānre dūne." Abraham þā

ārās on þǣre ylcan nihte, and fērde mid twām cnapum tō þām
fyrlenum lande, and Isaac samod, on assum rīdende.

Þā on þone þriddan dæġ, þā hiġ þā dūne ġesāwon, þǣr þǣr
hiġ tō sceoldon tō ofslēanne Isaac, þā cwæð Abraham tō þām
twām cnapum þus: "Anbidiað ēow hēr mid þām assum sume
hwīle. Iċ and þæt ċild gāð unc tō ġebiddenne, and wē syððan
cumað sōna eft tō ēow." Abraham þā hēt Isaac beran þone
wudu tō þǣre stōwe, and hē sylf bær his swurd and fȳr. Isaac
þā āxode Abraham his fæder, "Fæder mīn, iċ āxiġe hwǣr sēo
offrung siġ. Hēr ys wudu and fȳr." Him andwyrde sē fæder,
"God forscēawað, mīn sunu, him sylf þā offrunge."

Hiġ cōmon þā tō þǣre stōwe þe him ġeswutelode God, and
hē þǣr wēofod ārǣrde on þā ealdan wīsan, and þone wudu
ġelōgode, swā swā hē hyt wolde habban tō his suna bærnytte,
syððan hē ofslagen wurde. Hē ġeband þā his sunu, and his
swurd ātēah, þæt hē hyne ġeoffrode on þā ealdan wīsan.

Mid þām þe hē wolde þæt weorc beġynnan, þā clypode
Godes engel ardlīċe of heofenum, "Abraham." Hē andwyrde
sōna. Sē engel him cwæð þā tō: "Ne ācwell þū þæt ċild, nē
þīne hand ne āstreċe ofer his swūran. Nū iċ oncnēow sōðlīċe
þæt þū ondrǣtst swȳðe God, nū þū þīnne āncennedan sunu
woldest ofslēan for him."

Þā beseah Abraham sōna under bæc, and ġeseah þǣr ānne
ramm betwux þām brēmelum be þām hornum ġehæft, and hē
āhefde þone ramm tō þǣre offrunge, and hyne þǣr ofsnāð Gode
tō lāce for his sunu Isaac. Hē hēt þā stōwe "Dominus videt,"
þæt is, "God ġesyhð"; and ġȳt ys ġesǣd swā: "In monte
Dominus videbit," þæt is, "God ġesyhð on dūne."

Eft clypode sē engel Abraham, and cwæþ: "Iċ sweriġe þurh
mē sylfne, sǣde sē Ælmihtiga, nū þū noldest ārian þīnum ān-
cennedan sunu, ac þē wæs mīn eġe māre þonne his līf; iċ þē nū
blētsiġe, and þīnne ofspring ġemeniġfilde, swā swā steorran on
heofenum and swā swā sandċeosel on sǣ. Þīn ofspring sceal
āgan heora fēonda gatu. And on þīnum sǣde bēoð ealle þēode
ġeblētsode, for þan þe þū ġehīrsumodest mīnre hǣse þus."

Abraham þā ġeċyrde sōna tō his cnapum and fērdon him hām sōna mid heofenlīcre blētsunge.

EXODUS XIV: THE CROSSING OF THE RED SEA

Þā cȳðde man Faraone, hwǣr þæt Israhelisce folc ġewīcod hæfde wið þā Rēadan Sǣ. Þā wearð Faraones heorte āwend and ealles his folces fram þām þe hiġ ǣr Drihtne behēton. Þā hēt Pharao ġegadrian eall his folc tōgædere. Þā hiġ ġegaderode wǣron, þā cwæð hē tō him, "Hū wylle wē dōn ymb þis Israhelisce folc, þe ūre wēalas syndon and ūre unþances of þis lande faran wyllað?" Þā cwæð Farao and eall þæt folc, "Uton him faran on and ofslēan hiġ and ne lǣtan nānne lybban on eallum hira cynne."

Þā ġegaderode Pharao his ealdormen and ealne his here, and ġegaderode six hundred gōdra crata þe man of feohtan sceal on þām lande, and ealle þā cratu būtan þām þe on Egipta lande wǣron, and ealne þone fultum þe hē on Egipta lande beġitan mihte; and befērde þæt Israhelisce folc þǣr hiġ ġewīcode wǣron be þǣre Rēadan Sǣ.

Þā þæt Israhelisce folc beseah on Faraones here, þā clypodon hiġ to Moise and cwǣdon, "Earme hæfst þū ūs forlǣred. Hwī ne mōston wē þēowian Faraone ūrum hlāforde on Egypta lande? Hwī woldest þū ūs ūt ālǣdan? Betere ūs wǣre þæt wē hȳrdon Pharaone ūrum hlāforde þonne wē sceoldon bēon on þīs wēstene ofslagene."

Þā cwæð Moises tō þām folce, "Ne ondrǣdað ēow. Standað and ġesēoð Drihtnes mǣrða, þe hē tō dæġ wyrċan wyle. Sōðlīċe þā Egiptiscan, þe ġē nū ġesēoð and ēow fore ondrǣdað, ne ġesēo ġē hiġ nǣfre mā. Bēoð ēow stille, and Drihten fiht for ēow."

Þā cwæð Drihten tō Moise, "Seġe Israhela folce þæt hiġ faren tō þǣre Rēadan Sǣ. And āþena þīne ġirde ofer þā sǣ and tōdǣl hit þæt Israhelisce folc gā drīum fōtum innan þā sǣ. And iċ āhyrde Pharaones heortan and his folces, þæt hiġ

faraðˈ æfter ēow innan þā sǣ, and iċ bēo ġemǣrsod on Pharaone
and on eallum his here and on eallum his cratum; and þā
Egyptiscan witon þæt iċ eom Drihten ēower God."

þā Moises āþenode his hand ofer þā sǣ, þā sende Drihten
miċelne wind ealle þā niht and ġewende þā sǣ tō drīum, and
þæt wæter wearðˈ tō twā tōdǣled, and lǣġ ān drīe strǣt þurh þā
sǣ. And þæt wæter stōd an twā healfa þǣre strǣte swilċe
twēġen hēġe weallas. þā fōr eall Israhela folc þurh þā sǣ on
þone weġ þe Drihten him ġeworhte, and cōmon hāle and ġesunde
þurh þā sǣ swā Drihten him behēt.

þā Pharao cōm tō þǣre sǣ and eall his here, þā fōr hē on
þone ylcan weġ æfter Israhela folce on dæġrēd mid eallum his
folce and mid eallum his wǣpnum. þā cwæðˈ Drihten tō Moise,
"Āþena þīne hand ofer þā sǣ and ofer Pharaon and ofer ealne
his here." And hē āhefde ūp his hand, and sēo sǣ slōh tōgæder
and āhwylfde Pharaones cratu, and ādrenċte hine sylfne and
eall his folc, þæt þǣr ne wearðˈ furðˈon tō lāfe ān þe līf ġebyrode.

Sōðˈlīċe Moises and Israhela folc fōron þurh þā sǣ drīum
fōtum. And Drihten ālȳsde on þām dæġe Israhela folc of þāra
Egiptiscan handum. And hiġ ġesāwon þā Egyptiscan dēade
ūpp tō lande āworpene þe hira ǣr ēhton on þām lande þe hiġ
þā tō cumene wǣron; and þæt Israhelisce folc ondrēdon him
Drihten and hȳrdon Gode and Moise his þēowe.

Exodus XX: The Ten Commandments

God spræc þus: "Iċ eom Drihten þīn God.

"Ne wirċ þū þē āgrafene godas, nē ne wurðˈa. Iċ wrece
fædera unrihtwīsnysse on bearnum; and iċ dō mildheortnysse
þām þe mē lufiaðˈ and mīne bebodu healdaðˈ.

"Ne nemn þū Dryhtnes naman on ȳdel. Ne byðˈ unscyldiġ
sē þe his naman on ȳdel nemðˈ.

"Ġehālga þone restedæġ. Wirċ six daga ealle þīne weorc.
Sē seofoðˈa ys Drihtnes restedæġ þīnes Godes. Ne wirċ þū nān
weorc on þām dæġe nē nān þāra þe mid þē bēo. On six dagum

God ġeworhte heofenan and eorðan and sǣ and ealle þā þing þe
on him synd, and reste þȳ seofoðan dæġe and ġehālgode hyne.

"Ārwurða fæder and mōdor.

"Ne sleh þū.

"Ne synga þū.

"Ne stel þū.

"Ne bēo þū on līesre ġewitnysse onġēn þīnne nēhstan.

"Ne wilna þū þīnes nēhstan hūses nē his wīfes, nē his wȳeles
nē his wȳlne, nē his oxan nē his assan, nē nān þāra þinga þe his
synd."

DEUTERONOMY V

Iċ eom Drihten ēower God, þe ēow ūt ālǣdde of Egipta lande
of þēowette.

Nafa þū fremde godas beforan mē.

Ne wirċe þū græft ġeweorc nē nānes cynnes andlīcnyssa, nē
þā ne wurða.   Iċ eom Drihten ēower God, þe wrece fædera
unrihtwīsnissa on hira bearnum, and miltsie þām þe mē lufiað
and mīne bebodu healdað.

Ne nemne ġē Drihtnes naman on īdel, for þām þe ne bið hē
unscildiġ, sē þe for īdelum þinge his naman nemð.

Heald þone restedæġ, þæt þū hine hālgiġe swā Drihten hē
bebēad, and þus cwæð: "Wirċ six dagas and frēolsa þone seofo-
ðan."   Ġemunað þæt ġē silfe wǣron þēowe on Egipta lande and
iċ ēow ālīsde.

Ārwurða þīnne fæder and þīne mōdor þæt þū sī langlīfe and
þæt þū sī weliġ on þām lande þe God þē sillan wile.

Ne bēo þū manslaga.

Ne unrihthǣme þū.

Ne stel þū.

Ne seġe þu lēase ġewitnissa.

Ne ġirn þū þīnes nēahstan wīfes, nē his hūses, nē his landes,
nē nān þǣra þinga þe his bēoð.

KING ALFRED'S TRANSLATION OF
OROSIUS'S HISTORY OF THE WORLD

About 415 A.D. Orosius, a native of Spain, wrote, at the suggestion of St. Augustine, his *Historiae adversum Paganos*, of which nearly two hundred manuscripts survive. As will be seen in several passages among these selections, his purpose was to demonstrate that pre-Christian times had been worse than Christian. The Old English version is a free paraphrase by King Alfred. The selections are adapted from the print by Sweet, Early English Text Society, 1883.

[ASIA]

Ǣr ðǣm ðe Romeburh ġetimbred wǣre þrim hund wintra and þūsend wintra, Ninus, Asyria cyning, ongan manna ǣrest rīcsian on ðisum middanġearde, and mid unġemǣtlīcre ġewilnunge anwealdes hē wæs heriende and feohtende fīftiġ wintra, oð hē hæfde ealle Asiam on his ġeweald ġenīedd, sūð fram þǣm Rēadan Sǣ, and swā norð oþ þone sǣ þe man hǣt Euxinus; būton þǣm þe hē ēac oftrǣdlīċe fōr mid miclum ġefeohtum on Sciððie þā norðland, þā þe ġecwedene sindon ðā heardestan men, þēah hīe sīen on þissum woroldġesǣlþum þā unspēdiġestan. And hīe ðā under ðǣm ðe hē him onwinnende wæs, wurdon ġerāde wīġcræfta, þēah hīe ǣr hiera līf bilewitlīċe ālifdon. And hīe him æfter þǣm grimme forguldon þone wīġcræft þe hīe æt him ġeleornodon. And him þā wearð efenlēof on hiera mōde þæt hīe ġesāwon mannes blōd āgoten swā him wæs þāra nīetena meolc þe hīe mǣst bī libbað. And hē, Ninus, Soroastrem Bactriana cyning, sē cūðe manna ǣrest drȳcræftas, hē hine oferwann and ofslōh. And þā æt nīehstan hē wæs feohtende wið Sciððie, on āne burh, and þǣr wearð ofscoten mid ānre flāne.

[THE PLAGUES OF EGYPT]

Ǣr þǣm þe Romeburg ġetimbred wǣre eahta hund wintra and fīf wintra, ġewearð þæt Moyses lǣdde Israhela folc of

224

Egyptum æfter þǣm manigum wundrum þe hē þǣr ġedōn hæfde.
Þæt wæs þæt forme þæt hiera wæteru wurdon tō blōde.   Þā
wæs þæt æfterre þæt froxas cōmon ġeond eall Egypta land, swā
fela þæt man ne mihte nān weorc wyrċan, nē nānne mete
ġeġearwian, þæt þāra wyrma nǣre efenfela þǣm mete, ǣr hē
ġeġearwod wǣre.   Þridde yfel wæs æfter þām þæt gnættas
cōmon ofer eall þæt land, ġe inne ġe ūte, mid fȳrsmeortendum
bitum, and ǣġþer ġe þā men ġe þā nīetenu unāblinnendlīċe
pīniende wǣron.

Þā wæs þæt fēorðe, þæt ealra scamlīcost wæs, þæt hundes
flēogan cōmon ġeond eall þæt mancyn, and hīe crupon þǣm
mannum betweoh þā þēoh ġe ġeond eall þa limu, swā hit ēac
well ġedafenode þæt God þā mǣstan ofermēttu ġeniþerode mid
þǣre bismerlīċestan wrace and þǣre unweorþlīcostan.   Þæt
fīfte wæs hira nīetena cwealm.   Þæt siexte wæs þæt eall þæt
folc wæs on blǣdran, and þā wǣron swīðe hrēowlīċe berstende,
and þā worms ūtsīonde.   Þæt seofoða wæs þæt þǣr cōm hagol
sē þe wæs wið fȳre ġemenged, þæt hē ǣġþer slōh ġe þā menn ġe
þā nīetenu, ġe eall þæt on þǣm lande wæs weaxendes and grōw-
endes.

Þæt eahtoþe wæs þæt gærstapan cōmon, and frǣton ealle
þā gærsċīðas þe bufan þǣre eorþan wǣron, ġe furðon þā wyrtru-
man sceorfende wǣron.   Þæt nigoðe wæs þæt þǣr cōm hagol,
and swā miċel þēosternes, ġe dæġes ġe nihtes, and swā ġedrēfed-
līċ, þæt hit man ġefēlan mihte.   Þæt tēoðe wæs þæt ealle þā
cnihtas and ealle þā mæġdenu þe on þǣm lande frumcennede
wǣron, wurdon on ānre niht ācwealde.

[CRETE AND ATHENS]

Ǣr ðǣm ðe Romeburg ġetimbred wǣre siex hunde wintrum
and siextiġ, wearð þæt unġemetlīċe miċel ġefeoht betwux Cre-
tense and Atheniense þǣm folcum.   And þā Cretense hæfdon
þone grimlīcan siġe, and ealle þā æðelestan bearn þāra Atheni-

ensa hīe ġenōmon, and sealdon þǣm Minotauro tō etenne, þæt
wæs healf man, healf leo.

[EGYPT AND SCYTHIA]

Ǣr þǣm þe Romeburg ġetimbred wǣre fēower hunde win-
trum and hundeahtatiġ, Vesoges, Egypta cyning, wæs winnende
of sūðdǣle Asiam, oð him sē mǣsta dǣl wearþ underþīeded, and
hē Vesoges, Egypta cyning, wæs siþþan mid fierde farende on
Sciþþie on ðā norðdǣlas, and his ǣrendracan beforan āsende tō
þǣre ðēode, and him untwēoġendlīċe secgan hēt þæt hīe ōðer
sceolden, oþþe ðæt land æt him ālīesan, oþþe hē hīe wolde mid
ġefeohte fordōn and forherian. Hīe him þā ġescēadwīslīċe
andwyrdon, and cwǣdon þæt hit ġemāhlīċ wǣre and unrihtlīċ
þæt swā oferwlenċed cyning scolde winnan on swā earm folc
swā hīe wǣron. Hēton him þēah þæt andwyrde secgan, þæt
him lēofre wǣre wið hine tō feohtenne þonne gafol tō ġieldenne.
Hīe þæt ġelǣston swā, and sōna þone cyning ġeflīemdon mid his
folce, and him æfterfolgiende wǣron, and ealle Ǣgypte āwēston
būtan þǣm fenlandum ānum. And þā hīe hāmweard wendon
be westan þǣre īe Eufrate, ealle Asiam hīe ġenīeddon þæt hīe
him gafol guldon, and þǣr wǣron fīftīene ġēar þæt land heriende
and wēstende, oð hira wīf him sendon ǣrendracan æfter, and
him sæġdon þæt hīe ōðer dyden, oðþe hām cōmen oððe hīe him
wolden ōðerra wera ċēosan. Hīe þā þæt land forlēton, and him
hāmweard fērdon.

[THE AMAZONS]

On þǣre ilcan tīde wurdon twēġen æþelingas āflīemde of Sciþ-
þian, Plenius and Scolopelius wǣron hātene, and ġefōron þæt
land, and ġebūdon betweoh Capadotiam and Pontum nēah
þǣre lǣssan Asian, and þǣr winnende wǣron, oð hīe him þǣr
eard ġenōmon. And hīe þǣr, æfter hrǣdlīċe tīda, from þǣm
londlēodum þurh searu ofslæġene wurdon. Þā wurdon hira
wīf swā sāriġe on hira mōde, and swā swīðlīċe ġedrēfed, ǣġþer

ġe þāra æþelinga wīf ġe þāra ōþerra manna þe mid him ofslæġene wǣron, þætte hīe wǣpna nōmon, tō þon ðæt hīe hira weras wre- can þōhton. And hīe þā hrædlīċe æfter þǣm ofslōgon ealle þā wǣpnedmen þe him on nēaweste wǣron. For þon hīe dydon swā þē hīe woldon þætte þā ōþere wīf wǣren efensārīġe him, þæt hīe siþþan on him fultum hæfden, ðæt hīe mā mihten hira weras wrecan.

Hīe þā, þā wīf ealle tōgædere ġeċierdon, and on ðæt folc winnende wǣron, and þā wǣpnedmen slēande, oð hīe þæs landes hæfdon miċel on hira onwealde. Þā under þǣm ġewinne hīe ġenōmon frið wið þā wǣpnedmen.

Siþþan wæs hira þēaw þæt hīe ælċe ġēare ymbe twelf mōnað tōsomne fērdon, and þǣr þonne bearna strīendon. Eft þonne þā wīf hira bearn cendon, þonne fēddon hīe þā mæġdenċild, and slōgon þā hyseċild. And þǣm mæġdenċildum hīe fortendon þæt swīðre brēost foran þæt hit weaxan ne sceolde, þæt hīe hæfden þȳ strengran scyte. For þon hī mon hǣt on Creċisc "Amazanas," þæt is on Englisc "fortende."

Hiera twā wǣron hiera cwēna, Marsepia and Lampida wǣron hātene. Hīe hira here on twā tōdǣldon, ōþer æt hām bēon hira land tō healdenne, ōðer ūt faran tō winnenne. Hīe siþþan ġeēodon Europe and Asiam þone mǣstan dǣl, and ġetimbredon Effesum þā burg, and maniġe ōðere on ðǣre lǣssan Asiam. And siþþan hira heres þone mǣstan dǣl hām sendon mid hira herehȳþe, and þone ōþerne dǣl þǣr lēton þæt land tō healdenne. Þǣr wearþ Marsepia sēo cwēn ofslagen, and miċel þæs heres þe mid hire beæftan wæs. Ðǣr wearð hire dohtor cwēn Sinope. Sēo ilċe cwēn Sinope, tōēacan hire hwætscipe and hire maniġfealdum duguþum, hire līf ġeendode on mæġþ- hāde.

On þǣm dagum wæs swā miċel eġe from ðǣm wīfmonnum þætte Europe nē Asia nē ealle þā nēahþēoda ne mihton āþenċean nē ācræftan hū hī him wiðstondan mihten, ǣr þon hīe ġecuren Ercol þone ent, þæt hē hīe sceolde mid eallum Creca cræftum

beswīcan. And þēah ne dorste hē ġenēðan þæt hē hīe mid
fierde ġefōre, ǣr hē ongan mid Creca scipum þe mon "dulmunus"
hǣtt, þe mon sæġð þæt on ān scip mæġe ān þūsend manna.
And þā nihtes on unġearwe hī on bestæl, and hī swīðe forslōg
and fordyde; and hwæþere ne mihten hīe þæs landes beniman.

On ðǣm dagum þǣr wǣron twā cwēna, þæt wǣron ġe-
sweostor, Anthiopa and Orithia. And þǣr wearð Orithia ġefan-
gen. Æfter hire fēng tō rīċe Pentesilia, sēo þe on þǣm Troian-
iscan ġefeohte swīðe mǣre ġewearð.

Hit is scondlīċ, cwæð Orosius, ymb swelċ tō sprecenne hwelċ
hit þā wæs, þā swā earme wīf and swā elþēodiġe hæfdon ġegān
þone cræftiġestan dǣl and þā hwætestan men ealles þises
middanġeardes, þæt wæs Asia and Europe, þā hīe fornēah mid
ealle āwēston, and ealde ċeastra and ealde byriġ tōwurpon.
And æfter ðǣm hīe dydon æġþer ġe cyninga rīċu settan ġe
nīewa ċeastra timbredon, and ealle þā worold on hiera āgen
ġewill onwendende wǣron fulnēah hund wintra. And swā
ġemune men wǣron ælċes broces þætte hīe hit fulnēah tō nānum
fācne nē tō nānum lāðe næfdon þætte þā earman wīfmen hīe
swā tintregodon.

[THE GOTHS]

And nū, þā ðā Gotan cōmon of þǣm hwætestan monnum
Germania, þe æġðer ġe Pirrus sē rēða Creca cyning, ġe Alexan-
der, ġe Julius sē cræftiga cāsere, hīe ealle from him ondrēdon
þæt hī hīe mid ġefeohten.

Hū unġemetlīċe ġē Romware bemurciað and besprecað þæt
ēow nū wiers sīe on þisum Cristendōme þonne þǣm þēodum þā
wǣre, for þon þā Gotan ēow hwōn oferherigedon, and ēowre
burg ābrǣcon, and ēower fēawe ofslōgon. And for hiera cræf-
tum and for hiera hwætscipe ēowra selfra anwaldes eoweres un-
þonces habban mihton, þe nū lustlīċe sibbsumes frīðes and
sumne dǣl landes æt ēow biddende sindon, tō þon þæt hīe ēow
on fultume bēon mōten, and hit ǣr þisum ġenōg ǣmtiġ læġ and
ġenōg wēste, and ġē his nāne note ne hæfdon. Hū blindlīċe

moniġe þēode sprecað ymb þone Cristendōm, þæt hit nū wierse
sīe þonne hit ǣr wǣre, þæt hīe nillað ġeþenċean oþþe ne cunnon,
hwǣr hit ġewurde ǣr þǣm Cristendōme, þæt ǣnigu þēod ōþre
hiere willum friðes bǣde, būton hiere þearf wǣre, oþþe hwǣr
ǣnigu þēod æt ōþerre mihte frið beġietan, oððe mid golde, oððe
mid seolfre, oððe mid ǣniġe fēo, būton hē him underþīedd
wǣre. Ac siþþan Crist ġeboren wæs, þe ealles middanġeardes
is sibb and frið, nālæs þæt ān, þæt men hīe mihten ālīesan mid fēo
of þēowdōme, ac ēac þēoda him betwēonum būton þēowdōme
ġesibbsume wǣron. Hū wēne ġē hwelċe sibbe þā weras hæfdon
ǣr þǣm Cristendōme, þonne hiera wīf swā moniġfeald yfel dōnde
wǣron on þisum middanġearde?

[TROY]

Ǣr þǣm þe Romeburg ġetimbred wǣre fēower hunde win-
trum and þrītigum wintra, ġewearð þætte Alexander, Priamises
sunu þæs cyninges of Troiana þǣre byriġ, ġenam þæs cyninges
wīf Monelaus, of Læcedemonia, Creca byriġ, Elena. Ymb hīe
wearð þæt mǣre ġewinn and þā miclan ġefeoht Creca and
Troiana, swā þætte Crecas hæfdon þūsend scipa þāra miclena
dulmuna, and him betwēonum ġeswōron þæt hīe nǣfre noldon
on cȳþþe cuman ǣr hīe hiera tēonan ġewrǣcen. And hī ðā tīen
ġēar ymbe þā burg sittende wǣron and feohtende. Hwā is
þætte ārīman mæġe hwæt þǣr moncynnes forwearð on ǣġðere
hand, þæt Omarus sē scop sweotollīcost sæġde? For þon nis
mē þæs þearf, cwæþ Orosius, tō secgenne, for þon hit longsum is,
and ēac monigum cūð. Þēah swā hwelcne mon swā lyste þæt
witan, rǣde on his bōcum hwelċe unġetīmu and hwelċe tīber-
nessa hīe drēogende wǣron, ǣġþer ġe on manslihtum ġe on
hungre ġe on scipġebroce ġe on mislīcre forscapunge, swā mon
on spellum sæġð. Þā folc him betwēonum ful tīen winter þā
ġewin wraciende wǣron. Ġeþenċe þonne þāra tīda and nū
þissa, hwæþre him bet līcien!

* * *

Nū is hit scortlīċe ymbe þæt ġesæġd þætte ǣr ġewearð ǣr Romeburg ġetimbred wǣre, þæt wæs from frymðe middanġeardes fēower þūsend wintra and fēower hund and twā and hundeahtatiġ. And æfter þǣm þe hēo ġetimbred wæs, wæs ūres Drihtnes ācennes ymb seofon hund wintra and fīftīene. . . .

[FOUNDING OF ROME]

Ymb fēower hunde wintra· and ymb fēowertiġ þæs þe Troia, Creca burg, āwēsted wæs, wearð Romeburg ġetimbred from twām ġebrōðrum, Remuse and Romuluse. . . .

[PERSIA]

Cirus, Persa cyning, þe wē ǣr beforan sæġdon, þā hwīle Sabini and Romane wunnon on þǣm westdǣle, þā hwīle wonn hē ǣġþer ġe on Sciþþie ġe on Indie, oþ hē hæfde mǣst ealne þone ēastdǣl āwēst. And æfter ðǣm fierd ġelǣdde tō Babylonia, þe þā weliġre wæs þonne ǣniġu oþeru burg.

* * *

[LEONIDAS]

Æfter Darius fēng hīs sunu tō Persea Xersis. Þæt ġewinn þæt his fæder āstealde, hē dīeġellīċe for þǣm fīf ġēar scipu worhte, and fultum ġegaderode. . . . Xersis, þā he on Crecas fōr, hæfde his āgenes folces eahta hund þūsenda, and hē hæfde of ōþerum þēodum ābeden fēower hund þūsenda. And hē hæfde scipa, þāra miclena dulmuna, ān þūsend and tū hund, and þāra scipa wǣron þrīe þūsend þe hira mete bǣron. And ealles his heres wæs swelċ unġemet þæt mon ēaðe cweþan mihte ðæt hit wundor wǣre, hwǣr hīe landes hæfden þæt hīe mihten on ġewīcian, oþþe wæteres þæt hīe mihten him þurst of ādrincan. Swā þēah sēo unġemetlīce meniġu þæs folces wæs þā īeðre tō oferwinnenne þonne hēo ūs sīe nū tō ġerīmenne oþþe tō ġelīefenne.

Leoniða, Læcedemonia cyning, Creca byrġ, hæfde fēower

þūsend monna, þā hē onġēan Xersis fōr on ānum nearwan landfæstenne, and him þǣr mid ġefeohte wiðstōd. . . .

Xersis, swīþe him þā ofþynċendum þæt his folc swā forslagen wæs, hē self þā þǣrtō fōr mid eallum þǣm mæġene þe hē ðǣrtō ġelǣdan mihte, and þǣr feohtende wǣron þrīe dagas, oþ þāra Persea wæs unġemetlīċ wæl ġeslæġen. Hē hēt þā þæt fæste land ūtan ymbfaran, þæt him mon sceolde on mā healfa onfeohtan þonne on āne. Leoniþa þæt þā ġeāscode, þæt hine mon swā beþridian wolde. Hē þonan āfōr, and his fierd ġelǣdde on ān ōþer fæstre land, and þǣr ġewunodon oþ niht. And him from āfaran hēt ealle þā burgware þe hē of ōðerum lande him tō fultume ābeden hæfde, þæt hīe him ġesunde burgen, for þǣm hē ne ūþe þæt ǣniġ mā folca for his þingum forwurde þonne hē self mid his āgenre þēode. Ac hē þus wæs sprecende and ġēomriende: "Nū wē untwēoġendlīċe witon þæt wē ūre āgen līf forlǣtan sculon for þǣm unġemetlīcan fēondscipe þe ūre ēhtende on sindon. Uton þēahhwæþere ācræftan hū wē hira on þisse niht mæġen mǣst beswīcan, and ūs selfum betst word and longsumost æt ūrum ende ġewyrċan." Hū miċel þæt is tō secgenne, þætte Leoniða, mid sīex hund manna, sīex hund þūsend ġebismrode, sume ofslōg, sume ġeflīemde.

[ALEXANDER]

Æfter þǣm þe Romeburg ġetimbred wæs fēower hunde wintrum and sīex and twēntiġ, fēng Alexander tō Mæcedonia rīċe Philippuse his fæder. . . .

On þǣm ǣrestan ġefeohte þe Alexander ġefeaht wið Darius on Persum, Darius hæfde siex hund þūsend folces. Hē wearþ þēah swīþor beswicen for Alexandres searwe þonne for his ġefeohte.

[HANNIBAL]

Æfter þǣm þe Romeburg ġetimbred wæs fīf hunde wintrum and fēowertigum, þā þā consulas ġefōron mid fierde onġēan

Hannibal. Ac hē hīe mid þǣm ilcan wrenċe beswāc þe hē æt hira ǣrran ġemētinge dyde, and ēac mid þǣm nīwan þe hīe ǣr ne cūðon; þæt wæs, ðæt hē on fæstre stōwe lēt sum his folc, and mid sumum fōr onġēan þā consulas. And raðe þæs þe hīe tōsomne cōmon, hē flēah wið þāra þe þǣr beæftan wǣron, and him þā consulas wǣron æfterfolgende, and þæt folc slēande, and wēndon þæt hīe on þǣm dæġe sceoldon habban þone mǣstan siġe.

Ac raðe þæs þe Hannibal tō his fultume cōm, hē ġeflīemde ealle þā consulas, and on Romanum swā miċel wæl ġeslōg swā hira nǣfre næs nē ǣr nē siþþan æt ānum ġefeohte. . . . Æfter þǣm Hannibal sende hām tō Cartaina þrīe mydd gyldenra hringa his siġe tō tācne. Be þǣm hringum mon mihte witan hwæt Romana duguðe ġefeallen wæs, for þon þe hit wæs þēaw mid him on ðǣm dagum þæt nān ōþer ne mōste gyldenne hring werian, būton hē æþeles cynnes wǣre. . . .

And ealle Italiam ġeswicon Romanum, and tō Hannibal ġeċierdon, for þon þe hīe wǣron orwēne hwæþer ǣfre Romane tō hira anwealde becōmen. . . .

Hū magon nū Romane, cwæð Orosius, tō sōþe ġesecgan þæt hīe þā hæfden beteran tīda þonne hīe nū hæbben, þā hīe swā manigu ġewinn hæfdon endemes underfangen? Ān wæs on Ispania, ōþer on Mæcedonia, þridda on Capadotia, fēowerþa æt hām wið Hannibal. And hīe ēac oftost ġeflīemde wurdon and ġebismrode. Ac þæt wæs swīðe sweotol þæt hīe þā wǣron beteran þeġnas þonne hīe nū sīen, þæt hīe þēah þæs ġewinnes ġeswīcan noldon. Ac hīe oft ġebidon on lytlum staþole and on unwēnlīcum, þæt hīe þā æt nēhstan hæfdon ealra þāra onweald þe ǣr hīe hæfdon.

[Caesar and Britain]

Æfter þǣm þe Romeburg ġetimbred wæs siex hunde wintra and seofon and siextiġ, Romane ġesealdon Gaiuse Juliuse seofon legion, tō þon þæt he sceolde fīf winter winnan on Gallie.

Æfter þǣm þe hē hīe oferwunnen hæfde, hē fōr on Bretanie
þæt īglond, and wið þā Brettas ġefeaht, and ġeflīemed wearð on
þǣm londe þe mon hǣt Centlond. Raþe þæs hē ġefeaht eft
wiþ þā Brettas on Centlonde, and hīe wurdon ġeflīemede.
Hira þridde ġefeoht wæs nēah þǣre īe þe mon hǣt Temes, nēah
þǣm forda þe mon hǣt Welengaford. Æfter þǣm ġefeohte him
ēode on hond sē cyning and þā burgware þe wǣron on Ciren-
ċeastre, and siþþan ealle þe on þǣm īġlonde wǣron.

[AUGUSTUS]

Æfter þǣm þe Romeburg ġetimbred wæs seofon hunde win-
tra and siex and þrītiġ, . . . eall þēos worold ġeċēas Agustuses
frið and his sibbe. And eallum monnum nānwiht swā gōd ne
þūhte swā hīe tō his hyldo becōmen, and þæt hīe his under-
þēowas wurden. . . . þā wurdon Janes dura fæste betȳned,
and his locu rustige, swā hīe nǣfre ǣr nǣron.

[CHRIST]

On þǣm ilcan ġēare þe þis eall ġewearð—þæt wæs on þǣm
twǣm and fēowertēoþan wintra Agustuses rīċes—þā wearð sē
ġeboren sē þe þā sibbe brōhte eallre worolde, þæt is ūre Drihten
Hǣlend Crist.

Nū iċ hæbbe ġesæġd, cwæð Orosius, from frymþe þisses
middanġeardes hū eall moncyn onġeald þæs ǣrestan monnes
synna mid miclum tēonum and wītum, nū iċ wille ēac forþ
ġesecgan hwilċ mildsung and hwilċ ġeþwǣrnes siþþan wæs,
siþþan sē Cristendōm wæs, ġelīcost þǣm þe monna heortan
āwende wurdon, for þon þe þā ǣrran þing āgoldene wǣron.
Hēr endaþ sēo sixte bōc, and onġinð sēo seofoðe.

* * *

Nū ġīet ēow Romane mæġ ġescamian, cwæð Orosius, þæt ġē
swā hēanlīċ ġeþōht sceoldon on ēow ġeniman for ānes monnes
eġe and for ānes monnes ġeblōte, þæt ġē sæġdon þæt þā hǣðnan

tīda wǣron beteran þonne þā Cristnan, and ēac þæt ēow selfum
wǣre betere þæt ġē ēowerne Cristendōm forlēten, and tō þǣm
hǣðeniscan þēawum fēngen, þe ēowere ieldran ǣr beēodon.

FROM BEDE'S ECCLESIASTICAL HISTORY
OF THE ENGLISH PEOPLE

The Venerable Bede (*c* 672–735) composed more than thirty-five works in
Latin on theology, natural science, grammar, and history. The Old English
translation of the *Ecclesiastical History* has been traditionally ascribed to King
Alfred, but the dialect is Anglian, and the translation is more slavish and unidio-
matic than others which we are certain Alfred made. It was probably made by
Mercian translators working under Alfred's influence. The Old English text
was published by Miller (Early English Text Society, 1890–91). The selections
follow the original closely, with only a few emendations and changes.

Iċ Beda, Cristes þēow and mæsseprēost, sende grētan ðone
lēofastan cyning Ceolwulf. And iċ ðē sende þæt spell þæt iċ
nīwan āwrāt be Angelþēode and Seaxum, ðē sylfum tō rǣdanne
and on ǣmtan tō smēaġeanne, and ēac on mā stōwa tō wrītanne
and tō lǣranne. And iċ ġetrēowiġe on ðīne ġeornfulnysse,
forþon ðū eart swyðe ġȳmende and smēaġende ealdra manna
cwidas and dǣda and ealra swyðost þāra mǣrena wera ūre
þēode. . . . And þæt þȳ lǣs twēoġe hwæðer þis sōð sȳ, iċ cȳðe
hwanan mē þās spell cōman.
Ǣrest mē wæs fultumiend and lārēow abbad Albinus, sē
wæs wīde ġefaren and ġelǣred, and wæs betst ġelǣred on
Angelcynne. . . . Eall þæt hē on Cantwara mǣġþe, . . . eall
ðæt hē oððe on ġewritum oððe on ealdra manna sǣgenum
onġeat, oððe fram leorningcnihtum þæs ēadigan pāpan Sanctae
Gregories, þā hē . . . ealle . . . tō mē . . . on stafum āwrāt and
mē sende. Fram fruman þyssa bōca oþ þā tīd þe Angelcyn

Cristes ġelēafan ontēng, of ealldra manna sæġenum . . . wē
ġeleornodon. Swȳðe fela hī mē sǣdon fram ġehwylcum bisco-
pum, and hwylcum cyninga tīdum Ēastseaxe and Westseaxe and
Ēastengle and Norðanhumbre þǣre ġife onfēngon Cristes
ġelēafan. Ðurh Albinus swīðost iċ ġeðrīstlǣhte þæt iċ dorste
þis weorc onġynnan, and ēac þurh mynegunge Danieles þæs
ārwurðan Westseaxna biscopes, sē nū lifiġende is. Fela hē mē
sǣde ymbe Sūðseaxe and embe Westseaxe, and ēac ymbe Wiht
ðæt īġland swȳðost hē mē sende on ġewritum. . . . And ēac
þæt wē on Norðanhymbrum ġeācsedon ymbe Cristes ġelēafan
oð ðysne andweardan dæġ, nālæs mid ānes mannes ġeþeahte, ac
mid ġesæġene unrīm ġelēaffulra witena, þā þe þā ðing wiston and
ġemunden. And syððan, þæt iċ sylf onġeat, ne lēt iċ þæt un-
writen. . . . And þone leornere iċ nū ēadmōdlīċe bidde and
hālsiġe, ġif hē hwæt ymbe ðis on ōðre wīsan ġemēte oððe
ġehȳre, þæt hē mē þæt ne oðwīte.

* * *

[THE ISLAND OF BRITAIN]

Breoton is gārsecges ēalond, ðæt wæs iū ġeara Albion hāten;
is ġeseted betwyh norðdæle and westdæle, Germanie and Gallie
and Hispanie, þām mǣstum dǣlum Europe, myċele fæce, on-
ġeġen. Þæt is norð ehta hund mīla lang, and tū hund mīla
brād. Hit hafað fram sūðdæle þā mǣġðe onġēan, þe mon hāteþ
Gallia Belgica.

Hit is weliġ, þis ēalond, on wæstmum and on trēowum
missenlīcra cynna; and hit is ġescrǣpe on lǣswe sċēapa and nēata;
and on sumum stōwum wīnġeardas grōwaþ. Swylċe ēac þēos
eorþe is berende missenlīcra fugela and sǣwihta, fiscumwyllum
wæterum and wyllġespryngum. And hēr bēoþ oft fangene
sēolas and hronas and mereswȳn. And hēr bēoþ oft numene
missenlīcra cynna weolcscylle and muscule, and on þām bēoð
oft ġemētte þā betstan meregrotan ǣlċes hīwes. And hēr bēoð
swȳþe ġenihtsume weolocas, of þām bið ġeworht sē weolucrēada

tælgh, þone ne mæġ sunne blæċan nē ne reġn wyrdan; ac swā hē
biþ yldra, swā hē fæġerra biþ.

Hit hafað ēac, þis land, sealtsēaþas, and hit hafaþ hāt
wæter, and hāt baðo ælċere yldo and hāde, ðurh tōdælede stōwe
ġescræpe. Swylċe hit is ēac berende on wecga ōrum āres and
īsernes, lēades and seolfres. Hēr biþ ēac ġemēted gagates; sē
stān bið blæc ġym. Ġif mon hine on fȳr dēþ, þonne flēoþ þær
nēddran on weġ.

Wæs þis ēalond ēac ġēo ġewurðad mid þām æðelestum
ċeastrum, ānes wana þrittigum, ðā þe wæron mid weallum and
torrum and ġeatum and þām trumestum locum ġetimbrade,
būtan ōðrum læssan unrīm ċeastra.

And forðan ðe ðis ēalond under þām sylfum norðdæle
middanġeardes nȳhst liġeþ, and lēohte nihte on sumera hafað—
swā þæt oft on middre nihte ġeflit cymeð þām behealdendum,
hwæðer hit sī þe æfenglommung ðe on morgen dēagung—is on
ðon sweotol, ðæt þis ēalond hafað myċele lengran dagas on
sumera, and swā ēac nihta on wintra, þonne ðā sūðdælas mid-
danġeardes.

[THE LANGUAGES AND INHABITANTS]

Ðis ēalond nū on andweardnysse æfter rīme fīf Moyses bōca,
ðām sēo godcunde æ āwriten is, fīf ðēoda ġereordum ænne
wīsdōm þære hēan sōþfæstnysse and þære sōðan hēanesse smēað
and andetteaþ: þæt is on Angolcynnes ġereorde, and Brytta and
Scotta and Peohta and Lēdenwara. Þæt ān is, þæt Lēden, on
smēaunge ġewrita eallum þām ōðrum ġemæne.

On fruman ærest wæron þysses ēalondes bīgengan Bryttas
āne, fram þām hit naman onfēng. Is þæt sæd, ðæt hī cōmon
fram Armoricano þære mæġeþe on Breotone, and þā sūðdælas
þyses ēalondes him ġesæton and ġeāhnodon.

Þā ġelamp æfter þon þætte Peohte ðēod cōm of Scyððia
lande on scipum and þā ymbærndon eall Breotone ġemæro, þæt
hī cōmon on Scotland ūpp, and þær ġemētton Sceotta þēode,

and him bǣdon setles and eardungstōwe on heora lande betwyh
him. Andswarodon Scottas, þæt heora land ne wǣre tō þæs
myċel, þæt hī mihton twā þēode ġehabban. Ac cwǣdon, "Wē
magon ēow sellan hālwende ġeþeahte, hwæt ġē dōn magon.
Wē witon heonan nōht feor ōðer ēalond ēastrihte, þæt wē
magon oft lēohtum dagum ġesēon. Ġif ġē þæt sēċan wyllaþ,
þonne magon ġē þǣr eardungstōwe habban. Oððe ġif hwylċ
ēow wiðstondeð, þonne ġefultumiað wē ēow."
Ðā fērdon Peohtas in Breotone, and ongunnon eardiġan þā
norðdǣlas þyses ēalondes, and Bryttas, swā wē ǣr cwǣdon, ðā
sūðdǣlas. Mid þȳ Peohtas wīf næfdon, bǣdon him fram
Scottum. Ðā ġeþafedon hī ðǣre ārēdnesse, and him wīf seal-
don, þæt ðǣr sēo wīse on twēon cyme, þæt hī ðonne mā of þām
wīfcynne him cyning curan þonne of þām wǣpnedcynne. Þæt
ġēt tō dæġ is mid Peohtum healden.
Ðā, forþgongenre tīde, æfter Bryttum and Peohtum, þridde
cynn Scotta Breotone onfēng on Pehta dǣle. Ðā wǣron cu-
mene of Hibernia, Scotta ēalonde, mid heora heretogan, Reada
hātte. Oðþa mid frēondscipe, oðþa mid ġefeohte him sylfum
betwih, hī setl and eardungstōwe ġeāhnodon, þā hī nū ġēt hab-
bað. Þæt cynn nū ġeond tō dæġ Dalreadingas wǣron hātene.

[Hibernia]

Hibernia, Scotta ēalond, ġe on brǣdo his stealles ġe on hāl-
wendnesse ġe on smyltnysse lyfta, is betere mycle þonne Breo-
tone land, swā þæt ðǣr seldon snau leng liġeð þonne ðrȳ dagas.
And þǣr nǣniġ mann for wintres ċyle on sumera hēġ ne māweþ,
nē scypene his nēatum ne timbreþ. Ne þǣr monn ǣniġne
snīcendne wyrm nē ǣtterne ġesihþ, nē þǣr ǣniġ nǣdre lifian ne
mæġ. Forþon of Breotone nǣdran on scipum lǣdde wǣron,
sōna swā hī ðæs landes lyft ġestuncan, swā swulton hī. . . . Is
þæt ēalond weliġ on meolcum and on huniġe. And wīnġeardas
weaxaþ on sumum stōwum. And hit is fiscwylle and fugolwylle,
and mǣre on huntunge heorta and rāna. Þis is āgendlīċe

Scotta ēðel. Heonon cōman sēo ðridde ðēod Scotta, swā wē ǣr cwǣdon, ēac be Bryttum and Peohtum on Breotone.

[DEPARTURE OF THE ROMANS]

Ðā wæs ymb fēower hund wintra and seofone æfter Drihtnes menniscnysse. Fēng tō rīce Honorius cāsere, sē wæs fēorða ēac fēowertigum fram Agusto þām cāsere—twām ġēarum ǣr Romaburh ābrocen and forhergad wǣre. Sēo hergung wæs þurh Alaricum Gotena cyning ġeworden. Wæs Romaburh ābrocen fram Gotum ymb þūsend wintra and hundtēontiġ and fēower and syxtiġ ðæs þe hēo ġeworht wæs. Of þǣre tīde Romane blunnun rīcsian on Breotone. . . .

Þā ongunnan twā ðēoda, Pyhtas norðan and Scottas westan, hī onwinnan and heora ǣhta niman and hergian. And hī fela ġēara yrmdon and hȳndon. . . .

Þā ġesomnedon hī ġemōt and þeahtedon and rǣddon hwæt him tō dōnne wǣre, hwǣr him wǣre fultum tō sēċanne tō ġe-wearnienne and tō wiðscūfanne swā rēðre hergunge and swā ġelōmlīcre þāra norðþēoda. And þā ġelīcode him eallum mid heora cyninge, Wyrtġeorn wæs hāten, þæt hī Seaxna þēode ofer þām sǣlīcum dǣlum him on fultum ġecȳġdon and ġelaðedon. . . .

[THE COMING OF ANGLES AND SAXONS]

Ðā Angel þēod and Seaxna wæs ġelaðod fram þām foresprece-nan cyninge, and on Breotone cōm on þrim myclum scipum, and on ēastdǣle þyses ēalondes eardungstōwe onfēng þurh ðæs ylcan cyninges bebod, þe hī hider ġelaðode, þæt hī sceoldan for heora ēðle compian and feohtan. And hī sōna compedon wið heora ġewinnan, þe hī oft ǣr norðan onhergedon. And Seaxan þā siġe ġeslōgan.

Þā sendan hī hām ǣrenddracan, and hēton secgan þysses landes wæstmbǣrnysse and Brytta yrgþo. And hī þā sōna hider sendon māran sciphere strengran wighena, and wæs unoferswīðendlīċ weorud þā hī tōgædere ġeþēodde wǣron. And

him Bryttas sealdan and ġeafan eardungstōwe betwih him þæt
hī for sibbe and hǣlo heora ēðles campodon and wunnon wið
heora fēondum, and hī him andlyfne and āre forġēafen for heora
ġewinne. Cōmon hī of þrim folcum ðām strangestan Germanie, þæt
of Seaxum and of Angle and of Ġeatum. Of Ġeata fruman
syndon Cantware and Wihtsǣtan. Þæt is sēo ðēod þe Wiht
þæt ēalond oneardað. Of Seaxum, þæt is of ðām lande þe mon
hāteð Ealdseaxan, cōman Ēastseaxan and Sūðseaxan and West-
seaxan. And of Engle cōman Ēastengle and Middelengle and
Myrċe and eall Norðhembra cynn. Is þæt land ðe Angulus is
nemned, betwyh Ġeatum and Seaxum. Is sǣd of þǣre tīde þe
hī ðanon ġewiton oð tō dæġe, þæt hit wēste wuniġe.

Wǣron ðā ǣrest heora lāttēowas and heretogan twēġen
ġebroðra, Hengest and Horsa. . . . Ne wæs ðā ylding tō þon
þæt hī hēapmǣlum cōman, māran weorod of þām ðēodum þe
wē ǣr ġemynegodon. And þæt folc ðe hider cōm ongan
weaxan and myclian tō þon swīðe, þæt hī wǣron on myclum eġe
þām sylfan landbīgengan ðe hī ǣr hider laðedon and ċȳġdon.

Æfter þissum hī þā ġeweredon tō sumre tīde wið Pehtum,
þā hī ǣr þurh ġefeoht feor ādrifan. And þā wǣron Seaxan
sēċende intingan and tōwyrde heora ġedāles wið Bryttas.
Cȳðdon him openlīċe and sǣdon, būtan hī him māran andlyfne
sealdon, þæt hī woldan him sylfe niman and hergian þǣr hī hit
findan mihton. And sōna þā bēotunge dǣdum ġefyldon.
Bærndon and hergedon and slōgan fram ēastsǣ oð westsǣ, and
him nǣniġ wiðstōd. . . . Swā þonne hēr fram þǣre ārlēasan
ðēode, hwæðere rihte Godes dōme, nēh ċeastra ġehwylċe and
land forheregeode wǣron.

Hruran and fēollan cynelīco ġetimbro and ānlīpie, and
ġehwǣr sacerdas and mæsseprēostas betwih wībedum wǣron
slæġene and cwylmde. Biscopas mid folcum, būton ǣniġre āre
sċēawunge, ætgædere mid īserne and līġe fornumene wǣron.
And ne wæs ǣniġ sē ðe bebyriġnysse sealde þām ðe swā

hrēowlīċe ācwealde wǣron. And moniġe ðǣre earman lāfe on
wēstenne fanggene wǣron and hēapmǣlum sticode. Sume for
hungre heora fēondum on hand ēodon, and ēċne þēowdōm
ġehēton wiðþon þe him mon andlifne forġēfe. Sume ofer sǣ
sāriġende ġewiton. Sume forhtiende in ēðle ġebidon, and
þearfende līf in wuda and in wēstenum and in hēan cleofum
sorġiende mōde symle dydon.

Ond þā æfter þon þe sē here wæs hām hweorfende, and hēo
hæfdon ūtāmǣrede þā bīgengan þisses ēalondes, ðā ongunnon
hēo sticcemǣlum mōd and mæġen monian; and forðēodon of
þǣm dēaglum stōwum þe hēo ǣr in behȳdde wǣron, and ealra
ānmōdre ġeþafunge heofonrīċes fultomes him wǣron biddende,
þæt hēo oð forwyrd ǣghwǣr fordīlgode ne wǣron.

Wæs in ðā tīd heora heretoga and lāttēow Ambrosius, hāten
ōðre noman Aurelianus. Wæs gōd mon and ġemetfæst, Ro-
manisces cynnes mon. In þisses monnes tīd mōd and mæġen
Brettas onfēngon. And hē hēo tō ġefeohte forðġeċēġde and
him siġe ġeheht. And hēo ēac on þām ġefeohte þurh Godes
fultom siġe onfēngon. And þā of þǣre tīde hwīlum Brettas,
hwīlum eft Seaxan siġe ġeslōgon, oð þæt ġēr ymbsetes þǣre
Beadonescan dūne. Þā hēo miċel wæl on Ongolcynne ġeslōgon,
ymb fēower and fēowertiġ wintra Ongolcynnes cymes in Breo-
tone.

* * *

[POPE GREGORY SENDS MISSIONARIES]

Ðā wæs ... ymb fīf hund wintra and tū and hundnigontiġ
wintra from Cristes hidercyme. Mauricius cāsere fēng tō rīċe.
... Ðæs cāseres rīċes ðȳ tēoðan ġēare Gregorius sē hālga wer,
sē wæs on lāre and on dǣde sē hēhsta, fēng tō biscophāde þǣre
Romaniscan ċyriċan and þæs apostolīcan setles. . . . Sē wæs
mid godcundre inbryrdnesse monad . . . ðæt hē sende Agus-
tinum, and ōðre moniġe munecas mid hine Drihten ondrēdende,
bodian Godes word Ongolþēode. . . .

Nis ūs þonne sē hlīsa tō forswiġienne, þe be þām ēadigan
Gregorie þurh yldra manna seġene tō ūs becōm, for hwilcum
intingan hē monad wǣre þæt hē swā ġeornfulle ġȳmenne dyde
ymb þā hǣlo ūre þēode.

Secgeað hī þæt sume dæġe þider nīwan cōme ċēapmen of
Brytene, and moniġ ċēape þing on ċēapstōwe brōhte, and ēac
moniġe cwōmon tō bicgenne þā ðing. þā ġelomp þætte
Gregorius betweoh ōðre ēac þider cwōm, and þā ġeseah, be-
tweoh ōðer þing ċēape, cneohtas þǣr ġesette. Wǣron hwītes
līċhoman and fæġres ondwlitan men, and æðellīċe ġefeaxe. Ðā
hē þā hēo ġeseah and behēold, þā frǣġn hē of hwelcon londe
oððe of hwylcre þēode hȳ brōhte wǣron. Sǣġde him mon þæt
hēo of Breotone ēalonde brōhte wǣron, ond þæs ēalondes
bīgengan swelcre onsȳne men wǣron. Eft hē frǣġn hwæðer
þā ilcan londlēode Cristne wǣron, þe hī þā ġēn in hæðennesse
ġedwolan lifden. Cwæð him mon tō and sæġde þæt hēo hæðne
wǣron. And hē þā . . . þus cwæð, "Wālā wā! þæt is sārlīċ,
þætte swā fæġer feorh and swā lēohtes ondwlitan men scyle
āgan and besittan þēostra aldor."

Eft hē frǣġn hwæt sēo þēod nemned wǣre þe hēo of cwōmon.
Ondswarede him mon þæt hēo Ongle nemde wǣron. Cwæð hē,
"Wel þæt swā mæġ, forðon hēo ænlīċe onsȳne habbað, and ēac
swylċe ġedafonað þæt hēo engla efenyrfeweardas in heofonum
sȳ. . . . Ond hē þā sōna ēode tō ðǣm biscope and tō ðām
pāpan, . . . and bæd hine þæt hē Ongolþēode onsende in Breo-
tone hwelċehwego lārēowas, þætte þurh þā hēo tō Criste
ġeċyrrede wǣron. . . . Ac hē sōna hraðe þæs þe hē biscop
ġeworden wæs, þætte hē ġefremede þæt weorc þæt hē longe
wilnade, and þā hālgan lārēowas hider onsende.

* * *

[THE CONVERSION OF EDWIN]

Þā sē cyning Eadwine þā þās word ġehȳrde, þā andswarode
hē him and cwæð þæt hē ǣġhwæþer ġe wolde ġe sceolde þām
ġelēafan onfōn þe hē lǣrde. Cwæð hwæþere þæt hē wolde mid

his frēondum and mid his wytum ġesprec and ġeþeaht habban,
þæt ġif hī mid hine þæt ġeþafian woldan, þæt hī ealle ætsomne
on līfes willan Criste ġehālgade wǣran. Þā dyde sē cyning swā
swā hē cwæð, and sē bisceop þæt ġeþafade. . . .

Ōþer cyninges wita and ealdormann . . . tō þǣre sprǣċe fēng
and þus cwæþ, "Þyslīċ mē is ġesewen, þū cyning, þis andwearde
līf manna on eorðan tō wiðmetenesse þǣre tīde þe ūs uncūð is,
swylċ swā þū æt swǣsendum sitte mid þīnum ealdormannum and
þeġnum on wintertīde, and sīe fȳr onǣled and þīn heall ġe-
wyrmed, and hit rīne and snīwe and styrme ūte. Cume ān
spearwa and hrædlīċe þæt hūs þurhflēo, cume þurh ōþre duru in,
þurh ōþre ūt ġewīte. Hwæt, hē on þā tīd þe hē inne bið, ne
bið hrinen mid þȳ storme þæs wintres. Ac þæt bið ān ēagan
bearhtm and þæt lǣsste fæc, ac hē sōna of wintra on þone winter
eft cymeð. Swā þonne þis monna līf tō medmiclum fæce
ætȳweð. Hwæt þǣr foregange, oððe hwæt þǣr æfterfyliġe, wē
ne cunnun. Forðon ġif þēos lār ōwiht cūðlīcre and ġerisenlīcre
brenge, þæs weorþe is þæt wē þǣre fylġen." Þeossum wordum
ġelīcum ōðre aldormen and ðæs cyninges ġeþeahteras sprǣcan.

* * *

[CONCLUSION]

In ondweardnesse . . . ealle þās mǣġþe and ēac ōðre sūð-
mǣġðe oþ ġemǣre Humbre strēames mid heora cyningum ēac
swilċe Æþelbolde Merċna cyninge in hȳrsumnesse underþēodde
seondon. . . . Swilċe ēac Pehta cyn in þās tīd hafað sibbe and
wǣre mid Ongelþēod. . . . Scottas, þā þe Bretone eardiað,
wǣron þoncfulle heora ġemǣrum; and hī nē sǣtunge nē ġestrodo
wið Ongelþēode syrwað. . . . Þis is nū in ondweardnesse ġestal
ealre Breotone ymb tū hund wintra and fīf and hundeahtatiġ
Ongelcynnes cymes in Breotone ēalond. . . .

Þās þing by stǣre Ongelþīode ċirican on Brytene, swā swā
ġēo of manna ġewritum oððe of ealdra ġeseġene oððe of mīnre
sylfre cȳþþe iċ ġewitan mihte, mid Dryhtnes fultume ġedyde iċ

Beda, Cristes þīow and mæsseprēost þæs minstres þāra ēadiġra apostola Petrus and Paulus, þæt is æt Wiramuþon and on Gyrwum.

THE FORTY SOLDIERS

The text is published by Skeat in Ælfric's *Lives of the Saints* (Early English Text Society, 1881). Most of the *Lives* are in a loose alliterative verse, and the ends of the lines are marked by the scribe. *The Forty Soldiers* is here printed in part, with emendations.

Wē wyllað ēow ġereċċan þæra fēowertiġra cempena ðrōwunge,
þæt ēower ġelēafa þē trumre sȳ þonne ġē ġehȳrað
hū þeġenlīċe hī þrōwodon for Criste.
On þæs cāseres dagum þe wæs ġehāten Licinius
wearð āstyred myċel ēhtnys ofer þā Cristenan,
swā þæt ǣlċ Cristen mann sceolde be his āgenum fēore
þām Hǣlende wiðsacan and tō hǣðenscype ġebūgan,
and þām dēofolġyldum Drihtnes wurþmynt ġebēodan.
Þā wæs ġeset sum wælhrēowa dēma,
Agricolaus ġeċīġed, on ānre byriġ
Sebastia ġehāten, on þām lande Armenia.
Sē foresǣde dēma wæs swīðe ārlēas,
Cristenra manna ēhtere and arod tō dēofles willan.
Þā hēt sē cwellere þæs cāseres cempan
ealle ġeoffrian heora lāc þām godum.
Þā wǣron on þām campdōme Cappadonisce cempan,
fēowertiġ Cristenra unforhte on mōde
ǣwfæstlīċe libbende æfter Godes lāre.
Þās ġelǣhte sē dēma and ġelǣdde hī tō þām dēofolġyldum,
and cwæð mid ōlecunge þæt hī æþele cempan wǣron,
and on ǣlcum ġefeohte fæstrǣde him betwȳnan,

and symle siġefæste on swīþlīcum ġewinne:
"Ætēowiað nū forðī ēowre ānrǣdnysse,
and ēow sylfe underþēodað þǣra cyninga ġesetnyssum,
and ġeoffriað þām godum ǣr þām þe ġē bēon ġetintregode."
   Þā cwǣdon þā Cristenan tō ðām cwellere þus:
"Oft wē oferswīðdon, swā swā þū sylf wistest,
ūre wiðerwinnan on ġehwylcum ġewinne,
þā þā wē fuhton for þām dēadlīcum kynincge.
Ac ūs ġedafenað swȳðor mid ġeswince tō campiġenne
for þām undēadlīcum cynincge and þē oferswīðan."
   Þā cwǣð sē dēma þæt hī ōþer þǣra dydon,
swā hī þām godum ġeoffrodon and ārwurðnysse hæfdon,
swā hī ðā offrunge forsāwon and ġescynde wurdon.
"Smēaġeð nū iċ bidde hwæt ēow betst fremiġe."
   Ðā hālgan andwyrdon þām hǣðenan cwellere,
"Drihten foresċēawað hwæt ūs fremiġe."
   Þā hēt sē cwellere hī on cwearterne ġebringan.
Hwæt, þā hālgan þā heora cnēowa bīgdon
binnon þām cwearterne þus biddende Crist:
"Ālȳs ūs nū, Drihten, fram dēoflīcum costnungum,
and fram eallum ǣswīcungum unrihtwīsra wyrhtena."
Hī sungon on ǣfenunga eft ōðerne sealm,
and on heora ġebedum wunodon þurhwacole oð midde niht.
Þā ætēowde sē Hǣlend hine sylfne his hālgum,
and hī þus ġetrymede tō þām tōweardan ġewinne:
"God is ēower anġinn and ēower inngehȳd,
ac sē bið ġehealden sē þe oð ende þurhwunað."
Ealle hī ġehȳrdon þæs Hǣlendes word,
and wurdon āfyrhte, and forð þurhwunodon
būton slǣpe oð dæġ, heora Drihten mǣrsiġende.
Hwæt! Þā Agricolaus on ǣrne mergen ġegaderode
his ġeborenan māgas tō his mānfullan ġeþeahte,
and hēt him tō lǣdan þā hālgan Godes cempan.
Hī þā, ealle fēowertiġ, ætforan him stōdon.

þā began sē dēma eft hī heriġan,
cwæð þæt heora ġelīcan næron on þæs cāseres lande,
nē swā ġeherede, nē him swā lēofe,
ġif hī noldon āwendan þā lufe tō hatunge.
þā cwǣdon þā hālgan þæt hī hine hatodon
for his ġelēaflēaste, and lufedon heora Drihten.
þā grimetede sē wælhrēowa swā swā grǣdig leo,
and hēt hī ġebringan ġebundene on cwearterne,
forðan þe hē anbidode þæs ealdormannes tōcymes.
þā cōm sē ealdorman ðæs embe seofon niht,
and hēt sōna ġelangian þā ġelēaffullan hālgan.
    þā cwæð heora ān—his nama wæs Quirion.
"Ēalā ġē ġebrōðra, uton bēon ġehyrte.
Swā oft swā wē clypodon tō Criste on ġefeohte
wē wurdon siġefæste sōna þurh his fultum,
and wē ēac oferswīðdon þone onsīġendan here.
Hwīlon wē wǣron on micclum ġewinne,
and eall ūre folc mid flēame ætwand,
būton wē fēowertiġ þe on ðām feohte stōdon,
biddende ġeorne ūres Drihtnes fultum,
and sume wē āflīġdon, sume fēollan ætforan ūs,
and ūre ān næs ġederod fram ealre þǣre meniu.
Nū is ūre wiðerwinna þēs wælhrēowa heretoga.
Ōðer is sē dēma, and sē dēofol þridda.
þās ðrȳ syrwiað hū hī ūs beswīcon,
ac uton nū clypian Crist ūs tō ġefylstan,
and þā eġeslīcan tintregu, nē þā teartan wītu,
nē ǣniġe bendas ūs ne bēoð tō bealwe.
Ǣfre wē wǣron ġefultumode on ǣlcum ġefeohte
swā oft swā wē sungon þisne ǣnne sealm:
'þū ælmihtiga God, ġehǣl mē on þīnum naman,
and on þīnre mihte mē ālȳs, ealwealdend.'"
    Hī wurdon þā ġelǣdde mid þysum lofsange tō þām rēðum,
and cōmon ġehwylċe tō þǣre wǣfersȳne.

þā behēold sē heretoga þā hālgan and cwæþ,
"Ġē sceolan habban æt mē wyrðmyntas and sceattas
ġif ġē ūrum godum offrian wyllað.
Ġif ġē þonne bēoð þwȳre tō þisum,
ġē bēoð ġeunwurðode and ēac ġewītnode."
þā cwǣdon þā hālgan þæt hī ðone Hǣlend wurðodon,
and nǣnne ōðerne swā hēalīcne ne tealdon.
þā hēt sē ealdorman, mid ormǣtum graman,
heora neb bēatan mid blacum flintum.
Ac þā stānas wendon wið þǣra ēhtera,
swā þæt ðā cwelleras hī sylfe cnucodon.
þā ġelǣhte sē ealdorman ǣnne ormĕtne flint,
wearp tō þām hālgum, ac hē wand þwȳres
tō þām hēahġerēfan, and his hēafod tōbrǣc.
þā wurdon þā hālgan swȳþe ġehyrte,
and sungan sōna þisne sang mid ġelēafan.
"Mīne fȳnd þe mē ġedrēfdon syndon ġeuntrumode and ādūn
     fēollon."
þā swōr sē dēma þæt hī þurh drȳcræfte
þā stānas āwendon tō heora wītnerum.

* * *

þā cōm ēac sē dēofol, and hæfde ǣnne dracan on handa,
and swurd on ōðre, þus secgende þām dēman,
"Þū eart mīn āgen; onġin nū swīþe wel."
Swylċe hē cwæð, "Oferswīð þās Cristenan
þurh tearte wīta þæt hī tō mē ġebūgan."
þā ġewearð þām ēhterum on heora yfelum ġeþeahte,
þæt hī þā Godes hālgan on heardum bendum ġelēddon
tō ānum brādum mere mid bysmorfullum edwīte.
On þām tīman wæs swīþe hefiġtīme wynter,
and sē foresǣda mere wæs mid forste oferþeaht,
and sē winterlīca wind wan mid þām forste.
þā scufon þā hǣþenan þā hālgan intō þām mere

tōmiddes þām īse, ealle unscrȳdde,
and heom weardas setton, þurhwacole menn,
þæt heora nān ne mihte mid flēame ætberstan.
Þǣr wæs ēac ġeset swīþe ġehende þām mere
wearm wæter on cȳfe, ġif þǣra cȳþera hwylċ
wolde forlǣtan his ġelēafan and his līċ baðian
on þām wearman wætere for ðæs wyntres teartnysse
Hit begann þā on æfnunge eġeslīċe frēosan
þæt þæt īs befēncg þā foresǣdan martyras,
swā þæt heora flǣsc for ðām forste tōbærst.
Þā eargode heora ān for þām ormǣtum ċyle,
āwearp his ġelēafan, and wolde hine baðian
on þām wlacum wætere, and wende fram his ġefērun.
Ac hē ġewāt sōna swā hē þæt wæter hrepode
and wearð sēo wearmnys him āwended tō dēaðe,
forþan þe his ġelēafa ne ġelǣste oð ende. . . .
Þā ġesāwon þā ōðre hū þām ānum ġetīmode,
and sungon þysne sang swylċe of ānum mūðe:
"Ne yrsa ðū, Drihten, ūs on ðysum dēopum flōdum,
nē þīn hātheortnys on þyssere ēa ne sȳ. . . .
Ġehȳr ūs nū, Drihten, on þysum dēopum flōde,
and ne lǣt ūs besenċan on ðissere ċealdan hrēohnysse,
nē ūs ne forswelge þēs swearta grund.
Wē synd earmingas. Ġehelp ūs nū, Drihten.
Wē synd ġesette on sǣlīcum grunde,
and ūre blōd flēoð tō ūrum fōtum ādūne.
Ġeliðewāca nū þisne unlīðan ċyle,
þæt menn magon oncnāwan þæt wē tō þē clypodon,
and wē bēon ġehealdene forðan þe wē hopiað tō ðē."
Hwæt! ðā fǣrlīċe wearð myċel wundor ðurh God.
Þǣr cōm heofonlīċ lēoht tō þām hālgum martyrum
swā hāt swā sunne scīnende on sumere,
and þæt īs formealt on eallum þām mere,
and þæt wæter wearð āwended tō wynsumum baðe.

Ealle þā weardmenn wǣron ǣr ġeswefode
būton heora ānum þe þyses ealles hlyste,
hū hī hī ġebǣdon and hū sē ān forfērde.
Þā behēold sē ylca hwanon þæt lēoht sceān,
ðā ġeseah hē bringan mid þām beorhtan lēohte
ufan of heofonum ān lēas fēowertiġ kynehelma
þām hālgum martyrum þe on ðām mere stōdon.
Þā underġeat hē sōna þæt sē ān næs ġeteald
tō þām cynehelmum Cristes þeġna,
forþan þe hē nolde þā earfoðnyssa forberan.
    Ðā āwrehte sē ān þā ōðre weardas
and unscrȳdde hine sylfne and scēat intō ðām mere,
clypigende and cweðende, "Iċ eom ēac Cristen."
Hē ēode tō ðām hālgum, and clypode tō ðām Hǣlende,
"Iċ ġelȳfe on þē, Drihten, swā swā þās ġelȳfað.
Lǣt mē bēon ġeteald tō heora ġetele,
and dō mē þæs wyrðne þæt iċ wælhrēowe tintrega
for þē þrōwiġe, and on ðē bēo āfandod."
    Þā ġeseah sē dēofol þæt þā Drihtnes hālgan
wǣron ġefrēfrode on heora frēcednysse,
and on ġelēafan þurhwunodon, swā swā hē ǣr ne ġelȳfde
þæt hī ǣfre þone cyle swā ġesǣliġlīce ācōman.
Þā brǣd sē sceocca hine sylfne tō menn,
ġewrāð his sceancan and wānode him sylfum,
"Wā is mē earmum þæt iċ eom oferswȳþed
fram þysum hālgum werum, and iċ eom ġebysmorod.
Hæfde iċ æltēowe þēnas, nǣre iċ þus ēaðelīce oferswīðed.
Nū iċ wylle āwendan þæs wælhrēowan heortan
tō þām ġeþance þæt hē þyssa hālgena līċ
ealle forberne and on ðǣre ēa āwurpe,
þæt furðon heora bān ne bēon ǣfre āfundene."
Þā sungon ðā hālgan on þām sōftum baðe,
"Þū eart āna God, ælmihtiġ Scyppend,
þū ðe wundra wyrcst and ūre wiðerwinnan oferswīðst,

þū ġescendest þone sceoccan þe embe ūs syrwde."

Hwæt! þā on ærne mergen cōmon þā ārlēasan cwelleras,
and āxodon þā weardmenn hūmeta sē ān
wǣre tō þām hālgum ġeðēod oððe hwæt hē ġesāwe.
þā cwǣdon þā weardas tō ðām wælhrēowum dēmum,
"Wē fēollan on slǣpe swārlīċe ealle
swylċe wē on dēaðe lāgon, ac hē læġ þurhwacol,
ġeseah ðā wundra and wrǣhte ūs siððan.
þā ġesāwe hē þæt lēoht, and hē ġelȳfde sōna,
unscrȳdde hine eallne and ēode in tō heom,
and cwæð mid hlūddre stemne þæt hē ġelȳfde on Crist."
þā hēt sē ārlēasa dēma hī ealle ġelǣdan
of ðām brādum mere and tōbrecan heora sceancan.
þā ongunnon ðā hǣðenan hī handlinga ātēon,
and tōbrǣcon heora sceancan swā swā heom beboden wæs.
þā sungon hī þisne sealm on þǣre brǣċe,
"Ūre sāwl is āhred of grīne, swā swā spearwa;
þæt grīn is tōbrȳt, and wē synd ālȳsede.
Ūre ealra fultum is on ðæs Drihtnes naman,
sē ðe ġeworhte heofonas and eorðan."
þā cwǣdon hī amen, and heora gāstas āġēafon,
and fērdon swā ġemartyrode tō þām ælmihtigan Drihtne,
þe him ǣr ġefultumode on ðām frēcednyssum
and hī ǣfre ġetrymde oþþæt hī him tōcōmon.

ALFRED'S PREFACE TO THE *CURA PASTORALIS*

Pope Gregory the Great (540–604), who sent the first Roman missionaries to the Anglo-Saxons, was the author of the *Cura Pastoralis*, a book of instruction in conduct and doctrine for the bishops and clergy. Alfred, determining upon the rehabilitation of English education through the clergy, made this his first translation into the vernacular. The best edition is by Sweet (Early English Text Society, 1871–2). Observe the use of **io, īo** for the more usual **eo, ēo**.

Ælfrēd kyning hāteð grētan Wærferð biscep his wordum luflīce ond frēondlīce; ond ðē cȳðan hāte ðæt mē cōm swīðe oft on ġemynd, hwelċe wiotan iū wǣron ġiond Angelcynn, ǣġðer ġe godcundra hāda ġe woruldcundra; ond hū ðā ġesǣliġlīca tīda ðā wǣron ġiond Angelcynn; ond hū ðā kyningas ðe ðone onwald hæfdon ðæs folces on ðām dagum Gode ond his ǣrend-wrecum hērsumedon; ond hū hīe ǣġðer ġe hiora sibbe ġe hiora siodo ġe hiora onweald innanbordes ġehīoldon, ond ēac ūt hiora ēðel ġerȳmdon; ond hū him ðā spēow ǣġðer ġe mid wīġe ġe mid wīsdōme; ond ēac ðā godcundan hādas hū ġiorne hīe wǣron ǣġðer ġe ymb lāre ġe ymb liornunga, ġe ymb ealle ðā ðīowot-dōmas ðe hīe Gode dōn scoldon; ond hū man ūtanbordes wīsdōm ond lāre hieder on lond sōhte, ond hū wē hīe nū sceoldon ūte beġietan, ġif wē hīe habban sceoldon.

Swǣ clǣne hīo wæs oðfeallenu on Angelcynne ðæt swīðe fēawa wǣron behionan Humbre ðe hiora ðēninga cūðen understondan on Englisc oððe furðum ān ǣrendġewrit of Lǣdene on Englisc ārecċean; ond iċ wēne ðætte nōht moniġe beġiondan Humbre nǣren. Swā fēawa hiora wǣron ðæt iċ furðum ānne ānlēpne ne mæġ ġeðenċean be sūðan Temese, ðā ðā iċ tō rīċe fēng. Gode ælmihtegum sīe ðonc ðætte wē nū ǣniġne onstal habbað lārēowa. Ond for ðon iċ ðē bebīode ðæt ðū dō swǣ iċ ġelīefe ðæt ðū wille, ðæt ðū ðē ðissa woruldðinga tō ðǣm ġeǣmetiġe, swā ðū oftost mæġe, ðæt ðū ðone wīsdōm ðe ðē God sealde ðǣr ðǣr ðū hiene befæstan mæġe, befæste. Ġeðenċ hwelċ wītu ūs

ðā becōmon for ðisse worulde, ðā ðā wē hit nōhwæðer ne selfe
ne lufodon, nē ēac ōðrum monnum ne lēfdon: ðone naman ānne
wē lufodon ðætte wē Cristne wǣron, ond swīðe fēawe ðā
ðēawas.

Ðā iċ ðā ðis eall ġemunde, ðā ġemunde iċ ēac hū iċ ġeseah,
ǣr ðǣm ðe hit eall forhergod wǣre ond forbærned, hū ðā ċiriċean
ġiond eall Angelcynn stōdon māðma ond bōca ġefylda, ond ēac
miċel meniġeo Godes ðīowa, ond ðā swīðe lȳtle fiorme ðāra bōca
wiston, for ðǣm ðe hīe hiora nānwuht onġietan ne meahton, for
ðǣm ðe hīe nǣron on hiora āgen ġeðīode āwritene. Swelċe hīe
cwǣden: "Ūre ieldran, ðā ðe ðās stōwa ǣr hīoldon, hīe lufodon
wīsdōm, ond ðurh ðone hīe beġēaton welan, ond ūs lǣfdon. Hēr
mon mæġ ġīet ġesīon hiora swæð, ac wē him ne cunnon æfter
spyriġean, ond for ðǣm wē habbað nū ǣġðer forlǣten ġe ðone
welan ġe ðone wīsdōm, for ðǣm ðe wē noldon tō ðǣm spore
mid ūre mōde onlūtan."

Ðā iċ ðā ðis eall ġemunde, ðā wundrade iċ swīðe swīðe ðāra
gōdena wiotona ðe ġīu wǣron ġiond Angelcynn, ond ðā bēċ ealla
be fullan ġeliornod hæfdon, ðæt hīe hiora ðā nǣnne dǣl noldon
on hiora āgen ġeðīode wendan. Ac iċ ðā sōna eft mē selfum
andwyrde, ond cwæð: "Hīe ne wēndon þætte ǣfre menn sceolden
swǣ reċċelēase weorðan, ond sīo lār swǣ oðfeallan; for ðǣre
wilnunga hīe hit forlēton, ond woldon ðæt hēr ðȳ māra wīsdōm
on londe wǣre ðȳ wē mā ġeðēoda cūðon."

Ðā ġemunde iċ hū sīo ǣ wæs ǣrest on Ebreisc ġeðīode
funden, ond eft, ðā hīe Creacas ġeliornodon, ðā wendon hīe hīe
on hiora āgen ġeðīode ealle, ond ēac ealle ōðre bēċ. Ond eft
Lǣdenware swǣ same, siððan hīe hīe ġeliornodon, hīe hīe wen-
don ealla ðurh wīse wealhstōdas on hiora āgen ġeðīode. Ond
ēac ealla ōðra Cristena ðīoda sumne dǣl hiora on hiora āgen
ġeðīode wendon. For ðȳ mē ðyncð betre, ġif īow swǣ ðyncð,
ðæt wē ēac suma bēċ, ðā ðe nīedbeðearfosta sīen eallum mon-
num tō wiotonne, ðæt wē ðā on ðæt ġeðīode wenden ðe wē ealle
ġecnāwan mæġen, ond ġedōn swǣ wē swīðe ēaðe magon mid

Godes fultume, ġif wē ðā stilnesse habbað, ðætte eall sīo ġioguð
ðe nū is on Angelcynne frīora monna, ðāra ðe ðā spēda hæbben
ðæt hīe ðæm befēolan mæġen, sīen tō liornunga oðfæste, ðā
hwīle ðe hīe tō nānre ōðerre note ne mæġen, oð ðone first ðe hīe
wel cunnen Englisc ġewrit ārǣdan: lǣre mon siððan furður on
Lǣdenġeðīode ðā ðe mon furðor lǣran wille, ond tō hīerran hāde
dōn wille.

Ðā iċ ðā ġemunde hū sīo lār Lǣdenġeðīodes ǣr ðissum
āfeallen wæs ġiond Angelcynn, ond ðēah moniġe cūðon Englisc
ġewrit ārǣdan, ðā ongan iċ, onġemang ōðrum mislīcum ond
maniġfealdum bisgum ðisses kynerīċes, ðā bōc wendan on Englisc
ðe is ġenemned on Lǣden 'Pastoralis,' ond on Englisc 'Hier-
debōc,' hwīlum word be worde, hwīlum andġit of andġiete, swǣ
swǣ iċ hīe ġeliornode æt Pleġmunde mīnum ærcebiscepe, ond æt
Assere mīnum biscepe, ond æt Grimbolde mīnum mæsseprīoste,
ond æt Iohanne mīnum mæsseprēoste. Siððan iċ hīe ðā ġelior-
nod hæfde, swǣ swǣ iċ hīe forstōd, and swǣ iċ hīe andġitfullīcost
āreċċean meahte, iċ hīe on Englisc āwende; ond tō ǣlcum biscep-
stōle on mīnum rīċe wille āne onsendan, ond on ǣlcre bið ān
æstel, sē bið on fīftegum mancessa. Ond iċ bebīode on Godes
naman ðæt nān mon ðone æstel from ðǣre bēċ ne dō, nē ðā bōc
from ðǣm mynstre. Uncūð hū longe ðǣr swǣ ġelǣrede biscepas
sīen, swǣ swǣ nū Gode ðonc wel hwǣr siendon. Forðȳ iċ
wolde ðætte hīe ealneġ æt ðǣre stōwe wǣren, būton sē biscep
hīe mid him habban wille, oððe hīo hwǣr tō lǣne sīe, oððe hwā
ōðre bī wrīte.

EXTRACTS FROM THE OLD ENGLISH CHRONICLE

The Old English Chronicle was published by Plummer, *Two of the Saxon Chronicles Parallel*, 1892–9. The text of the extracts is not normalized or much emended.

787. Hēr nam Beorhtrīċ cyning Offan dohtor Ēadburge. And on his dagum cōmon ǣrest þrēo scipu, and þā sē ġerēfa þǣrtō rād, and hīe wolde drīfan tō þæs cyninges tūne þȳ hē nyste hwæt hīe wǣron, and hine man ofslōh. Þæt wǣron þā ǣrestan scipu Deniscra manna þe Angel cynnes land ġesōhton.

833. Hēr ġefeaht Ecgbryht cyning wiþ fīf and þrītiġ sciphlǣsta æt Carrum. And þǣr wearþ miċel wæl ġeslæġen, and þā Deniscan āhton wælstōwe ġewald.

835. Hēr cōm miċel sciphere on West Wālas, and hīe tō ānum ġeċierdon, and wiþ Ecgbryht West Seaxna cyning winnende wǣron. Þā hē þæt hīerde, and mid fierde fērde, and him wiþfeaht æt Hengest dūne, and þǣr ġeflīemde ġe þā Wālas ġe þā Deniscan.

875. Hēr fōr sē here from Hreopedune, ond Healfdene fōr mid sumum þām here on Norþhymbre ond nam wintersetl be Tīnan þǣre ēa; ond sē here þæt lond ġeēode, and oft hergade on Peohtas, ond on Strǣcled Wālas; ond fōr Godrum ond Oscytel ond Anwynd, þā iii cyningas, of Hreopedune tō Grantebrycge mid micle here, ond sǣton þǣr ān ġēar; ond þȳ sumera fōr Ælfrēd cyning ūt on sǣ mid sciphere, ond ġefeaht wiþ vii sciphlǣstas, ond hiera ān ġefēng, ond þā ōþru ġeflīemde.

876. Hēr hiene bestæl sē here intō Werhām, . . . ond wiþ þone here sē cyning friþ nam, ond him þā āþas swōron on þām hālgan bēage, þe hīe ǣr nānre þēode noldon, þæt hīe hrædlīċe of his rīċe fōren; ond hīe þā under þām hīe nihtes bestǣlon þǣre fierde sē ġehorsoda here intō Escanċeaster; ond þȳ ġēare Healfdene

Norþanhymbra lond ġedǣlde ond eriġende wǣron ond hiera tilġende.

877. Hēr cuōm sē here intō Escanċeastre from Werhām, ond sē sciphere siġelede west ymb-ūtan, ond þā mētte hīe miċel ȳst on sǣ, ond þǣr forwearþ cxx scipa æt Swanawīċ; ond sē cyning Ælfrēd æfter þām ġehorsudan here mid fierde rād oþ Exanċeaster, ond hīe hindan ofrīdan ne meahte ǣr hīe on þām fæstene wǣron, þǣr him mon tō ne meahte; ond hīe him þǣr foreġīslas saldon, swā fela swā hē habban wolde, ond micle āþas swōron, ond þā gōdne friþ hēoldon; ond þā on hǣrfæste ġefōr sē here on Mierċna lond, ond hit ġedǣldon sum, ond sum Ceolwulfe saldon.

878. Hēr hiene bestæl sē here on midne winter ofer tuelftan niht tō Ċippanhamme, ond ġeridon Wesseaxna lond, ond ġesǣton miċel þæs folces ond ofer sǣ ādrǣfdon, ond þæs ōþres þone mǣstan dǣl hīe ġeridon ond him tō ġeċirdon būton þām cyninge Ælfrēde. Ond hē lȳtle werede unīeþlīċe æfter wudum fōr, ond on mōrfæstenum; ond þæs ilcan wintra wæs Inwæres brōþur ond Healfdenes on West Seaxum on Defenascire mid xxiii scipum, ond hiene mon þǣr ofslōg, ond dccc monna mid him, ond xl monna his heres; ond þæs on Ēastron worhte Ælfrēd cyning lȳtle werede ġeweorc æt Æþelinga eiġġe, ond of þām ġeweorce wæs winnende wiþ þone here, ond Sumursǣtna sē dǣl sē þǣr nīehst wæs; þā on þǣre seofoðan wiecan ofer Ēastron hē ġerād tō Ecgbryhtes stāne be ēastan Sealwyda, ond him tō cōm mon þǣr onġēn Sumorsǣte alle, ond Wilsǣtan, ond Hāmtūnscīr sē dǣl sē hiere behinon sǣ was, ond his ġefæġene wǣrun; and hē fōr ymb āne niht of þām wīcum tō Iġlea, ond þæs ymb āne tō Eþandūne, ond þǣr ġefeaht wiþ alne þone here, ond hiene ġeflīemde, ond him æfter rād oþ þæt ġeweorc, ond þǣr sæt xiiii niht; ond þā salde sē here him foreġīslas ond micle āþas, þæt hīe of his rīċe woldon, ond him ēac ġehēton þæt hiera kyning fulwihte onfōn wolde, ond hīe þæt ġelǣston swā; ond þæs ymb iii wiecan cōm sē cyning tō him Godrum þrītiga

sum þāra monna þe in þām here weorþuste wǣron æt Alre. . . .
ond his sē cyning þǣr onfēng æt fulwihte, ond his crismlīsing
was æt Weþmōr, ond hē was xii niht mid þām cyninge, ond hē
hine miclum ond his ġefēran mid fēo weorðude.

882. Hēr fōr sē here ūp on long Mǣse ufor on Fronclond, ond
þǣr sæt ān ġēar. Ond þȳ ilcan ġēare fōr Ælfrēd cyning mid
scipum ūt on sǣ, ond ġefeaht wiþ fēower sciphlǣstas Deniscra
monna and þāra scipa tū ġenam, ond þā men ofslǣġene wǣron
þe þǣr on wǣron, ond tuēġen sciphlǣstas him on hond ēodon,
ond þā wǣron miclum forslǣġene ond forwundode ǣr hīe on
hond ēodon.

885. Hēr tōdǣlde sē foresprecena here on tū, ōþer dǣl ēast,
ōþer dǣl tō Hrofesċeastre; ond ymbsǣton ðā ċeastre, ond worht-
on ōþer fæsten ymb hīe selfe; ond hīe þēah þā ċeastre āweredon
oþþæt Ælfrēd cōm ūtan mid fierde; þā ēode sē here tō hiera
scipum, ond forlēt þæt ġeweorc. Ond hīe wurdon þǣr behors-
ude, ond sōna þȳ ilcan sumere ofer sǣ ġewiton.

894. On þȳs ġēare, þæt wæs ymb twelf mōnað þæs þe hīe on
þǣm ēastrīċe ġeweorc ġeworht hæfdon, Norþhumbre ond
Ēastengle hæfdon Ælfrēde cyninge āþas ġeseald, ond Ēastengle
foreġīsla vi; ond þēh ofer þā trēowa, swā oft swā þā ōþre herġas
mid ealle heriġe ūt fōron, þonne fōron hīe, oþþe mid oþþe on
heora healfe on. þā ġegaderade Ælfrēd cynirg his fierd, ond
fōr þæt hē ġewīcode betwuh þǣm twām herġum, þǣr þǣr hē
nīehst rȳmet hæfde for wudufæstenne ond for wæterfæstenne,
swā þæt hē mehte ǣġþerne ġerǣċan, ġif hīe ǣniġne feld sēċan
wolden. þā fōron hīe siþþan æfter þǣm wealda hlōþum ond
flocrādum, bi swā hwaþerre efes swā hit þonne fierdlēas wæs.
Ond him mon ēac mid ōþrum floccum sōhte mǣstra daga ælċe,
oþþe on dæġ oþþe on niht, ġe of þǣre fierde ġe ēac of þǣm
burgum. Hæfde sē cyning his fierd on tū tōnumen, swā þæt
hīe wǣron simle healfe æt hām, healfe ūte, būtan þǣm monnum

þe þā burga healdan scolden. Ne cōm sē here oftor eall ūte of
þǣm setum þonne tūwwa: ōþre sīþe þā hīe ǣrest tō londe cōmon,
ǣr sīo fierd ġesamnod wǣre; ōþre sīþe þā hīe of þǣm setum faran
woldon. Þā hīe ġefēngon micle herehȳð, ond þā woldon ferian
norþweardes ofer Temese in on Ēastseaxe onġēan þā scipu. Þā
forrād sīo fierd hīe foran, ond him wið ġefeaht æt Fearnhamme,
ond þone here ġeflīemde, ond þā herehȳþa āhreddon; ond hīe
flugon ofer Temese būton ǣlcum forda; þā ūp be Colne on ānne
iġġað. Þā besæt sīo fierd hīe þǣr ūtan þā hwīle þe hīe þǣr
lengest mete hæfdon; ac hīe hæfdon þā heora stemn ġesetenne ond
hiora mete ġenotudne; ond wæs sē cyng þā þiderweardes on
fære, mid þǣre scīre þe mid him fierdedon. Þā hē þā wæs
þiderweardes, ond sīo ōþeru fierd wæs hāmweardes; ond ðā
Deniscan sǣton þǣr behindan, for þǣm hiora cyning wæs
ġewundod on þǣm ġefeohte, þæt hī hine ne mehton ferian.

895. Ond þā sōna æfter þǣm, on ðȳs ġēre, fōr sē here of
Wirheale in on Norðwēalas, for þǣm hīe ðǣr sittan ne mehton;
þæt wæs for ðȳ þe hīe wǣron benumene ǣġðer ġe þæs ċēapes ġe
þæs cornes ðe hīe ġehergod hæfdon. Þā hīe ðā eft ūt of
Norðwēalum wendon mid þǣre herehȳðe þe hīe ðǣr ġenumen
hæfdon, þā fōron hīe ofer Norðhymbra lond ond Ēastengla, swā
swā sēo fird hīe ġerǣcan ne mehte, oþ þæt hīe cōmon on Ēast-
seaxna lond ēasteweard on ān īġland þæt is ūte on þǣre sǣ, þæt
is Meresiġ hāten.

Ond þā sē here eft hāmweard wende þe Exanċeaster beseten
hæfde, þā hergodon hīe ūp on Sūðseaxum nēah Ċisseċeastre, ond
þā burgware hīe ġeflīemdon, ond hira moniġ hund ofslōgon,
ond hira scipu sumu ġenāmon.

Ðā þȳ ylcan ġēre onforan winter þā Deniscan þe on Meresiġe
sǣton tugon hira scipu ūp on Temese, ond þā ūp on Lȳgan.
Þæt wæs ymb twā ġēr þæs þe hīe hider ofer sǣ cōmon.

897. Ðā þæs on sumera on ðȳsum ġēre tōfōr sē here, sum on

Ēastengle, sum on Norðhymbre. Ond þā þe feohlēase wǣron him þǣr scipu begēton, ond sūð ofer sǣ fōron tō Sigene.

Nǣfde sē here, Godes þonces, Angelcyn ealles fulswīðe gebrocod; ac hīe wǣron micle swīþor gebrocede on þǣm þrim gēarum mid cēapes cwilde ond monna, ealles swīþost mid þǣm þæt manige þāra sēlestena cynges þēna þe þǣr on londe wǣron forðfērdon on þǣm þrim gēarum. Þāra wæs sum Swīðulf biscop on Hrofesceastre, ond Cēolmund ealdormon on Cent, ond Beorhtulf ealdormon on Ēastseaxum, ond Wulfred ealdormon on Hamtunscire, ond Ealheard biscop æt Dorceceastre, ond Eadulf cynges þegn on Sūðseaxum, ond Beornulf wīcgefēra on Winteceastre, ond Ecgulf cynges horsþegn, ond manige ēac him, þēh ic ðā geðungnestan nemde.

901. Hēr gefōr Ælfrēd Aþulfing, syx nihtum ǣr ealra hāligra mæssan. Sē wæs cyning ofer eall Ongelcyn būtan ðǣm dǣle þe under Dena onwalde wæs; ond hē hēold þæt rīce ōþrum healfum lǣs þe xxx wintra. Ond þā fēng Ēadweard his sunu tō rīce.

THE STORY OF CÆDMON

The story of Cædmon is from the Old English translation of Bede's *Ecclesiastical History of the English People.*

In ðeosse abbudissan mynstre wæs sum brōðor syndriġlīċe mid godcundre ġife ġemǣred ond ġeweorðad, for þon hē ġewunade ġerisenlīċe lēoð wyrċan, þā ðe tō ǣfestnisse ond tō ārfæstnisse belumpen; swā ðætte swā hwæt swā hē of godcundum stafum þurh bōceras ġeleornode, þæt hē æfter medmiclum fæce in scopġereorde mid þā mǣstan swētnisse ond inbryrdnisse ġeglengde, ond in Engliscġereorde wel ġeworht forþ brōhte. Ond for his lēoþsongum moniġra monna mōd oft tō worulde forhogdnisse ond tō ġeþēodnisse þæs heofonlīcan līfes onbærnde wǣron. Ond ēac swelċe moniġe ōðre æfter him in Ongelþēode ongunnon ǣfeste lēoð wyrċan, ac nǣniġ hwæðre him þæt ġelīċe dōn meahte; for þon hē nālæs from monnum nē þurh mon ġelǣred wæs þæt hē þone lēoðcræft leornode, ac hē wæs godcundlīċe ġefultumed, ond þurh Godes ġife þone songcræft onfēng; ond hē for ðon nǣfre nōht lēasunge nē īdles lēoþes wyrċan meahte, ac efne þā ān ðā ðe tō ǣfestnisse belumpon, ond his þā ǣfestan tungan ġedeofanade singan.

Wæs hē, sē mon, in weoruldhāde ġeseted oð þā tīde þe hē wæs ġelȳfdre ylde, ond nǣfre nǣniġ lēoð ġeleornade. Ond hē for þon oft in ġebēorscipe, þonne þǣr wæs blisse intinga ġedēmed, þæt hēo ealle sceolden þurh endebyrdnesse be hearpan singan, þonne hē ġeseah þā hearpan him nēalēċan, þonne ārās hē for scome from þǣm symble, ond hām ēode tō his hūse.

Þā hē þæt þā sumre tīde dyde, þæt hē forlēt þæt hūs þæs ġebēorscipes, ond ūt wæs gongende tō nēata scipene, þāra heord him wæs þǣre neahte beboden; þā hē ðā þǣr in ġelimplīċe tīde his leomu on reste ġesette ond onslēpte, þā stōd him sum mon æt þurh swefn, ond hine hālette ond grētte, ond hine be his

noman nemnde, "Cædmon, sing mē hwæthwugu." Þā ond-
swarede hē, ond cwæð, "Ne con iċ nōht singan; ond iċ for þon
of þeossum ġebēorscipe ūt ēode ond hider ġewāt, for þon iċ
nāht singan ne cūðe." Eft hē cwæð, sē ðe wið hine sprecende
wæs, "Hwæðre þū mē meaht singan." Þā cwæð hē, "Hwæt
sceal iċ singan?" Cwæð hē, "Sing mē frumsceaft." Þā hē ðā
þās andsware onfēng, þā ongon hē sōna singan, in herenesse
Godes Scyppendes, þā fers ond þā word þe hē næfre ġehȳrde.
þære endebyrdnesse þis is:

"Nū sculon heriġean heofonrīċes Weard,
Meotodes meahte ond his mōdġeþanc,
weorc Wuldorfæder, swā hē wundra ġehwæs,
ēċe Drihten, ōr onstealde.
Hē ærest sceōp eorðan bearnum
heofon tō hrōfe, hāliġ Scyppend;
þā middanġeard moncynnes Weard,
ēċe Drihten, æfter tēode
fīrum foldan, Frēa ælmihtiġ."

Þā ārās hē from þæm slǣpe, ond eal þā hē slǣpende song
fæste in ġemynde hæfde; ond þǣm wordum sōna moniġ word in
þæt ilċe ġemet Gode wyrðes songes tōġeþēodde. Þā cōm hē on
morgenne tō þǣm tūn-ġerēfan, sē þe his ealdormon wæs; sæġde
him hwylċ ġife hē onfēng; ond hē hine sōna tō þǣre abbudissan
ġelǣdde, ond hire þæt cȳðde ond sæġde.

Þā heht hēo ġesomnian ealle þā ġelǣredestan men ond þā
leorneras, ond him ondweardum hēt secgan þæt swefn, ond þæt
lēoð singan, þæt ealra heora dōme ġecoren wǣre, hwæt oððe
hwonan þæt cumen wǣre. Þā wæs him eallum ġeseġen, swā
swā hit wæs, þæt him wǣre from Drihtne sylfum heofonlīċ ġifu
forġifen. Þā rehton hēo him ond sæġdon sum hāliġ spell ond
godcundre lāre word; bebudon him þā, ġif hē meahte, þæt hē in
swinsunge lēoþsonges þæt ġehwyrfde. Þā hē ðā hæfde þā wīsan
onfongne, þā ēode hē hām tō his hūse, ond cwōm eft on mor-

genne, ond þȳ betstan lēoðe ġeglenged him āsong ond āġeaf þæt him beboden wæs.

Ðā ongan sēo abbudisse clyppan ond lufiġean þā Godes ġife in þǣm men, ond hēo hine þā monade ond lǣrde þæt hē woruld-hād forlēte ond munuchād onfēnge; ond hē þæt wel þafode. Ond hēo hine in þæt mynster onfēng mid his gōdum, ond hine ġeþēodde tō ġesomnunge þāra Godes þēowa, ond heht hine lǣran þæt ġetæl þæs hālgan stǣres ond spelles. Ond hē eal þā hē in ġehȳrnesse ġeleornian meahte, mid hine ġemyndgade, ond swā swā clǣne nēten eodorcende in þæt swēteste lēoð ġehwerfde. Ond his song ond his lēoð wǣron swā wynsumu tō ġehȳranne, þætte þā seolfan his lārēowas æt his mūðe wreoton ond leornodon.

Song he ǣrest be middanġeardes ġesceape, ond bi fruman moncynnes, ond eal þæt stǣr Genesis, þæt is sēo ǣreste Moyses booc; ond eft bi ūtgonge Israhela folces of Ægypta londe, ond bi ingonge þæs ġehātlandes; ond bi ōðrum monegum spellum þæs hālgan ġewrites canones bōca; ond bi Cristes menniscnesse, ond bi his þrōwunge, ond bi his ūpāstiġnesse in heofonas; ond bi þæs Hālgan Gāstes cyme, ond þāra apostola lāre; ond eft bi þǣm eġe þæs tōweardan dōmes, ond bi fyrhtu þæs tintreġlīcan wiites, ond bi swētnesse þæs heofonlīcan rīċes, hē moniġ lēoð ġeworhte; ond swelċe ēac ōðer moniġ be þǣm godcundan frem-sumnessum ond dōmum hē ġeworhte. In eallum þǣm hē ġeornlīċe ġēmde þæt hē men ātuge from synna lufan ond māndǣda, ond tō lufan ond tō ġeornfulnesse āwehte gōdra dǣda; for þon hē wæs, sē mon, swīþe ǣfest ond regollecum þēod-scipum ēaðmōdlīċe underþēoded; ond wið þǣm þā ðe in ōðre wīsan dōn woldon, hē wæs mid welme miċelre ellenwōdnisse onbærned. Ond hē for þon fæġre ende his līf betȳnde ond ġeendade.

For þon þā ðǣre tīde nēalǣcte his ġewitenesse ond forðfōre, þā wæs hē fēowertȳnum dagum ǣr, þæt hē wæs līchomlīcre untrymnesse þryċċed ond hefgad, hwæðre tō þon ġemetlīċe þæt hē ealle þā tīd meahte ġe sprecan ġe gongan.

Wæs þǣr in nēaweste untrumra monna hūs, in þǣm heora
þēaw wæs þæt hēo þā untruman ond þā ðe æt forðfōre wǣron in
lǣdan sceoldon, ond him þǣr ætsomne þeġnian. Þā bæd hē his
þeġn on ǣfenne þǣre neahte þe hē of worulde gongende wæs,
þæt hē in þǣm hūse him stōwe ġeġearwode, þæt hē ġerestan
meahte. Þā wundrode sē þeġn for hwon hē ðæs bǣde, for þon
him þūhte þæt his forðfōr swā nēah ne wǣre; dyde hwæðre swā
swā hē cwæð ond bibēad.

Ond mid þȳ hē ðā þǣr on reste ēode, ond hē ġefēonde mōde
sumu þing mid him sprecende ætgædere ond glēowiende wæs þe
þǣr ǣr inne wǣron, þā wæs ofer middeneaht þæt hē fræġn,
hwæðer hēo ǣniġ hūsl inne hæfdon. Þā ondswarodon hēo ond
cwǣdon, "Hwylċ þearf is ðē hūsles? Ne þīnre forþfōre swā nēah
is, nū þū þus rōtlīċe ond þus glædlīċe tō ūs sprecende eart."
Cwæð hē eft, "Beraðʒ mē hūsl tō."

Þā hē hit þā on honda hæfde, þā fræġn hē, hwæþer hēo ealle
smolt mōd ond būton eallum incan blīðe tō him hæfdon. Þā
ondswaredon hȳ ealle, ond cwǣdon þæt hēo nǣniġne incan tō
him wiston, ac hēo ealle him swīðe blīðemōde wǣron; ond hēo
wrixendlīċe hine bǣdon þæt hē eallum blīðe wǣre. Þā ond-
swarade hē ond cwæð, "Mīne brōðor, mīne þā lēofan, iċ eom
swīðe blīðemōd tō ēow ond tō eallum Godes monnum." Ond
hē swā wæs hine ġetrymmende mid þȳ heofonlīcan weġneste,
ond him ōðres līfes ingong ġeġearwode. Þā ġīt hē fræġn, hū
nēah þǣre tīde wǣre þætte þā brōðor ārīsan scolden, ond Godes
lof rǣran ond heora ūhtsong singan. Þā ondswaredon hēo,
"Nis hit feor tō þon." Cwæð hē, "Tela, wuton wē wel þǣre
tīde bīdan." Ond þā him ġebæd, ond hine ġeseġnode mid
Cristes rōdetācne, ond his hēafod onhylde tō þām bolstre, ond
medmiċel fæc onslēpte, ond swā mid stilnesse his līf ġeendade.

Ond swā wæs ġeworden þætte swā swā he hlūttre mōde ond
bilwitre ond smyltre wilsumnesse Drihtne þēode, þæt hē ēac
swylċe swā smylte dēaðe middanġeard wæs forlǣtende, ond tō
his ġesihðe becwōm. Ond sēo tunge þe swā moniġ hālwende

word in þæs Scyppendes lof ġesette, hē ðā swelċe ēac þā ȳt-
mǣstan word in his herenisse, hine seolfne seġniende ond his
gāst in his honda bebēodende, betȳnde. Ēac swelċe þæt is
ġeseġen, þæt hē wǣre ġewis his seolfes forðfōre of þǣm þe wē nū
secgan hȳrdon.

ÆLFRIC'S COLLOQUIUM

The *Colloquium* is a conversation between a monastic schoolmaster and his
pupils. The basic text is in Latin with an Old English interlinear word-for-word
translation. The Old English has therefore been treated somewhat freely here,
especially with respect to word order, but has in no sense been rewritten. The
language is Late West Saxon. The *Colloquium* is published in Wright-Wülcker,
Anglo-Saxon and Old English Vocabularies, W. H. Stevenson, *Early Scholastic
Colloquies*, and Garmonsway, *Ælfric's Colloquium*.

Discipuli: Wē ċildru biddaþ þē, ēalā lārēow, þæt þū tǣċe
ūs sprecan on Lēden ġereorde rihte, for þām unġelǣrede wē syn-
don, and ġewemmodlīċe wē sprecaþ.

Magister: Hwæt wille ġē sprecan?

D: Hwæt rēċe wē hwæt wē sprecan, būton hit riht sprǣċ sȳ
and behēfe, næs īdel oþþe fracoð?

M: Wille ġē bēon beswungen on leornunge?

D: Lēofre is ūs bēon beswungen for lāre þænne hit ne cun-
nan; ac wē witon þē bilewitne wesan, and nellan onbelǣdan
swingla ūs būton þū bēo tō ġenȳdd fram ūs.

M: Iċ āxie þē, hwæt spricst þū? Hwæt hæfst þū weorces?

Discipulus: Iċ eom ġeanwyrde munuc, and iċ singe ǣlċe dæġ
seofon tīda mid ġebrōþrum, and iċ eom bysgod on rǣdinga and
on sange; ac þēah hwæþere iċ wolde betwēnan leornian sprecan
on Lēden ġereorde.

M: Hwæt cunnon þās, þīne ġefēran?

D: Sume synt yrþlingas, sume scēaphyrdas, sume oxan-

hyrdas, sume ēac swylċe huntan, sume fisceras, sume fugeleras,
sume ċēapmenn, sume sceōwyrhtan, sealteras, bæceras.

M: Hwæt sæġest þū, yrþling? Hū begǣst þū þīn weorc?

Arator: Ēalā, lēof hlāford, þearle iċ deorfe; iċ gā ūt on
dæġrǣd, þȳwende oxan tō felda, and ġeocie hiġ tō sȳl. Nis hit
swā stearc winter þæt iċ durre lūtian æt hām, for eġe mīnes
hlāfordes; ac ġeġeocodan oxan and ġefæstnodum sceare and
cultre mid þǣre sȳl, ælċe dæġ iċ sceal erian fulne æcer oþþe māre.

M: Hæfst þū æniġne ġefēran?

A: Iċ hæbbe sumne cnapan þȳwendne oxan mid gād-īsene, þe
ēac swilċe nū hās is for ċylde and hrēame.

M: Hwæt māre dēst þū on dæġ?

A: Ġewislīċe þænne, māre iċ dō. Iċ sceal fyllan binnan
oxena mid hīeġ, and wæterian hiġ, and heora scearn beran ūt.

M: Hiġ, hiġ, miċel ġedeorf is hit.

A: Ġē, lēof, miċel ġedeorf hit is, forþām iċ neom frēoh.

M: Hwæt seġst þū, scēaphyrde? Hæfst þū æniġ ġedeorf?

Opilio: Ġēa, lēof, iċ hæbbe. On forewerdne morgen iċ drīfe
mīne scēap tō heora lǣse, and stande ofer hiġ on hǣte and on
ċyle mid hundum, þē lǣs wulfas forswelġen hiġ; and iċ āġēnlǣde
hiġ tō heora locan, and melce hiġ tweowa on dæġ, and heora
locan iċ hebbe on þǣrtō, and ċȳse and buteran iċ dō, and iċ eom
ġetrȳwe mīnum hlāforde.

M: Ēalā, oxanhyrde, hwæt wyrcst þū?

Bubulcus: Ēalā, mīn hlāford, miċel iċ ġedeorfe. þænne sē
yrþling unscenþ þā oxan, iċ lǣde hiġ tō lǣse, and ealle niht iċ
stande ofer hiġ, waciende for þēofan, and eft on ǣrne mergen iċ
betǣċe hiġ þām yrþlinge wel ġefylde and ġewæterode.

M: Is þēs of þīnum ġefērum?

Discipulus: Ġēa, hē is.

M: Canst þū æniġ þing?

Venator: Ænne cræft iċ cann.

M: Hwylcne is?

V: Hunta iċ eom.

M: Hwæs?

V: Cinges.

M: Hū begæst þū þīnne cræft?

V: Iċ breġde mē max, and sette hiġ on stōwe ġehæppre, and ġetyhte mīne hundas þæt wilddēor hiġ ēhton, oþ þæt hiġ þē cumen tō þām nettum unforscēawodlīċe, and þæt hiġ swā bēon begrȳnode; and iċ ofslēa hiġ on þām maxum.

M: Ne canst þū huntian būton mid nettum?

V: Ġēa, būton nettum huntian iċ mæġ.

M: Hū?

V: Mid swiftum hundum iċ betǣċe wilddēor.

M: Hwilċe wilddēor swīþost ġefēhst þū?

V: Iċ ġefēo heortas, and bāras, and rānn, and rǣgan, and hwīlum haran.

M: Wǣre þū tō dæġ on huntnoðe?

V: Iċ næs, forþām sunnandæġ is, ac ġystrandæġ iċ wæs on huntunge.

M: Hwæt ġelǣhtest þū?

V: Twēġen heortas and ǣnne bār.

M: Hū ġefēnge þū hiġ?

V: Heortas iċ ġefēng on nettum, and bār iċ ofslōh.

M: Hū wǣre þū dyrstiġ ofstician bār?

V: Hundas bedrifon hine tō mē, and iċ þǣr tōġēanes standende fǣrlīċe ofsticode hine.

M: Swīþe þrīste þū wǣre þā.

V: Ne sceal hunta forhtfull wesan, forþām mislīċe wilddēor wuniað on wudum.

M: Hwæt dēst þū be þīnre huntunge?

V: Iċ sylle cynge swā hwæt swā iċ ġefō, forþām iċ eom hunta his.

M: Hwæt sylþ hē þē?

V: Hē scrȳt mē wel, and fētt, and hwīlon sylþ mē hors oþþe bēah þæt þē lustlīcor mīnne cræft iċ begange.

M: Hwylcne cræft canst þū?

Piscator: Iċ eom fiscere.

M: Hwæt beġytst þū of þīnum cræfte?

P: Biġleofan and scrūd and feoh.

M: Hū ġefēhst þū fixas?

P: Iċ āstīġe mīn scip, and weorpe mīne max on eā, and angil oððe æs iċ weorpe, and spyrtan, and swā hwæt swā hiġ ġehæftað iċ ġenime.

M: Hwæt ġif hit unclǣne fixas bēoþ?

P: Iċ ūtweorpe þā unclǣnan ūt, and ġenime mē clǣne tō mete.

M: Hwǣr ċȳpst þū þīne fixas?

P: On ċeastre.

M: Hwā byġþ hī?

P: Ċeasterware. Iċ ne mæġ swā fela ġefōn, swā fela swā iċ mæġ ġesyllan.

M: Hwilċe fixas ġefēhst þū?

P: Ǣlas, and hacodas, ǣlepūtan, sceotan and lampredan, and swā hwylċe swā on wætere swymmaþ.

M: For hwī ne fixast þū on sǣ?

P: Hwīlum iċ dō, ac seldan, forþām miċel rēwet mē is tō sǣ.

M: Hwæt fēhst þū on sǣ?

P: Hǣringas and leaxas, mereswȳn and ostran and crabban, muslan, winewinclan, sǣcoccas, facge and flōc and loppestran, and fela swylċes.

M: Wilt þū fōn sumne hwæl?

P: Niċ.

M: For hwī?

P: Forhwan plyhtlīċ þing hit is ġefōn hwæl. Ġebeorhtlīcre is mē faran tō ēa mid mīnum scipe, þænne faran mid manegum scipum on huntunge hranes.

M: For hwī swā?

P: Forþām lēofre is mē ġefōn fisc þæne iċ mæġ ofslēan, þe nā þæt ān mē, ac ēac swylċe mīne ġefēran mid ānum sleġe hē mæġ besenċan oþþe ġecwylman.

M: And þēah mæniġe ġefōþ hwælas, and ætberstaþ frēcnysse, and miċelne sceat þanon beġytaþ.

P: Sōþ þū seġst, ac iċ ne ġeþrīstiġe, for mīnes mōdes nytenysse.

M: Hwæt sæġst þū, fugelere? Hū beswīcst þū fugelas?

Auceps: On feala wīsan iċ beswīċe fugelas. Hwīlum mid nettum, mid grīnum, mid līme, mid hwistlunge, mid hafoc, mid treppan.

M: Hæfst þū hafoc?

A: Iċ hæbbe.

M: Canst þū temian hiġ?

A: Ġēa, iċ cann. Hwæt sceoldon hiġ mē, būton iċ cūþe temian hiġ?

Venator: Syle mē ǣnne hafoc.

A: Iċ sylle lustlīċe ġyf þū sylst mē ǣnne swyftne hund. Hwylcne hafoc wilt þū habban, þone māran hwæþer þe þæne lǣssan?

V: Syle mē þæne māran.

M: Hū āfēdst þū þīne hafocas?

A: Hiġ fēdaþ hiġ sylfe and mē on wintra, and on lengten iċ lǣte hiġ ætwindan tō wuda; and iċ ġenime mē briddas on hærfæste, and temiġe hiġ.

M: And for hwī forlǣtst þū þā ġetemedon ætwindan fram þē?

A: Forþām iċ nelle fēdan hiġ on sumera, forþām þe hiġ þearle etaþ.

M: And maniġe fēdaþ þā ġetemedan ofer sumor þæt eft hiġ habben ġearuwe.

A: Ġēa, swā hiġ dōþ, ac iċ nelle deorfan ofer hiġ, forþām iċ cann ōþre nā þæt ǣnne, ac ēac swilċe maniġe ġefōn.

M: Hwæt sæġst þū, mangere?

Mercator: Iċ secge þæt behēfe iċ eom, ġe cinge and ealdormannum and weligum and eallum folce.

M: And hū?

Mer: Iċ āstīġe mīn scip mid mīnum hlæstum, and **rōwe ofer**

sǣlīċe dǣlas, and ċȳpe mīne þing, and bycge þing dȳrwyrðe þā
on þisum lande ne bēoþ ācennede, and iċ hit tō ġelǣde ēow hider
mid micclan plihte ofer sǣ, and hwīlum forlidenesse iċ þolie mid
lyre ealra mīnra þinga, unēaþe cwic ætberstende.

M: Hwylċe þing ġelǣdst þū ūs?

Mer: Pǣllas and sīdan, dēorwyrþe ġymmas and gold, selcūþe
rēaf and wyrtġemang, wīn and ele, ylpesbān and mǣstling, ǣr
and tin, swefel and glæs, and þylċes fela.

M: Wilt þū syllan þīne þing hēr eal swā þū hī ġebohtest þǣr?

Mer: Iċ nelle. Hwæt þænne mē fremode mīn ġedeorf? Ac
iċ wille hīe ċȳpan hēr luflīcor þonne iċ ġebycge þǣr, þæt sum
ġestrēon mē iċ beġyte. Þanon iċ mē āfēde and mīn wīf and
mīnne sunu.

M: Þū sceōwyrhta, hwæt wyrcst þū ūs nytwyrþnesse?

Sutor: Witodlīċe mīn cræft is behēfe þearle ēow, and nēod-
þearf.

M: Hū?

S: Iċ bycge hȳda and fell, and ġearcie hiġ mid mīnum cræfte
and wyrċe of him ġescȳ mistlīċes cynnes, swyftlēras and sceōs,
leþerhosa and butericas, brīdelþwangas and ġerǣdu, flaxan oððe
pinnan and hȳdiġe fatu, spurleþeru and hælftra, pusan and fǣtel-
sas, and nān ēower nele oferwintran būton mīnum cræfte.

M: Sealtere, hwæt ūs fremaþ þīn cræft?

Salinator: Þearle fremaþ mīn cræft ēow eallum. Nān ēower
blisse brȳcð on ġererdinge oððe mete, būton mīn cræft ġistlīþe
him bēo.

M: Hū?

S: Hwylċ manna werodum þurhbrȳcþ metum būton swæċċe
sealtes? Hwā ġefylþ his cleofan oððe hēddernu, būton mīnum
cræfte. Efne ǣlċ buterġeþwēor and ċȳsġerunn losaþ ēow,
būton iċ hyrde ætwese ēow, þe ne furþum wyrtum ēowrum
būton mē brūcaþ.

M: Hwæt seġst þū, bæcere? Hwām fremaþ þīn cræft, oððe
hwæðer wē būton þē magon līf ādrēogan?

Pistor: Ġē magon þurh sum fæc būton mīnum cræfte līf ādrēogan, ac nā lange nē tō wel. Sōþlīċe, būton mīnum cræfte ælċ bēod æmtiġ biþ ġesewen; and, būton hlāfe, ælċ mete tō wlættan byþ ġehwyrfed. Iċ ġestrangie mannes heortan; iċ eom mæġen wera, and furþum lītlingas nellaþ forbīġean mē.

M: Hwæt secgaþ wē be cōce, hwæþer wē beþurfon hine on ænigum cræfte?

Cocus: Ġif ġē mē ūt ādrīfaþ fram ēowrum ġefērscype, ġē etaþ grēne ēowre wyrta and ēowre flæscmettas hrēawe, and furþum fætt broþ ġē magon būton mīnum cræfte ne habban.

M: Wē ne reċċaþ be þīnum cræfte, nē hē ūs nēodþearf is, forþām wē sylfe magon sēoþan þā þing þe tō sēoþenne synd, and brædan þā þing þe tō brædene synd.

C: Ġif ġē forþȳ mē fram ādrīfaþ, þæt ġē þus dōn, þonne bēo ġē ealle þrælas, and nān ēower ne biþ hlāford; and þēah hwæþere būton mīnum cræfte ġē ne etaþ.

M: Ēalā, munuc, þe mē tō spricst, efne iċ hæbbe āfandod þē habban gōde ġefēran, and þearle nēodþearfe; and iċ āhsie þē, hwā sind hiġ?

D: Iċ hæbbe smiþas, īsenesmiþas, goldsmiþ, seolforsmiþ, ārsmiþ, trēowwyrhtan, and manegra ōþra mistlīcra cræfta biġgengeras.

M: Hæfst þū æniġne wīsne ġeþeahtan?

D: Ġewislīċe iċ hæbbe. Hū mæġ ūre ġegaderung būton ġeþeahtende bēon wissod?

M: Hwæt seġst þū, wīsa? Hwilċ cræft þē is ġeþūht betwux þās furþra wesan.

Consilarius: Iċ secge þē, mē is ġeþūht Godes þēowdom betweoh þās cræftas ealdorscipe healdan, swā swā hit is ġeræd on godspelle, "Fyrmest sēċea$\eth$ Godes rīċe and his rihtwīsnesse, and þās þing ealle bēoþ tōġeīehte ēow."

M: And hwilċ þē is ġeþūht betwux woruld-cræftas healdan ealdordōm?

D: Eorþtilþ, forþām sē yrþling ūs ealle fētt.

Sē smiþ seġð: Hwanon bēo þām yrþlinge sȳlanscear oððe culter, þe nā gāde hæfþ būton of mīnum cræfte. Hwanon bēo fiscere angel, oððe sceōwyrhtan æl, oððe sēamere nǣdl? Nis hit of mīnum ġeweorce? Sē ġeþeahtend andsweraþ: Sōþ witodlīċe sæġst þū, ac eallum ūs lēofre is, wīcian mid þē yrþlinge þonne mid þē. Forþām sē yrþling sylð ūs hlāf and drenċ. Hwæt sylst þū ūs on þīnre smiþþan, būton īsenne fȳrspearcan, and swēġinga bēatendra slecgea, and blāwendra byliga? Sē trēowwyrhta seġð: Hwilċ ēower ne notaþ mīnum cræfte, þonne hūs and mistlīċe fatu and scipu ēow eallum iċ wyrċe? Sē smiþ andwyrt: Ēalā trēowwyrhta, forhwī swā spricst þū, þonne ne furþum ān þyrl būton mīnum cræfte þū ne miht dōn? Sē ġeþeahtend sæġþ: Ēalā ġefēran and gōde wyrhtan, uton tōwurpon hwætlīcor þās ġeflitu, and sȳ sibb and ġeþwǣrnyss betweoh ūs, and framige ūrum ġehwylcum ōþrum on his cræfte, and ġedwǣrian symble mid þām yrþlinge. And þis ġeþeaht iċ sylle eallum wyrhtum, þæt ānra ġehwylċ his cræft ġeornlīċe begange; forþām sē þe his cræft forlǣt, hē biþ forlǣten fram þām cræfte. Swā hwæðer þū sȳ swā mæsseprēst, swā munuc, swā ċeorl, swā cempa, begā oððe behwyrf þē sylfne on þisum; and bēo þæt þū eart, forþām miċel hȳnð and sceamu hit is menn, nelle wesan þæt þæt hē is and þæt þe hē wesan sceal.

BODLEY HOMILY XII

The text was published in *Twelfth Century Homilies* by the Early English Text Society in 1909. The MS. is evidently a version, made *circa* 1150, of earlier materials. The unaccented vowels **a, e, æ,** and **o** have fallen together in pronunciation, and appear frequently written in place of each other. Accented ǣ and ē are interchanged, as well as accented æ and **e.** The prefix ġe- sometimes appears as i-. The nominative singular of the definite article appears occasionally as masculine þē, feminine þēo. And many other changes show that the language was moving toward Middle English, in spite of the general influence of the traditional written form. The text is printed here in part, with very few emendations or other changes.

Iċ ēow bidde, lēofe men, þæt, swā ofte swā ġē faren bī rīċre monnæ byrines, þæt ġē sċēawiæn ant āsmēġen hwǣr heoræ wælan bēoð bicumene, ant heore gold, ant heore þeġenscypæs, ant heore worldprȳde þǣre ȳdelnesse. Hwī! nyte ġē þæt all þæt tōfaræð ant tōglīt, swā swā monnes sceadu dǣþ? Ant heore worldþrym, swā rīċe, ġedwǣscte, ant ġedwān, ant āīdlode, ant āfūlode. Ac lōca þenne on þā byriġnes ant sæġ tō þē sylfum, "Hwæt! þæs mon iū on þissre worlde wynsumlīċe lyfede, þe iċ ǣr cūðe."

Þenne magon þā ðyrle bān ūs lǣren, ant þæs dēaden dūst of þǣre byriġnes tō ūs cwæðon wolden, ġif hēo specen mihten, "Tō hwan, þū earme, on þisse worlde ġȳtsungum swinces? Ōðer tō hwām þū on oferhȳdo þē sylf ūp āhæfst on ofermētto, ant on unþēawæs, ant synne tō swȳðe fyliġedest? Beheald mē, ant onscyne þīne yfelæ þoncæs, ant onġit þē sylfum! Sċēawe mīne bān hēr on þissere molde, ant biþenċ þē sylfan! Iū iċ wæs swylċ þū nū eart, ant ġȳt þū iwurðæst swylċ iċ nū eom. Ġeseoh mīne bān ant mī dūst, ant forlǣt þīne yfele lustæs."

Þenne, lēofe men, þēah þe ðā dēade bān of þāre byriġnes specon ne magon, þēah wē magen ūs sylfæn bi þām lǣren. For þām þe wē sceolen ǣfre ġemunen þæs ūres heonensīþes, ant wē nǣfre æft ne wendæþ hider on worlde, þæt wē ǣniġ gōd dōn, ac

270

þenne bēoð þā edlēan ant þā ǣr idōne weorc iscēawod.   Beþenċe
wē ēac ǣfre þone endedæġ þissre worlde, þæt is dōmes dæġ,
þonne Drihten mid þām heofenlīċe werodo hāliġræ ant englæ
þisne middæneard sǣcð tō wēane ant tō wrace synfulle mon-
num, ant ēac hāliġe monnum his fultum tō bringenne.

þenne ārīsæþ of þām ealde byriġnes alle þā līċhame ant þā
bān, þe fæle ġēare ǣr dēade on swefete lǣġen ant mid synnæ
dēopnysse ifestnode wǣron.   Ant þenne ārīsæþ all moncynn
tōgædere, ant hēo þenne isēoþ þās world swelende, mid fȳre
brastlende ant bærnende, ant þone hēahroder on rēade līegum.
Ant all þæs middaneard byð mid fȳre ārǣred.

þonne cymð þē sōðfæstæ dēmæ of heofenæs wolcnum.   Ant
hē byð ymbþrungæn mid þām heofenlīċe weredo, ant þenne
bēoð alle igæderæde þē sōðfæste ant þā synfullæ ætforen þæs
strecen dēmen hēahsetle.   Ant Drihten heom þonne scēadæþ on
twā healfæ.   Ant hē sæt þā sōðfæste on þām swīðere healfe, ant
þā synfulle on þām wynstren healfe.   Ant hē þenne sǣð tō
þām sōðfestæn, "Cumeð, ġē iblēsode, on þenne roderlīċe ǣþel,
ant þǣr symle wuniæð ant on blisse ant on myrhðe efne englen
ilīċe.   Ant þider ġē bēoð ibrōhte mid myriġe lofsongum, ant
þǣr ġē bēoð mid mē wuniende on heofene rīċe myrhþe on ēower
Drihtines ansȳne.   þǣr ēow nān wiðerweardnes ne deræð, ac
on sundfulnesse þæs brihte līhtes ġē þǣr blīþe wuniæð, for þām
þe ġē lustlīċe mīne ǣ ant mīne lāre hēolden, ant alle þā ðing þe iċ
ēow bēad tō healden.   Alle iċ heom eft iseah lāst on ēowre gōde
weorcum, swā iċ heom ǣr sǣde."

þenne syððæn bisihð Drihten tō þām synfullæn monnum
ant þus tō heom cwæð, "Ġewītæþ, ġē āwariġede, from mē on
þane myċele ǣðm, ant on þæne ēċe bryne, ant on þene bittræ
þrosm hælles fȳres, þǣr þē lēiġ rēþelīċe bærneð, and þǣr þā
dracæn þā synfullen teræð mid heoræ tōþum.   Ant þǣr þā
scyldiġe bærnæþ, ant þā wyrmæs heom mid weallende mūðes
forswelġeð.   Ant heoræ ansȳne bið þǣr mid tēares oferflēowen,
ant þǣr bið egeslīċ tōðene grind.   Ant þǣr nǣfre ne ātēoræð þēo

swearte niht, nē þēo þȳstre dymnes, nē heom þǣr nēfre ne bīð
iscēawed līhtes lēome, for þām þe ġē mīne lāre on ēowre mōde
oferhogoden, ant ġē, rēċelēase, noldon mīne bodu healdon."

Þenne, æfter þām þe þā mānfulle bēoð isceofene wēpende on
þæt ēċe fȳr, þǣr hēo on pīne ant on ēċe yrmþe wuniǣð, hēo
isēoð þāre sōðfestræ ant englæ myrhðe, ant isǣliġe monnæ hwīt
werod heriġende ūre Drihten.   Ant þā ðǣr cumeð þe hēr mān
wrohten, and Godes lāre ihēren nolden.   Hēo bēoð bisenċede on
þā hāte līġæs, þǣr hēo þrōwiæð on ēċere sorge.   Þenne faræð þā
hāliġe men ant þā sōþfeste mid swēġe tō līfe, ant samod sīþiæð
mid englæ werod tō þǣm ūpplīċe, þǣr hēo blīþe wuniæð on ēċe
ēadiġnesse.   Ant hēo nǣfre ne bēoð iscēadde fram þāre ēċe
myrhðe.

Þenne is ūs myċel nēod, lēofe men, þæt wē Godes bodu
ġeorne healden, ant earniæn þæt wē mōten mid heofenwaræ
līfes brūcen, ant þæt wē ne weorþæn āweorpen on þā dēopestæ
helles grunde.   For þām þe wē isēoð þis lǣne līf mid frǣcednesse
ant mid myċele earfoðnesse ifylled, ant ylċe dæġ þis līf wonæð
ant wyrsǣð.   Ant nā lifiende mon ne þurhwuneð on þisse
weorlde, nē nān eft tō lāfe ne wurð. . . .

Ǣġhwylċ hēah ār hēr on worlde bīð mid frēcednesse be-
wunden.   Ant swā þēo ār bīð māre, swā bēoþ þā frēcednesse
swīðræn.   Be þām wē wyllæð ēow sume bysne sæcgen: þæt
trēow þe weaxeð on þām wudu be ār ūp ofer alle þā ōðre trēon,
ant hit þenne fēringæ strang wind wiðstont, þenne bið hit
swīðor iwǣġed ant iswenċed þenne þē ōðer wudæ.   Ēac þā
hēahgæ torræs ant clifæs þe hēagæ stondæþ ofer alle ōþre eorðæ,
hēo ēac þē māre ryne nimæð, ġyf hēo fēringæ tō eorðe fǣllæþ.
Swylċe ēac þā hēagæ muntæs ant dūnæ þā ðe hēage stondæþ and
torriæð ofer alne middæneard; þēah hwæðere hēo habbæþ wīte
þæs ealderdōmes, þæt hēo bēoð mid heofenlīċe fȳre iþrēad ant
iþrēste, ant mid līġe tōslagene.

Swā ēac þā hēagæ mihtæ hēr on worlde fǣllæð ant drēosæð
ant tō lyre wurðæþ, ant þisre weorlde welæ wurðæþ tō soregæ.

þēah wē ūs scrȳdæn mid þām rǣdeste gold ant mid þām hwīteste
seolfre, ant wē mid þām feġereste ġymstānes all ūten embihan-
gene bēon, þēah þe mon sceal ēċe ende ābīdæn. Ant þēah þā
mihtiġe men ant þā rīċostæn hāten heom ræste wyrċean of
marmanstāne ant of goldfretewum, ant heom hāten mid ġym-
mum ant mid seolfrene rūwum þæt bed al wrēon, ant mid þē
dēorewurðeste godewebbe al ūton ymbhōn,—þēah cymeð þē
bitter dēaþ ant tōdǣleþ all þæt.

Þenne bēoð þā welæn ant þā glengæ āgotene, and þē þrym
tōbrocen ant þā ġymmæs tōglidene, ant þæt gold tōsceaken, ant
þē līċhame tōdroren ant tō dūste iwordon. For þām nis þissere
weorlde wlite nōht, nē þisses middeneardes feġernes, ac hē is
hwīlwendlīċ ant feallendlīċ, and brosnodlīċ ant drēosendlīċ, ant
brocenlīċ ant yfellīċ ant forwordenlīċ.

Swā swā rīċu bēoð hēr on worlde. Hwǣr bēoð þē rīċe
cāseres ant þā kyngæs þe wē iū cūþæn? Hwǣr bēoð þā ealdor-
men þe boden setten? Hwǣr is dōmeres dōmsetl? Hwǣr bēoð
heoræ ofermēdo, būton mid molde beþeaht ant on wīte wræ-
cen? . . .

Hwæt fremæþ þām men þēah hē al middæneard on his āgene
ǣht istrēone, ġif þē dēofel nimæþ eft his sāwle? Oððe hwæt
þēah hē libbe hēr on līfe ā þūsend wintræ? Al hit bið him
unnyt, ġyf hē æfter his dēaþe bið intō helle ilædd, ant þǣr on
pīne wunæð ā būton ende. Uton wē wenden ūs nū tō þām
betere, ant ċerræn tō ūre Drihten ant him ġeorne ihēræn, ant
his bodum healdon.

Ant sēċe wē ūre chyrċeæn mid clǣnnesse, ant þǣr ġeorne
hlystæn þāre hālġæ lāre. Ant þērinne nāne spēċe ne spæken,
būton þæt wē mid stilnesse ūre bedu singæn, ant earniæn ūs
þæt ūplīċe rīċe. Þǣr is Kynges þrym isȳne, ant þǣr is feġer
englæ werod, ant apostola song, ant Godes lof, and þæs hēahsten
kynges herung. Þēr þā sōðfeste men scīnæð swā sunne, ant
men rīxiæð swā englæs on heofene rīċe. Wē bēoð ihātene ant
ilaðode tō þām hālīġe hāme ant tō þām kynelīċe friðstōle, þǣr

ðē Almihtiġ Drihten leofæð ant rīxæð mid alle his hālgæn ā
būten ende. Amen.

ELENE

The extract, narrating Constantine's vision of the Cross and his victory, is
from the poem in the Vercelli Book. The poem is one of those having the "sig-
nature" *Cynewulf* in runes at the close. It is published by Cook, *The Old
English Elene, Phœnix, and Physiologus*, 1919, and by Krapp, *The Vercelli
Book*, 1932.

—þǣr wearð Huna cyme
cūð ċeasterwarum. þā sē cāsere heht
onġēan gramum gūðġelǣcan
under earhfǣre ofstum myclum
bannan tō beadwe, beran ūt þrǣce
rincas under roderum. Wǣron Romware,
secgas siġerōfe sōna ġeġearwod
wǣpnum tō wīġġe, þēah hīe werod lǣsse
hæfdon tō hilde þonne Huna cining.
Ridon ymb rōfne; þonne rand dynede,
campwudu clynede: cyning þrēate fōr,
herġe, tō hilde. Hrefen ūppe gōl,
wan ond wælfel. Werod wæs on tyhte.
Hlēopon hornboran, hrēopan friċċan,
mearh moldan træd. Mæġen samnode,
cāfe tō ċēase. Cyning wæs āfyrhted,
eġsan ġeāclad, siððan elþēodiġe,
Huna ond Hrēða here scēawede,
ðæt ðe on Romwara rīċes ende
ymb þæs wæteres stæð werod samnode,
mæġen unrīme. Mōdsorge wæġ
Romwara cyning; rīċes ne wēnde

for werodlēste: hæfde wiġena tō lȳt,
eaxlġestealna   wið ofermæġene,
hrōrra tō hilde.—Here wīcode,
eorlas ymb æðeling   ēġstrēame nēah
on nēaweste   nihtlangne fyrst,
þæs þe hīe fēonda ġefær   fyrmest ġesǣgon.
þā wearð on slǣpe   sylfum ætȳwed
þām cāsere,   þǣr hē on corðre swæf,
siġerōfum ġeseġen   swefnes wōma:
þūhte him wlitescȳne   on weres hāde,
hwīt ond hīwbeorht   hæleða nāthwylċ
ġeȳwed ǣnlīcra,   þonne hē ǣr oððe sīð
ġesēġe under sweġle.   Hē of slǣpe onbræġd,
eofurcumble beþeaht.   Him sē ār hraðe,
wlitiġ wuldres boda,   wið þingode,
ond be naman nemde—nihthelm tōglād—:
"Constantinus, heht þē   Cyning engla,
wyrda Wealdend,   wǣre bēodan,
duguða Dryhten.   Ne ondrǣd þū ðē,
ðēah þē elþēodiġe   eġesan hwōpan,
heardre hilde!   þū tō heofenum beseoh
on wuldres Weard: þǣr ðū wraðe findest,
sigores tācen!"—Hē wæs sōna ġearu
þurh þæs hālgan hǣs,   hreðerlocan onspēon,
ūp lōcade,   swā him sē ār ābēad,
fǣle friðowebba.   Ġeseah hē frætwum beorht
wlitiġ wuldres trēo   ofer wolcna hrōf,
golde ġeglenged;   ġimmas līxtan.
Wæs sē blāca bēam   bōcstafum āwriten
beorhte ond lēohte: "Mid þȳs bēacne ðū
on þām frēcnan fære   fēond oferswīðesð,
ġeletest lāð werod."—þā þæt lēoht ġewāt,
ūp sīðode   ond sē ār somed
on clǣnra ġemang.   Cyning wæs þȳ blīðra

ond þē sorglēasra,   secga aldor,
on fyrhðsefan   þurh þā fæġeran ġesyhð.

Heht þā onlīċe   æðelinga hlēo,
beorna bēagġifa,   swā hē þæt bēacen ġeseah,
heria hildfruma,   þæt him on heofonum ǽr
ġeīewed wearð,   ofstum myclum
Constantinus   Cristes rōde,
tīrēadiġ cyning   tācen ġewyrċan.
Heht þā on ūhtan   mid ǽrdæġe
wīġend wreċċan,   ond wǽpenþrǽce
hebban heorucumbul,   ond þæt hāliġe trēo
him beforan ferian,   on fēonda ġemang
beran bēacen Godes.   Bȳman sungon
hlūde for herġum;   hrefn weorces ġefeah;
ūriġfeðra   earn sīð behēold,
wælhrēowra wīġ;   wulf sang āhōf,
holtes ġehlēða: hildeġesa stōd.

Þǽr wæs borda ġebrec   ond beorna ġeþrec,
heard handġeswing   ond herga cring,
syððan hēo earhfære   ǽrest mētton.
On þæt fǽġe folc   flāna scūras,
gāras ofer ġeolorand   on gramra ġemang,
hettend heorugrimme   hildenǽdran
þurh fingra ġeweald   forð onsendan.
Stōpon stīðhīdiġe,   stundum wrǽcon,
brǽcon bordhrēoðan,   bil in dufan,
þrungon þrǽchearde.   Þā wæs þūf hafen,
seġn for swēotum,   siġelēoð galen.
Gylden grīma,   gāras līxtan
on herefelda;   hǽðene crungon,
fēollon friðelēase.   Flugon instæpes
Huna lēode,   swā þæt hāliġe trēo
ārǽran heht   Romwara cyning
heaðofremmende.   Wurdon heardingas

wīde tōwrecene: sume wīġ fornam;
sume unsōfte aldor ġeneredon
on þām heresīðe; sume healfcwice
flugon on fæsten ond fēore burgon
æfter stānclifum, stede weardedon
ymb Danubie; sume drenċ fornam
on lagostrēame līfes æt ende.
Ðā wæs mōdiġra mæġen on luste,
ēhton elþēoda oð þæt æfen forð
fram dæġes orde: daroðas flugon,
hildenædran. Hēap wæs ġescyrded,
lāðra lindwered. Lȳthwōn becwōm
Huna herġes hām eft þanon.—
þā wæs ġesȳne, þæt siġe forġeaf
Constantino Cyning ælmihtiġ
æt þām dæġweorce, dōmweorðunga
rīċe under roderum þurh his rōde trēo.

THE BATTLE OF BRUNNANBURH

This poem is entered in several MSS. of the Old English Chronicle under
the year 937. It is printed in Plummer, *Two of the Saxon Chronicles Parallel*,
and in Sedgefield, *The Battle of Maldon*, and in A. Campbell, *Brunanburk*. The
text here printed is emended and occasionally normalized.

Hēr Æðelstān cyning, eorla drihten,
beorna bēahġifa, and his brōðor ēac,
Ēadmund æðeling, ealdorlangne tīr
ġeslōgon æt sæċċe sweorda ecgum
ymbe Brunnanburh: bordweall clufon,
hēowon heaðolinde hamora lāfum,
eaforan Ēadweardes; swā him ġeæðele wæs

fram cnēomāgum,   ðæt hī æt campe oft
wið lāðra ġehwone   land ealgodon,
hord and hāmas.   Hettend crungon,
Scotta lēode   and scipflotan,
fǣġe fēollon: feld dennode
secga swāte,   siþþan sunne ūpp
on morgentīd,   mǣre tungol,
glād ofer grundas,   Godes candel beorht,
ēċes Drihtnes,   oð sīo æðele ġesceaft
sāh tō setle.   Ðǣr læġ secg moniġ
gārum forgrunden,   guma Norðerna
ofer scyld scoten,   swylċe Scyttisc ēac
wērig wīġes sæd.   Wesseaxe forð
andlangne dæġ   ēoredċystum
on lāst leġdon   lāðum ðēodum;
hēowon hereflȳman   hindan ðearle
mēċum mylenscearpum   Myrċe ne wyrndon
heardes handplegan   hæleða nānum,
ðāra ðe mid Anlafe   ofer ēarġebland
on lides bōsme   land ġesōhton,
fǣġe tō ġefeohte.   Fīfe lāgon
on ðām campstede   cyningas ġeonge
sweordum āswefede,   swylċe seofone ēac
eorlas Anlafes,   unrīm herġes,
flotena and Scotta.   Ðǣr ġeflȳmed wearð
Norðmanna brego,   nēade ġebǣded
tō lides stefne   lȳtle weorode:
crēad cnear on flot;   cyning ūt ġewāt
on fealone flōd,   feorh ġenerede.
Swylċe ðǣr ēac sē frōda   mid flēame cōm
on his cȳððe norð,   Constantinus,
hār hilderinc;   hrēman ne ðorfte
mēċa ġemānan: hē wæs his māga sceard,
frēonda ġefylled   on folcstede,

beslæġen æt sæċċe, and his sunu forlēt
on wælstōwe   wundum forgrunden,
ġeongne æt gūðe.   Ġylpan ne ðorfte
beorn blandenfeax   billġeslihtes,
eald inwitta,   nē Anlaf ðȳ mā
mid heora herelāfum;   hlihhan ne ðorfton,
ðæt hī beaduweorca   beteran wurdon
on campstede,   cumbolġehnāstes,
gārmittinge,   gumena ġemōtes,
wǣpenġewrixles,   ðæs hī on wælfelda
wið Ēadweardes   eaforan plegodon.
Ġewiton him þā Norðmenn   nægledcnearrum.
drēoriġ daroða lāf, on Dinges mere
ofer dēop wæter   Dyflin sēċan,
and eft Iraland,   ǣwiscmōde.
Swylċe ðā ġebrōðor   bēġen ætsomne,
cyning and æðeling,   cȳððe sōhton,
Wesseaxna land,   wīġes hrēmġe.
Lēton him behindan   hrā bryttigan
salowiġpādan,   ðone sweartan hræfn,
hyrnednebban,   and ðone hasopādan
earn æftan hwīt,   ǣses brūcan,
grǣdiġne gūðhafoc,   and ðæt grǣġe dēor
wulf on wealda.   Ne wearð wæl māre
on ðȳs īġlande   ǣfre ġȳta
folces ġefylled   beforan ðyssum
sweordes ecgum,   ðæs ðe ūs secgað bēċ,
ealde ūðwitan,   siþþan ēastan hider
Engle and Seaxe   ūpp becōmon
ofer brāde brimu,   Brytene sōhton,
wlance wīġsmiðas   Wēalas ofercōmon,
eorlas ārhwate   eard beġēaton.

EXTRACTS FROM BEOWULF

The first and second sections (lines 102–105 and 115–134) tell of Grendel's raids on Heorot, Hrothgar's hall. The third section (194–201) tells of Beowulf's decision to go to Hrothgar's aid. The fourth section (671–690) shows Beowulf discarding arms and armor, and going to bed. The fifth (702–790) and sixth (809–824) give the story of Grendel's encounter with Beowulf. The best edition of the poem is by Klaeber.

Wæs sē grimma gæst Grendel hāten,
mǣre mearcstapa, sē þe mōras hēold,
fen ond fæsten; fīfelcynnes eard
wonsǣlī wer weardode hwīle.

* * *

Ġewāt ðā nēosian, syþðan niht becōm,
hēan hūses, hū hit Hring-Dene
æfter bēorþeġe ġebūn hæfdon.
Fand þā ðǣr inne æþelinga ġedriht
swefan æfter symble; sorge ne cūðon,
wonsceaft wera. Wiht unhǣlo,
grim ond grǣdiġ, ġearo sōna wæs,
rēoc ond rēþe, ond on ræste ġenam
þrītiġ þeġna; þanon eft ġewāt
hūðe hrēmiġ tō hām faran,
mid þǣre wælfylle wīca nēosan.
Ðā wæs on ūhtan mid ǣndæġe
Grendles gūðcræft gumum undyrne.
þā wæs æfter wiste wōp ūp āhafen,
miċel morgenswēġ. Mǣre þēoden,
æþeling ǣrgōd, unblīðe sæt,
þolode ðrȳðswȳð, þeġnsorge drēah
syðþan hīe þæs lāðan lāst scēawedon,
wergan gāstes; wæs þæt ġewin tō strang,
lāð ond longsum.

* * *

280

þæt fram hām ġefræġn Hiġelāces þeġn
gōd mid Ġēatum, Grendles dǣda.
Sē wæs moncynnes mæġenes strengest
on þǣm dæġe þysses līfes,
æþele ond ēacen. Hēt him ȳðlidan
gōdne ġeġyrwan. Cwæð, hē gūðcyning
ofer swanrāde sēċean wolde,
mǣrne þēoden, þā him wæs manna þearf.

* * *

Ðā hē him of dyde īsernbyrnan,
helm of hafelan; sealde his hyrsted sweord,
īrena cyst ombihtþeġne,
ond ġehealdan hēt hildeġeatwe.
Ġespræc þā sē gōda ġylpworda sum,
Bēowulf Ġēata, ǣr hē on bed stiġe:
"Nō iċ mē an herewǣsmun hnāgran taliġe
gūþġeweorca, þonne Grendel hine.
Forþan iċ hine sweorde swebban nelle,
aldre benēotan, þēah iċ eal mæġe.
Nāt hē þāra gōda, þæt hē mē onġēan slēa,
rand ġehēawe, þēah ðe hē rōf sīe
nīþġeweorca. Ac wit on niht sculon
secge ofersittan, ġif hē ġesēċean dear
wīġ ofer wǣpen, ond siþðan wītiġ God
on swā hwæþere hond hāliġ Dryhten
mǣrðo dēme, swā him ġemet þinċe."
Hylde hine þā heaþodēor; hlēorbolster onfēng
eorles andwlitan, ond hine ymb moniġ
snellīċ sǣrinc selereste ġebēah.

* * *

Ðā cōm of mōre under misthleoþum
Grendel gongan; Godes yrre bær.
Mynte sē mānscaða manna cynnes

sumne besyrwan in sele þām hēan.
Wōd under wolcnum tō þæs þe hē wīnreced,
goldsele gumena ġearwost wisse,
fǣttum fāhne. Ne wæs þæt forma sīð
þæt hē Hrōþgāres hām ġesōhte.
Nǣfre hē on aldordagum ǣr nē siþðan
heardran hæle, healðeġnas fand.
Cōm þā tō recede rinc sīðian
drēamum bedǣled. Duru sōna onarn
fȳrbendum fæst, syþðan hē hire folmum æthrān.
Onbrǣd þā bealohȳdiġ, ðā hē ġebolgen wæs,
recedes mūþan. Raþe æfter þon
on fāgne flōr fēond treddode,
ēode yrremōd; him of ēagum stōd
līġġe ġelīcost lēoht unfæġer.
Ġeseah hē in recede rinca maniġe,
swefan sibbeġedriht samod ætgædere,
magorinca hēap. þā his mōd āhlōg;
mynte þæt hē ġedǣlde, ǣr þon dæġ cwōme,
atol āglǣċa, ānra ġehwylċes
līf wið līċe, þā him ālumpen wæs
wistfylle wēn. Ne wæs þæt wyrd þā ġēn
þæt hē mā mōste manna cynnes
ðicgean ofer þā niht. þrȳðswȳð behēold
mǣġ Hiġelāces hū sē mānscaða
under fǣrgripum ġefaran wolde.
Ne þæt sē āglǣċa yldan þōhte,
ac hē ġefēng hraðe forman sīðe
slǣpendne rinc, slāt unwearnum,
bāt bānlocan, blōd ēdrum dranc,
synsnǣdum swealh. Sōna hæfde
unlyfiġendes eal ġefeormod,
fēt ond folma. Forð nēar ætstōp,
nam þā mid handa hiġeþīhtiġne

rinc on ræste, ræhte tōgēanes
fēond mid folme. Hē onfēng hraþe
inwitþancum, ond wið earm ġesæt.
Sōna þæt onfunde fyrena hyrde,
þæt hē ne mētte middanġeardes,
eorþan sċēata on elran men
mundgripe māran. Hē on mōde wearð
forht, on ferhðe; nō þȳ ǣr fram meahte.
Hyġe wæs him hinfūs, wolde on heolster flēon,
sēċan dēofla ġedræġ. Ne wæs his drohtoþ þǣr
swylċe hē on ealdordagum ǣr ġemētte.
Ġemunde þā sē gōda mæġ Hiġelāces
ǣfensprǣċe, ūplang āstōd
ond him fæste wiðfēng. Fingras burston.
Eoten wæs ūtweard; eorl furþur stōp.
Mynte sē mǣra, þǣr hē meahte swā,
wīdre ġewindan ond on weġ þanon
flēon on fenhopu; wiste his fingra ġeweald
on grames grāpum. Þæt wæs ġēocor sīð
þæt sē hearmscaþa tō Heorute ātēah!
Dryhtsele dynede; Denum eallum wearð,
ċeasterbūendum, cēnra ġehwylcum,
eorlum ealuscerwen. Yrre wǣron bēġen,
rēþe renweardas. Reced hlynsode.
Þā wæs wundor miċel þæt sē wīnsele
wiðhæfde heaþodēorum, þæt hē on hrūsan ne fēol,
fæġer foldbold. Ac hē þæs fæste wæs
innan ond ūtan īrenbendum
searoþoncum besmiþod. Þǣr fram sylle ābēag
medubenċ moniġ mīne ġefrǣġe
golde ġereġnad, þǣr þā graman wunnon.
Þæs ne wēndon ǣr witan Scyldinga,
þæt hit ā mid ġemete manna ǣniġ
betlīċ ond bānfāg tōbrecan meahte,

listum tōlūcan,   nymþe līġes fæþm
swulge on swaþule.   Swēġ ūp āstāg
nīwe ġeneahhe.   Norð-Denum stōd
atelīċ eġesa,   ānra ġehwylcum
þāra þe of wealle   wōp ġehȳrdon,
gryreleōð galan   Godes andsacan,
siġelēasne sang,   sār wāniġean
helle hæfton.   Hēold hine fæste
sē þe manna wæs   mæġene strengest
on þǣm dæġe   þysses līfes.

* * *

Ðā þæt onfunde   sē þe fela ǣror
mōdes myrðe   manna cynne,
fyrene ġefremede—hē fāg wið God—
þæt him sē līċhoma   lǣstan nolde,
ac hine sē mōdega   mæġ Hyġelāces
hæfde be honda.   Wæs ġehwæþer ōðrum
lifiġende lāð.   Līċsār ġebād
atol āglǣċa.   Him on eaxle wearð
syndolh sweotol;   seonowe onsprungon,
burston bānlocan.   Bēowulfe wearð
gūðhrēð ġyfeþe.   Scolde Grendel þonan
feorhsēoc flēon   under fenhleoðu,
sēċean wynlēas wīċ.   Wiste þē ġeornor
þæt his aldres wæs   ende ġegongan,
dōgera dæġrīm.   Denum eallum wearð
æfter þām wælrǣse   willa ġelumpen.

GLOSSARY

The order of words is alphabetical: æ and ǣ are placed between **ad** and **af**; þ and ð are between **tg** and **ti** except when initial; words beginning with þ or ð follow those beginning with **t**.

Strong verbs are distinguished by an arabic numeral denoting the class to which they belong. Weak verbs are followed by W.I, W.II, or W.III to denote the class. Preteritive present verbs are marked **PP**, anomalous verbs **A**. Nouns are followed by **m.** (masculine), **f.** (feminine), or **n.** (neuter). Words belonging to other parts of speech are followed by the conventional abbreviations.

The principal parts of strong and irregular weak verbs are given for those that occur in the earlier reading material. For the later material the principal parts are mostly omitted if the verb is perfectly regular. The paragraph numbers of the *Reference Grammar* are added to entries when essential information is there given.

In the definitions, commas separate synonyms. Semicolons separate different meanings. The senses are arranged in the most probable order of development.

Variant spellings and many puzzling forms are covered by cross references. Sometimes both spellings are entered and treated in full. In the later selections the student will sometimes be obliged to familiarize himself with scribal practice:

æ = e	ie = ȳ	a+cons. = ea+cons.
ǣ = æġ	ie = i	o+nasal = a+nasal
ē = ēġ	īe = ī	scea- = sca-
i = y	io = eo	sceo- = sco-
ī = ȳ	īo = ēo	ū = uġ
ie = y	ēh = ēah	wu = weo
	ī = iġ	

A

ā, adv., *ever, always, forever*

ā = ān, *one; a*

abbad, m., *abbot*

abbodesse, f., *abbess*

ābēag, pret. of ābūgan, *bend away*

ābēodan, ābēad, ābudon, āboden, 2, *announce; offer; command*

ābīdan, 1, *wait, await; get; experience*

ābiddan, 5, *ask for; obtain*

āblendan, W.I, *blind; dazzle*

ābrecan, 4, *break; conquer, capture*

ābūgan, 2, *bend away*

ac, conj., *but*

ācennan, W.I, *produce; bring forth*

ācenness, f., *birth*

285

Achaia, *Achaia, the Achaeans*
ācræftan, W.I, *think out; devise*
ācsian, W.II, *ask;* cf. āscian
ācuman, 4, *come; bring; endure* (401)
ācwellan, W.I, *kill* (432)
ācwenċan, W.I, *quench*
ādileġian, W.II, *destroy*
ādl, f., *disease*
ādrǣfan, W.I, *expel*
ādrenċan, W.I, *drown*
ādrēogan, 2, *act; carry on; endure*
ādrīfan, 1, *drive away*
ādrincan, 3, *quench*
ādūn, ādūne, adv., *down*
ādȳdan, W.I, *kill; destroy*
ǣ, f., *law; faith*
æcer, m., *field; acre*
ǣdre, f., *vein; stream*
ǣfæst, ǣfest, ǣwfæst, adj., *law-abiding; pious*
ǣfen, n., m., *evening*
ǣfenglommung, f., *evening twilight*
ǣfensprǣċ, f., *evening-speech*
ǣfest, adj., *pious*
æfestfull, adj., *envious*
æfestian, W.II, *be envious*
æfestiġ, adj., *envious*
ǣfestness, f., *religion; piety*
ǣfnung, f., *evening*
ǣfre, adv., *ever; at any time; always*
æft = eft, *again, back*
æftan, adv., *from behind; behind*
æfter, prep., *after* (time or space); *among; according to; along, alongside*
æfter þām (þǣm, þon) þe, (*at a time*) *after*
æfter, adv., *afterwards*
æfterfolgian, æfterfyliġian, W.III, *follow after; pursue* (436)

æfterra, adj., *second, next*
ǣġhwǣr, adv., *everywhere*
ǣġhwæþer, conj., ǣġhwæþer ġe ... ġe, *both ... and*
ǣġhwilċ, ǣġhwelċ, adj., *every, each*
æglǣċa, m., *terrible fighter*
ǣġþer, pron., *either one*
ǣġþer, adj., *either, each*
ǣġþer ġe ... ġe, *both ... and*
Ǣgypte, m. pl., *Egyptians*
ǣht, f., *possessions, goods; cattle*
æl, m., *awl*
ǣl, m., *eel*
ǣlċ, pron., *each, each one*
ǣlċ, adj., *each, every, any*
ǣlepūte, f., *eel-pout; burbot*
ælmihtiġ, adj., *almighty*
ælteowe, adj., *complete, perfect; true, faithful*
ǣmta, m., *leisure*
ǣmtiġ, adj., *empty, vacant; void*
ǣniġ, adj., *any*
ǣniġ, pron., *any one*
ǣnlīc, adj., *one, only; unique; glorious, splendid*
ǣnne, see ān (371)
æppelbǣre, adj., *fruit-bearing*
ǣr, adv., *formerly; before;* ǣr oððe sīð, *before or since, ever*
ǣr, prep., *before;* ǣr þām (þǣm) þe, *before;* ǣr þon, *before, until*
ǣr, conj., *before; until*
ǣr, adj., *early*
ǣr, n., *bronze; copper*
ǣrcebiscop, m., *archbishop*
ǣrdæġ, m., *daybreak, early morn*
ǣren, adj., *brazen*
ǣrende, n., *errand, mission*
ǣrendġewrit, n., *letter, epistle*
ǣrendraca, m., *messenger*

ǣrendwreca, m., *messenger*
ǣrest, adv., *first*
ǣrgōd, adj., *good from of old*
ǣror, adv., *sooner*
ǣrra, adj., *former*
ǣrwacol, adj., *early awake*
ǣs, n., *food, meat; carrion; bait*
æstel, m., *bookmark*
ǣswīcung, f., *deceit*
æt, prep., (place) *at, near, in; from; upon; into the hands of; at the point of;* æt nīehstan, *in the next place, thereupon*
æt, adv., *near*
ǣt, ǣton, see etan
ætberstan, 3, *break out, escape (from)*
ætbreġdan, ætbrǣġd, ætbrugdon, ætbrogden, 3, *take away*
ætēowian, W.II, *show, appear*
ætforan, prep., *before, in the sight of*
ætgædere, adv., *together*
ǣðel = ēðel, *country*
æðelboren, adj., *nobly born, of noble birth*
æðelborenness, f., *nobility of birth*
æþele, adj., *noble; excellent; splendid, glorious*
æðeling, m., *prince, nobleman; king's son*
Æþelinga eiġ, *Athelney*
æðellīċe, adv., *nobly, excellently*
ǣðm, m., *air; breath; blast*
æthrīnan, 1, *touch*
ætīewan, W.I, *show, appear*
ætsamne, adv., *together; at once*
ætsteppan, 6, *step* (409)
ǣttren, adj., *poisonous*
ætwesan, 5, *be present*
ætwindan, 3, *escape*
ǣwfæst, adj., *law-abiding; pious*

ǣwfæstlīċe, adv., *lawfully; religiously, piously*
ǣwiscmōd, adj., *ashamed; cowed*
āfandian, W.II, *try, test; prove*
āfaran, 6, *go, march*
āfeallan, 7, *fall; decay* (415)
āfēdan, W.I, *feed*
āfeorsian, W.II, *remove*
āfierran, W.I, *depart*
āfindan, 3, *find, discover*
āflēon, 2, *fly* (391)
āflīegan, W.I, *put to flight*
āflīeman, W.I, *put to flight; expel*
āforhtian, W.II, *frighten, terrify*
āfūlian, W.II, *become corrupt*
āfyllan, W.I, *fill*
āfyllan, W.I, *fell, bring low*
āfyrhtan, W.I, *frighten, terrify*
āgan, āh, āgon, āhte, PP., *own, possess, hold*
āġēan, prep., *against, towards*
āgen, adj., *own*
āgendlīċe, adv., *properly*
āġēnlǣdan, W.I, *lead back*
āġēotan, āġēat, āguton, āgoten, 2, *pour, pour out, destroy*
āġiefan, 5, *give, give up; pay; return; give back* (402)
āġieldan, āġeald, āguldon, āgolden, 3, *pay, yield; pay for, atone for*
āglǣċa, m., *terrible fighter*
āgolden, see āġieldan
āgoten, see āġēotan
āgrafen, adj., *graven, carved*
Agustus, *Augustus*
āhæfst, see āhebban
āhēawan, 7, *hew* (415)
āhebban, āhōf, āhōfon, āhafen, 6, *raise, lift up* (409)
āhefde, wk. pret. of āhebban

āhēng, see āhōn
āhliehhan, 6, *laugh, exult* (409)
āhlōg, see āhliehhan
āhōn, 7, *hang; crucify* (414)
āhreddan, W.I, *rescue; escape; set free*
āhte, āhton, pret. of āgan
āhwylfan, W.I, *cover, submerge*
āhyrdan, W.I, *harden*
āīdlian, W.II, *become useless*
ālǣdan, W.I, *lead; bring; lead away*
aldor = ealdor, m., *master; lord, prince*
aldor = ealdor, n., *life*
ālibban, W.III, *live* (438)
āliefan, W.I, *allow, grant*
āliehtan, W.I, *light, illuminate*
āliesan, W.I, *release, set free; deliver; loose, loosen*
ālimpan, 3, *befall, happen*
all = eall
Alor, *Aller*, in Somerset
amang, prep., *among; while;* amang þām þe, *while*
Amazanas, m. pl., *Amazons*
ambihtþeġn, m., *servant, attendant*
amen, *amen*
āmierran, W.I, *destroy*
ān, num. and indef. art., *one; a, an;* tō ānum ġeċierran, *unite;* on ān, *continuously*
ān, pron., *one;* ānra ġehwylċ, *each one*
ān, adj., *only, alone*
ān, adv., *alone, only*
an, prep., = on
anbīdan, 1, *await*
anbidian, W.II, *wait, stay; expect*
āncenned, past p., *only-begotten*
and, conj., *and*
anda, m., *zeal; malice; anger*
andettan, W.I, *confess, acknowledge*

andġiet, n., *understanding; knowledge; sense, meaning*
andġietfullīċe, adv., *clearly*
andlang, adj., *entire, whole*
andlīcness, f., *likeness, resemblance*
andlifen, andleofen, f., *food; money*
andsaca, m., *enemy*
andswarian, W.II, *answer*
andswaru, f., *answer*
andweard, adj., *opposite; present*
andweardness, f., *present time*
andwlita, m., *face*
andwyrdan, W.I, *answer*
andwyrde, n., *answer*
ānforlǣtan, 7, *let go, abandon*
angel, angil, m., *fishhook*
Angel, n., *Anglen* (Schleswig)
Angelcynn, n., *England; the English people*
Angelþēod, f., *the English people*
anġeweald, m., *power, sway*
anġinn, n., *beginning*
Angle, m. pl., *Angles*
angrīsenlīċe, adv., *terribly*
angrīslīċ, adj., *terrible*
Angulus, *Angulus*
ānhund, num., *one hundred*
anlīċ, adj., *like*
anlīcness, f., *image; statue*
ānlīpiġ, ānlēpiġ, adj., *single; private*
ānmōd, adj., *unanimous*
ānrǣdness, f., *agreement; constancy*
ansīen, f., *face; form; view, sight*
ant = and
anweald, m., *power, authority*
apostol, m., *apostle*
apostolīċ, adj., *apostolic*
ār, m., *messenger; angel*
ār, f., *honor; dignity; mercy; landed property*

ār, n., *copper*
āra, imperative of ārian, *stop, cease*
ārǽdan, W.I, *read*
ārǽdness, f., *condition, stipulation*
āræfnan, W.I, *carry out; endure*
āræfnian, W.II, *endure*
ārǽran, W.I., *rear; erect, raise; upset; destroy*
ārās, see ārīsan
arc, m., *ark*
ardlīce = arodlīce, adv., *quickly*
āreahte, see āreċċan
āreċċan, āreahte, āreaht, W.I, *tell; say; expound; translate*
āredian, W.II, *prepare, find*
ārēodian, W.II, *redden, blush*
ārfæst, adj., *merciful, kind, gracious*
ārfæstness, f., *virtue, goodness*
ārhwæt, adj., *eager for glory*
ārian, W.II, *honor; be merciful; spare*
ārīman, W.I, *number, count*
ārīsan, ārās, ārison, ārisen, 1, *arise*
ārison, see ārīsan
ārlēas, adj., *dishonorable, wicked*
Armoricano (Lat. ablative), *Armorica*
arn, pret. sing. of iernan
arod, adj., *ready, quick*
arodlīce, adv., *quickly*
ārsmiþ, m., *coppersmith*
ārweorðness, f., *honor*
ārwurð, adj., *venerable*
ārwurðian, W.II, *honor*
āsceacan, 6, *shake* (407)
āscian, W.II, *ask*
āscyran, W.I, *cut off, separate*
āsendan, W.I, *send, send forth; put*
āsettan, W.I, *set; lay; seat*
āsingan, 3, *sing out, sing; deliver*
āsmēagan, W.III, *consider, think*
āsmēgan = āsmēagan

āspringan, 3, *spring forth*
assa, m., *he-ass*
āstandan, 6, *stand up* (407)
āstellan, W.I, *set forth; start*
āstīgan, 1, *go, move, walk; get into; rise, ascend*
āstingan, 3, *pierce out*
āstreahte, see āstreċċan
āstreċċan, āstreahte, āstreaht, W.I, *stretch; prostrate oneself; stretch out*
āstyrian, W.I, *stir, move, agitate, stir up*
āswebban, āswefede, W.I, *put to sleep; kill*
Asyria, *Assyria*
atelīc, adj., *dreadful*
ātēon, 2, *draw out, drag out; take away; draw; seize; journey; draw forth, produce* (391)
ātēorian, W.II, *fail; tire; cease*
āþ, m., *oath*
āþenċan, W.I, *think out, contrive*
āþenian, W.II, *stretch out*
Atheniense, m. pl., *Athenians*
āðennan, W.I, *stretch out*
āðum, m., *son-in-law*
ātūehð, ātogen, see ātēon
atol, adj., *terrible, dire*
ātredan, 5, *tread, trample*
āttor, n., *poison*
ātuge, see ātēon
āwariged, adj., *accursed*
āweahte, see āweċċan
āweċċan, āweahte, āweaht, W.I, *awake, arouse* (432)
āwehte, pret. of āweċċan
āwendan, W.I, *turn*
āweorpan, 3, *cast, throw; cast away; cast down*
āwerian, W.I, *ward off; defend*
āwēstan, W.I, *waste, devastate; destroy*

āwreċċan, awrehte, W.I, *arouse, awake* (432)

āwrītan, āwrāt, āwriton, āwriten, 1, *write, write down, compose; inscribe*

āwurpan=āweorpan, 3, *throw*

āwurtwalian, W.II, *root up*

āxian=ācsian, *ask*

B

Bactriane, m. pl., *Bactrians*

bæc, n., *back;* on bæc, *backwards*

bæcere, m., *baker*

bæd, see biddan

bærnan, W.I, *burn*

bærnett, n., *burning*

bǣron, see beran

bæð, n., *bath*

bām, see bēġen (372)

bān, n., *bone*

bānfāg, adj., *antler-adorned*

bānloca, m., *joint (of leg or arm); limb*

bannan, bēonn, bēonnon, bannen, 7, *summon*

bār, m., *boar*

bāt, m., *boat*

bāt, see bītan

baðian, W.II, *bathe*

be, prep., *concerning, by, according to; for the sake of; beside; alongside;* be hearpan, *with or to the harp;* be sūðan, *south of;* be westan, *west of*

bēacen, n., *sign*

Beadonisc dūn, *Mt. Badon*

beadu, f., *fighting, battle*

beaduweorc, n., *warlike deed*

beæftan, adv., *from behind, behind*

bēag, bēah, m., *ring; bracelet; collar*

bēagġifa, m., *ring-giver, lord*

beald, adj., *bold*

bealg, see belgan

bealohȳdiġ, adj., *evil-minded*

bealu, n., *bale, harm, injury*

bēam, m., *tree; cross*

bēancodd, m., *bean-pod*

bearhtm, m., *brightness; flash*

bearn, n., *child; son; offspring*

bēatan, bēot, bēoton, bēaten, 7, *beat*

bebēodan, bebēad, bebudon, beboden, 2, *offer; deliver; entrust; command; announce*

bebod, n., *command*

beboden, see bebēodan

bebyrġan, W.I, *bury*

bebyriġness, f., *burial*

bēċ, see bōc (337)

beclyppan, W.I, *embrace*

beclȳsan, W.I, *enclose, imprison*

becuman, becōm, becōmon, becumen, 4, *become; come; happen, fall among, befall; approach; arrive, reach*

becwōm, pret. of becuman

bed, n., *prayer*

bedǣlan, W.I, *deprive*

bedd, n., *bed*

bedrīfan, 1, *drive; pursue; chase*

beēodon, see begān

befēolan, befealh, befulgon, befōlen 3, *apply oneself* (395)

befæstan, W.I, *establish; entrust; apply; fasten*

befēran, W.I, *surround*

befōn, befēng, 7, *seize on*

beforan, prep., *before*

beforan, adv., *before; heretofore*

begān, A, *go over, traverse; practice, perform; exercise; concern (oneself)*

begangan, 7, *perform; attend to; practice* (415)

bēġen, adj., *both* (372)

beġeondan, prep., *beyond*

beȝieman, W.I, *take care of, attend to*

beȝietan, beȝeat, beȝēaton, beȝieten, 5, *get, acquire; receive; seize; find*

beȝinnan, 3, *begin*

begrīnian, W.II, *ensnare*

behātan, behēt, behēton, behāten, 7, *promise; threaten*

behealdan, behēold, behēoldon, behealdan, 7, *look at, observe; behold*

behealdend, m., *beholder*

behēfe, adj., *necessary; suitable, proper*

behelian, W.II, *cover over, hide*

beheonan, behinon, prep., *on this side of*

behindan, adv., *behind*

behorsian, W.II, *deprive of horses*

behwyrfan, W.I, *turn; concern*

behȳdan, W.I, *conceal; shelter*

belgan, bealg, bulgon, bolgen, 3, *swell; become angry; enrage*

belimpan, 3, *pertain to, concern*

belocen, see belūcan

belūcan, belēac, belucon, belocen, 2, *lock, shut up*

bemurcian, W.II, *murmur*

benč, f., *bench*

bend, m., *bond, chain, fetter*

benēotan, 2, *deprive of*

beniman, 4, *take, get possession of; deprive* (401)

bēod, m., *table*

bēodan, bēad, budon, boden, 2, *offer; command*

bēon, wæs, wǣron, A, *be* (443)

beorgan, bearg, burgon, borgen, 3, *save, preserve; defend*

beorht, adj., *bright*

beorhte, adv., *brightly, brilliantly*

beorhtness, f., *brightness*

beorn, m., *man; hero; warrior; prince*

bēorscipe, m., *feast*

bēorþegu, f., *beer-drinking*

bēotung, f., *boast; threat*

beran, bær, bǣron, boren, 4, *bear, carry*

berēafian, W.II, *rob*

bern, n., *barn*

berstan, bærst, burston, borsten, 3, *burst* (398)

besenčan, W.I, *sink; drown; submerge*

besēon, beseah, besāwon, besewen, 5, *see, look, behold; look at; look up*

besittan, 5, *possess; besiege* (406)

beslēan, 6, *strike, cut off*

besmiþian, W.II, *construct with forged iron*

besorgian, W.II, *be sorry for*

besprecan, 5, *speak against; complain*

bestelan, 4, *steal away; steal upon*

beswīcan, beswāc, beswicon, beswicen, 1, *deceive, betray; overcome; catch*

beswingan, 3, *flog, beat*

besyrwan, W.I, *ensnare, entrap*

bet, adv., *better*

betǣčan, W.I., *pursue, hunt; entrust* (432)

beter, n., *the better*

betera, adj., *better;* see gōd (367)

beþeaht, see beþeččan

beþeččan, W.I, *cover, protect* (432)

beþenčan, beþōhte, beþōht, W.I, *consider, bethink*

beþōhte, see beþenčan

beþridian, W.II, *circumvent*

beþurfan, PP, *need* (440)

betlīč, adj., *grand, splendid*

betre, adv., *better*

betst, superl. of gōd (367)

betst, adv., *best*

betwēnan, betwȳnan, prep., *between;
  among*
betwēnan, adv., *meanwhile; in turn*
betweoh, betweox, betwux, betwyh,
  prep., *between; among*
betwēonum, prep., *between; among*
betȳnan, W.I, *enclose; close; shut;
  imprison; end*
bewendan, W.I, *turn*
bewindan, 3, *wind around; surround*
bi-, see be-
bī, bi, prep., *by;* compare be; bī
  wrītan, *to write according to; to copy*
bīdan, bād, bidon, biden, 1, *await;
  wait for; wait,* (with gen.)
biddan, bæd, bǣdon, beden, 5, *pray,
  ask, entreat,* (with gen.)
bīeġan, W.I, *bend, bow*
bīgenga, m., *inhabitant*
bīgengere, m., *worker*
bīleofa, m., *food*
bilewit, adj., *innocent; merciful*
bilewitlīċe, adv., *peacefully*
bill, n., *a staff with a point and a curved
  blade at the end; battle-axe; sword*
billġesliht, n., *sword-stroke; battle*
bindan, band, bundon, bunden, 3,
  bind
binn, binne, f., *bin, manger*
binnan, prep., *within, inside of; into*
biscop, m., *bishop*
biscophād, m., *office of bishop*
biscopstōl, m., *bishopric*
bisen, f., *example; parable*
bisgu, f., *occupation, labor*
bisiġ, adj., *busy*
bismer, n., *insult, reviling*
bismerful, adj., *shameful*
bismerlīċ, adj., *shameful*
bismrian, W.II, *mock, revile*

bīspell, n., *parable; example*
bist, see bēon (443)
bītan, bāt, biton, biten, 1, *bite; cut*
bite, m., *bite; sting*
bitter, adj., *bitter; sharp; cruel*
blāc, adj., *bright, shining, white*
blæc, adj., *black*
blǣċan, W.I, *bleach, fade*
blǣdre, f., *blister*
blǣstan, W.I, *blow*
blandenfeax, adj., *gray-haired*
blāwan, blēow, blēowon, blāwen, 7,
  blow
blēd, f., *fruit*
blētsian, W.II, *bless*
blētsung, f., *blessing*
blind, adj., *blind*
blindlīċe, adv., *blindly*
blinnan, 3, *cease*
bliss, f., *bliss, happiness, joy; merri-
  ment*
blissian, W.II, *rejoice*
blīþe, adj., *joyful; pleasant; friendly*
blīðemōd, adj., *friendly*
blōd, n., *blood*
bōc, f., *book* (337)
bōccræft, m., *book-learning*
bōcere, m., *scholar; scribe*
bōcstæf, m., *letter (of alphabet)*
bod, n., *command*
boda, m., *messenger*
boden, wk. pl. of bod, n., *command*
bodian, W.II, *tell; announce; preach*
bolgenmōd, adj., *enraged*
bolster, m., *cushion, pillow*
booc = bōc
bord, n., *board, plank; shield*
bordhrēoða, m., *shield*
bordweall, m., *shield-wall*
bōsm, m., *bosom, breast*

brād, adj., *broad; spacious; wide*
brādness, f., *breadth; surface*
brǣċ, f., *breaking; breach*
brǣdan, W.I, *roast; cook*
brǣdo, f., *breadth, width*
brǣġdan = breġdan
brastlian, W.II, *crackle*
brecan, brǣc, brǣcon, brocen, 4, *break*
breġdan, brǣġd, brugdon, brogden, 3, *move swiftly; snatch; turn; weave*
brego, m., *ruler, chief, king*
brēmel, m., *brier, bramble*
brengan = bringan
brēost, n., *breast*
Breoton, f., *Britain*
Bretanie, *Britain*
Brettas, m. pl., *Britons*
bridd, m., *young bird*
brīdelþwang, m., *rein*
briht, adj., *bright*
brim, n., *wave; sea; water*
bringan, brōhte, brōht, W.I, *bring*
broc, n., *affliction, misery*
brocenliċ, adj., *fragile*
brōhte, see bringan
brosnodliċ, adj., *corruptible*
broþ, n., *broth, soup*
brōðor, m., *brother* (335)
brūcan, brēac, brucon, brocen, 2, *use; possess; enjoy (the use of)*, (with gen.)
brȳcð, see brūcan
brȳd, f., *bride*
brȳdguma, m., *bridegroom*
bryne, m., *burning; fire*
Bryten, f., *Britain*
Bryttas, m. pl., *Britons*
bryttian, W.II, *divide, distribute; possess; enjoy the use of*
bufan, prep., *over, above*

būr, n., *chamber*
burg, burh, f., *fort; walled town; city* (337)
burgen, burgon, see beorgan
burgware, m. pl., *citizens*
burhlēod, m., *citizen* (324)
burhsittende, adj., *city-dwelling*
butere, f., *butter*
buterġeþwēor, n., *butter-curd*
buteric, m., *leather bottle*
būton, būtan, prep., *without; except; outside of; besides*
būton, conj., *unless*
būtū, adj., *both*
bycgan, bohte, boht, W.I, *buy*
bylg, m., *bellows*
bȳme, f., *trumpet*
byrġen, f., *grave*
byriġ, see burg
byriġness, f., *grave*
byrne, f., *coat of mail*
bysgod, adj., *occupied*

C

cāf, adj., *bold, brave*
camp, m., *battle*
campdōm, m., *military service*
campian, W.II, *fight; battle*
campstede, n., *battlefield*
campwudu, m., *shield*
candel, f., *candle; light*
canon, m., *canon, rule;* canones bēċ, *canonical books*
Cantware, m. pl., *inhabitants of Kent; citizens of Canterbury*
Capadotia, *Cappadocia*
Cappadonisc, adj., *Cappadocian*
carcern, n., *prison*
carful, adj., *anxious; sad*
Carrum, *Charmouth*

Cartaina, *Carthage*
carte, f., *document, writing*
caru, f., *care, trouble*
cāsere, m., *emperor; Caesar*
ċeald, adj., *cold*
ċealf, n., *calf*
ċēap, m., *sale; cattle; goods*
ċēapmann, m., *merchant, trader*
ċēapstōw, f., *market-place*
ċēas, f., *strife, battle*
ċeaster, f., *city*
ċeasterbūend, m., *town-dweller*
ċeasterġewaran, plur., *citizens*
ċeasterware, m. pl., *citizens*
cempa, m., *soldier, warrior*
cēne, adj., *brave, bold*
cennan, W.I, *conceive; bring forth*
Centland, n., *Kent*
ċeorl, m., *husbandman; peasant*
ċēosan, ċēas, curon, coren, 2, *choose; decide; take*
ċerran. W.I, *turn*
chyrċeæn, pl. of ċiriċe
ċīeġan, W.I, *call, name; call on; invite*
ċiele, m., *coldness, cold, chill*
ċīepan, W.I, *sell; buy*
ċīepend, m., *merchant*
ċild, n., *child*
cing = cyning
Ċippanham, *Chippenham, Wilts.*
Cirenċeaster, *Cirencester*
ċiriċe, f., *church*
Cirus, *Cyrus*
Ċisseċeaster, *Chichester*
clǣman, W.I, *smear; caulk*
clǣne, adj., *clean; pure*
clǣne, adv., *cleanly; completely*
clǣnness, f., *cleanness; purity*
cleofa, m., *cellar*
clēofan, 2, *split*

cleofum, see clif
clif, n., *cliff* (252)
clipian, W.II, *call; cry out; speak*
clynnan, W.I, *resound*
clyppan, W.I, *embrace; enclose; grip; honor, cherish*
cnapa, m., *child; youth; servant*
cnearr, m., *small ship*
cneoht = cniht
cnēoress, f., *race; family*
cnēow, n., *knee*
cnēowmǣġ, m., *kinsman; ancestor*
cniht, m., *young man, youth; boy*
cnucian, W.II, *knock, beat*
cōc, m., *cook*
coccel, m., *tares, cockle*
Coln, *the river Coln, in* Essex
cōm, cōmon, see cuman
consul, m., *consul*
corn, m., *grain; wheat*
corðor, n., *band; army; multitude*
costian, W.II, *tempt; test, try*
costnian, W.II, *tempt* (with gen.)
costnung, f., *temptation*
crabba, m., *crab*
cræft, m., *skill; power, strength; accomplishment; trade, handicraft; trick, deceit*
cræftiġ, adj., *skilful; strong*
cræt, n., *cart; chariot*
Creac, m., *Greek*
crēad, see crūdan
Crecas, m. pl., *Greeks*
Crecisc, n., *Greek language*
crēopan, 2, *creep*
Cretense, m. pl., *Cretans*
cring, f., n., *downfall; slaughter*
cringan, 3, *fall* (in battle); *perish*
crismlīsing, f., *the loosing of the baptismal fillet*

Crist, *Christ*
Cristen, adj., *Christian*
Cristena, m., *Christian*
Cristendōm, m., *Christendom; Christianity*
crūdan, crēad, crudon, croden, 2, *press; hasten; drive*
cruma, m., *crumb*
cucu, see cwic (360)
culter, m., *colter*
cuma, m., *stranger; guest*
cuman, cōm, cōmon, cumen, 4, *come; go* (401)
cumbolġehnāst, n., *clash of banners, battle*
cunnan, cann, cunnon, cūðe, PP., *be able; know how; know* (440)
cuōm, pret. of cuman
cūð, adj., *known*
cūðe, see cunnan
cūðlic, adj., *known; certain*
cūðon, see cunnan
cwǣdon, cwæþ, see cweðan
cwealm, m., *death; pestilence*
cweartern, n., *prison*
cwellere, m., *murderer; executioner*
cwēn, f., *woman; queen*
cweðan, cwæþ, cwǣdon, cweden, 5, *say, speak*
cwic, adj., *alive, living* (360)
cwicsūsl, n., *living torture*
cwide, m., *saying; statement; report*
cwielman, W.1, *kill; murder; torment*
cwōm, pret. of cuman
cwyld, m., *plague, murrain*
cȳf, f., *tub; vat; cask*
ċyld, n., *cold*
ċyle = ċiele, *chill*
cyme, m., *coming, arrival; visit*
cyme, subjunct. of cuman

cynehelm, m., *royal crown*
cynelic, adj., *kingly, royal*
cyneriċe, n., *kingdom*
cyning, m., *king*
cynn, n., *kind, sort; family; offspring; kin; race, tribe*
ċȳpan = ċiepan, *buy, sell*
ċȳse, m., *cheese*
ċȳsġerunn, n., *rennet*
cyssan, W.I, *kiss*
cyst, f., *choice, best*
cȳþan, W.I, *make known; inform*
cȳðere, m., *witness; martyr*
cȳðð, cȳððe, f., *kinship; kinsfolk; native land*
cȳðð, f., *knowledge*

D

dǣd, f., *deed, act*
dǣdbōt, f., *penance, reparation*
dæġ, m., *day*
dæġes, adv., *by day*
dæġhwāmliċe, adv., *daily*
dæġrǣd, dæġrēd, n., *daybreak*
dæġrim, n., *number of days*
dæġweorc, m., *day's work*
dǣl, m., *share; part, division; region*
dǣlan, W.I, *divide; divide up; give out*
Danubie, *Danube*
daroð, m., *dart, spear*
dēad, adj., *dead*
dēadliċ, adj., *mortal*
dēagol, adj., *secret, hidden*
dēagung, f., *coloring; dye*
dear, see durran (440)
dēað, m., *death*
Defenascir, *Devonshire*
delfan, dealf, dulfon, dolfen, 3, *dig*
dēma, m., *judge*
dēman, W.I, *deem; judge; assign*

Dene, m. pl., *Danes*
Denisc, adj., *Danish*
Deniscan, m. pl., *Danes*
dennian, W.II, *stream; become moist*
dēoflīc, adj., *devilish, devil's*
dēofol, m., n., *devil, demon*
dēofolġyld, n., *devil-worship*
dēop, adj., *deep*
dēopness, f., *deepness, depth*
dēor, n., *animal, beast*
deorfan, 3, *labor, work*
dēorweorþ, adj., *valuable, precious; costly*
dēorwierþe, adj., *valuable, precious; costly*
derian, W.I, *injure, hurt; harm*
dīacon, m., *deacon*
dīeġellīce, adv., *secretly*
dimm, adj., *dim, dark*
dimness, f., *dimness; darkness*
Ding, meaning unknown
discipul, m., *disciple, follower*
dōgor, n., *day*
dohtor, f., *daughter* (335)
dōm, m., *doom; judgment; choice*
dōmere, m., *judge*
dōmes dæġ, m., *doomsday*
dōmsetl, n., *judgment-seat*
dōmweorðung, f., *honor*
dōn, dyde, dōn, A, *do; make; cause; act* (444); dōn fram, *take away from;* dōn of, *put off; take off*
Dorceċeaster, *Dorchester*
dorste, pret. of durran
draca, m., *dragon; serpent; devil*
drēam, m., *joy, noise of rejoicing*
drenċ, m., *drink, draught; drowning*
drēogan, 2, *experience, suffer; endure*
drēoriġ, adj., *bloody; cruel; sad*
drēosan, 2, *fall; perish* (390)

drēosendlīċ, adj., *perishable*
drīfan, drāf, drifon, drifen, 1, *drive; conduct*
drihten = dryhten
drinca, m., *drink*
drincan, dranc, druncon, druncen, 3, *drink*
drohtoð, m., *way of life*
drȳcræft, m., *sorcery; witchcraft*
drȳġe, adj., *dry*
drȳġe, n., *dryness*
drȳġness, f., *dryness*
dryht, f., *band of retainers*
dryhten, m., *lord; Lord* (God)
dryhtsele, m., *lordly hall*
dūfan, dēaf, dufon, dofen, 2, *dive; sink*
dufon, see dūfan
duguþ, f., *body of retainers; host, throng; men; strength*
dulmunus, m., *warship*
dūn, f., *hill*
durran, dearr, durron, dorste, PP, *dare* (440)
duru, f., *door* (329)
dūst, n., *dust*
dwolma, m., *empty space, chaos*
dyde, see dōn
Dyflen, *Dublin*
dynnan, W.I, *make a din; sound; resound*
dyppan, W.I, *dip*
dyrstiġ, adj., *daring*
dȳrwyrðe, adj., *precious; costly*
dysiġ, adj., *foolish*

E

ēa, f., *water; river*
ēac, adv., *also*
ēac, prep., *together with*
ēacen, adj., *great, huge; strong*

ēadiġ, adj., *blessed*

ēadiġness, f., *happiness; blessedness*

ēadmōdlīċe, adv., *humbly*

eafora, m., *heir; son*

ēage, n., *eye*

eahta, num., *eight*

eahtoða, adj., *eighth*

ēalā, interj., *lo; behold; alas; O*

ēaland, n., *island*

eald, adj., *old*

ealdfæder, m., *forefather*

ealdor, m., *elder; parent; leader; chief; prince; king*

ealdor, m., *life*

ealdordæg, m., *day of life*

ealdordōm, m., *rule; magistracy; superiority, pre-eminence*

ealdorlang, adj., *lifelong; eternal*

ealdormann, m., *chief; nobleman; magistrate* (the ealdormann of each shire was its chief judicial officer and the leader of its military forces; the scīrġerēfa or sheriff was merely his deputy)

ealdorscipe, m., *supremacy*

Ealdseaxe, m. pl., *Old Saxons*

ealgian, W.II, *defend*

eall, adj., *all*

eall, n., *all; everything;* ealles swiðost, *most of all*

eall, adv., *altogether, entirely*

ealles, adv., *altogether*

eall swā, adv., *even so, just as*

ealneġ, adv., *always*

ealuscerwen, f., *bitter drink; terror*

ealwealdend, m., *ruler of all*

eard, m., *dwelling-place, home; land, region*

eardian, W.II, *dwell; inhabit, live in*

eardungstōw, f., *dwelling-place*

earfoðness, f., *difficulty; hardship; pain*

ēarġebland, n., *wave, surge*

eargian, W.II, *shun; fear; turn coward*

earhfaru, f., *arrow-flight*

earm, m., *arm*

earm, adj., *poor; wretched, miserable*

earme, adv., *miserably; badly*

earming, m., *poor wretch*

earn, m., *eagle*

earnian, W.II, *earn; deserve*

eart, see bēon (443)

ēast, adv., *eastward*

ēastan, adv., *from the east;* be ēastan, *to the east of*

ēastdǣl, m., *eastern part; eastern region*

Ēastengle, m. pl., *East Angles*

Ēaster, n., *Easter*

ēasteweard, adv., *eastward*

ēastrīċe, n., *eastern kingdom*

ēastrihte, adv., *due east*

ēastsǣ, f., *eastern sea*

Ēastseaxe, m. pl., *East Saxons*

ēaðe, adv., *easily*

ēaðelīċe, adv., *easily*

ēaðmōdlīċe, adv., *easily*

eaxl, f., *shoulder*

eaxlġestealla, m., *shoulder-companion comrade*

Ebreisc, adj., *Hebrew*

ēċe, adj., *eternal, everlasting*

eċed, m., *vinegar*

ecg, f., *edge; sword*

Ecgbryhtes stān, ? *Brixton-Deverill, Wilts.*

ēċness, f., *eternity*

edlēan, n., *reward; retribution*

ēdrum, dat. pl. of ǣdre, *vein; stream*

edwist, f., *being; substance*

edwīt, n., *reproach, abuse*

efenfela, n., *equally many*
efenlēof, adj., *equally dear*
efensāriġ, adj., *equally sorry*
efenþēow, m., *fellow-servant*
efenþēowa, m., *fellow-servant*
efenyrfeweard, m., *co-heir*
efes, f., *edge, border; side*
efestan, W.I, *hasten*
Effesus, *Ephesus*
efne, adv., *even, only*
efne, interj., *behold, lo*
eft, adv., *again; in turn; back*
eġe, m., *fear*
eġesa, m., *fear, terror*
eġeslīċ, adj., *terrible*
eġeslīċe, adv., *terribly; fearfully*
ēġland = ieġland, *island*
ēġstrēam = ieġstrēam, *river, sea*
Egypte, m. pl., *Egyptians*
Egyptisca, m., *Egyptian*
ehta = eahta, *eight*
ēhtan, W.I, *attack; pursue, chase* (with gen.)
ēhtende, m. pl., *attackers*
ēhtere, m., *persecutor*
ēhtness, f., *persecution*
elcung, f., *delay*
ele, m., *oil*
Elena, *Helen*
ellenwōdness, f., *zeal; earnestness*
elra, pron., *another*
elþēod, f., *foreigner; enemy*
elþēodiġ, adj., *foreign; strange; hostile*
elþēodiġness, f., *residence in a foreign country*
elþēodisc, adj., *foreign*
embe = ymbe, *around; concerning, about*
embihangene, see ymbhōn
ende, m., *end*
endebyrdness, f., *order; succession*

endedæġ, m., *last day*
endemes, adv., *equally; at the same time*
endian, W.II, *come to an end*
engel, m., *angel*
Engle, m. pl., *Angles*
Englisc, adj., *English*
Englisc, n., *the English language*
Engliscġereord, n., *the English language*
ent, m., *giant*
ēode, ēodon, see gān
eodorcende, pres. p., *ruminating*
eoforcumbol, n., *helmet surmounted by a boar-image*
eom, first person pres. ind. of bēon
ēored, n., *troop, legion*
ēoredċist, f., *troop, company*
eorl, m., *chief; nobleman; magistrate* (much the same as ealdormann)
eorðe, f., *earth*
eorðtilia, m., *farmer, husbandman*
eorþtilþ, f., *agriculture*
eoten, m., *giant*
ēower, poss. adj., *your*
Ercol, *Hercules*
erian, W.II, *plow*
Escanċeaster, *Exeter*
etan, æt, ǣton, eten, 5, *eat* (403)
Eþandūn, meaning unknown
ēðel, m., *native land; country*
Eufrate, *Euphrates*
Exanċeaster, *Exeter*

F

fācen, n., *deceit; evil; crime*
facg, ? *plaice*
fæc, n., *division or period of time; interval; part*
fæder, m., *father; forefather*
fæderlīċ, adj., *fatherly; from the Father*

fǣġe, adj., *doomed to die; fated*
fæġer, adj., *fair, beautiful; pleasant*
fæġerness, f., *fairness, beauty*
fǣle, adj., *lovely*
fællæþ, see feallan, *fall*
fǣmne, f., *maiden*
fær, n., *journey; march; expedition*
fǣrgripe, m., *sudden attack*
fǣringa, adv., *suddenly*
fǣrlíce, adv., *suddenly*
færsceat, m., *passage-money*
fæst, adj., *fast; firm; safe, secure; fortified*
fæste, adv., *fast, firmly*
fæsten, n., *fastness, stronghold; fort; secure retreat*
fæstness, f., *firmness; firmament*
fæstrǣd, adj., *firm, constant*
fæt, n., *vat, vessel; cup*
fǣt, n., *gold-plate*
fǣtels, m., *pouch; sack*
fæþm, m., *outstretched arms, embrace; fathom*
fǣtt, adj., *fat*
fāg, fāh, adj., *decorated, shining*
fāh, fāg, adj., *hostile*
fandian, W.II, *try, test*
fangen, see fōn
faran, fōr, fōron, faren, 6, *go; travel; proceed; march*
Farao, *Pharaoh*
fatu, pl. of fæt
feala = fela, *much, many*
feallan, fēoll, fēollon, feallen, 7, *fall; die*
feallendlíc, adj., *unstable*
fcalu, adj., *yellow; gray; dark*
Fearnham, *Farnham*
fēawe, plur. adj., *few*
feċċan (fetian), fette, fett, W.I, W.II, *fetch, bring*
fēdan, W.I, *feed; rear; bring up*

feġer = fæġer, *fair*
fela, indecl. n., *much, many*
feld, m., *field; plain; battlefield* (328)
fell, n., *hide, skin*
fen, n., *fen, marsh*
fēng, fēngon, see fōn
fenhliþ, n., *fen-slope*
fenhop, n., *fen-hollow*
fenland, n., *fen-land, marsh*
feoh, n., *cattle; property; money*
feohlēas, adj., *moneyless, destitute*
feoht, n., *fight, battle*
feohtan, feaht, fuhton, fohten, 3, *fight*
fēond, m., *enemy; fiend*
fēondscipe, m., *enmity*
feorh, n., n., *life; soul; form*
feorhsēoc, adj., *mortally wounded*
feorlen, adj., *distant, remote*
feorm, f., *food; goods; use*
feorr, adv., *far, afar*
feorr, adj., *far; distant*
feorr, prep., *far from*
feorran, adv., *from afar*
fēorþa, adj., *fourth*, fēorðan healfes, *three and a half*
fēorþa, adj., *fourth*
fēower, num., *four*
fēowertēoþa, adj., *fortieth*
fēowerþa, adj., *fourth*
fēowertíene, num., *fourteen*
fēowertiġ, num., *forty*
fēran, W.I, *go; journey*
ferhð, m., *mind; spirit; heart*
ferian, W.I, *carry*
fēringæ = fǣringa, *suddenly*
fers, n., *verse*
fēða, m., *troop*
fētt, see fēdan, *feed* (429.4)
fictrēow, n., *fig tree*
fiend, m., *foe*
fierd, f., *army, esp. the English army*

fierdian, W.II, *serve in the army; march*

fierdlēas, adj., *without defense*

fīf, num., *five*

fīfelcynn, n., *race of monsters*

fīfta, adj., *fifth*

fīftiene, num., *fifteen*

fīftiġ, num., *fifty*

findan, fand (funde), fundon, funden, 3, *find*

finger, m., *finger*

fiorm = feorm, *use*

fīras, m. pl., *men*

first, m., n., *period, space of time*

fisc, m., *fish*

fisc-cynn, n., *race of fishes*

fiscere, m., *fisherman*

fiscian, fixian, W.II, *fish*

fiscumwylle, adj., *full of fish*

fiscwylle, adj., *full of fish*

fix, m., *fish*

fixas, plu. of fisc

flǣsc, n., *flesh; body*

flǣsclīċ, adj., *of flesh; of a body*

flǣscmete, m., *flesh; meat*

flān, m., f., *arrow*

flaxe, f., *flask, bottle*

flēam, m., *flight*

flēogan, 2, *fly*

flēoġe, f., *fly; flea*

flēon, flēah, flugon, flogen, 2, *flee; run; escape* (391)

flēwþ, 3d sing. pres. of flōwan

flīeman, W.I, *put to flight, defeat*

flint, m., *flint; rock*

flōc, n., *flounder*

flocc, m., *company, troop*

flocrād, f., *band of cavalry*

flōd, m., *flood; wave; sea; river*

flōr, m., *floor*

flot, n., *deep water; sea*

flota, m., *sailor*

flōwan, flēow, flēowon, flowen, 7, *flow* (415)

flugon, see flēon

flyht, m., *flight*

flȳma, m., *fugitive; outlaw*

folc, n., *people; tribe; folk; nation*

folcstede, m., *dwelling-place; battle-field*

foldbold, n., *building*

folde, f., *earth*

folgian, W.III, *follow* (436.3)

folm, f., *hand*

fōn, fēng, fēngon, fangen, 7, *seize; take; catch;* fōn tō rīċe, *succeed to the kingdom;* fōn tō sprǣċe, *take up the discussion*

for, conj., *for, because, since*

for, prep., *before* (place); *before* (time); *for, on account of; for the sake of; because of; in place of; in spite of*
　　for hwon, *why*
　　for þǣm, for þām, *therefore; because*
　　for þǣm þe, for þām þe, *because*
　　for þan þe, *therefore; because; for*
　　for þon, forðon, *therefore; because; for*
　　for þon þe, *for; because; therefore*
　　for þȳ, for þȳ þe, *therefore; because; for*

foran, adv., *from before; before, in front*

forbærnan, W.I, *burn utterly*

forberan, 4, *forbear, refrain; suffer, endure*

forbernan, W.I, *burn utterly*

forbīġean, W.I, *turn away*

forbūgan, forbēag, forbugon, for-

bogen, 2, *turn away from, avoid*
ford, m., *ford* (328)
fordilgian, W.II, *destroy, blot out*
fordōn, A, *undo, ruin, destroy*
fore, adv., *before, formerly*
forebēacen, n., *foretoken*
foregangan, 7, *go before* (415)
foregīsel, m., *chief hostage; preliminary hostage*
foresǣgd, foresǣd, adj., *aforesaid*
forescēawian, W.II, *foreshow, decree, provide*
foresecgan, W.III, *foretell*
foresprecen, adj., *aforesaid*
forewerd, adj., *early*
forewītegian, W.II, *foretell, prophesy*
forfēran, W.I, *depart; die*
forġiefan, forġeaf, forġēafon, forġiefen, 5, *give utterly; give; forgive*
forġieldan, forġeald, forguldon, forgolden, 3, *repay; pay for; requite*
forġieman, W.I, *neglect; despise*
forgrindan, 3, *grind down; destroy*
forhergian, W.II, *plunder; devastate*
forhogdness, f., *contempt*
forht, adj., *afraid*
forhtfull, adj., *fearful; timid*
forhtian, W.II, *be afraid, fear*
forhwan, conj., *because*
forlǣran, W.I, *teach wrongly; lead astray*
forlǣtan, forlēt, forlēton, forlǣten, 7, *leave; abandon; lose; release; forsake; leave undone*
forlēosan, forlēas, forluron, forloren, 2, *lose; destroy*
forlēt, forlēton, see forlǣtan
forliden, adj., *shipwrecked*
forlidenness, f., *shipwreck*
forma, adj., *first* (370)

formeltan, 3, *melt away*
fornam, see forniman
fornēah, adv., *very nearly*
forniman, fornam, fornōmon, fornumen, 4, *seize; destroy*
forrīdan, 1, *ride before; intercept*
forscapung, f., *mishap*
forscēawian, W.II, *decree; furnish*
forsēon, 5, *overlook; neglect; refrain from; despise, scorn* (405)
forslēan, 6, *strike down; destroy; kill* (408)
forspillan, W.I, *waste; destroy*
forspilledness, f., *destruction*
forst, m., *frost, freezing; ice*
forstandan, 6, *understand* (407)
forswelgan, 3, *swallow up, devour*
forswiġian, W.II, *pass in silence*
fortendan, W.I, *burn away*
fortende, adj., *burnt away*
forþ, adv., *forth; further; forward*
forþan, adv., *therefore*
forðēodon, see forðgān
forþfēran, W.I, *die*
forðfōr, f., *departure; death*
forðgān, A, *come forth; go forth*
forþgangan, 7, *go forth; pass* (415)
forðġeċieġan, W.I, *call forth*
forþī, adv., *therefore*
forþon, conj., *because; for*
forþrysmian, W.II, *strangle, choke*
forþtēah, see forþtēon
forþtēon, forþtēah, forþtugon, forþtogen, 2, *bring forth; produce; exhibit*
forþȳ, adv., *therefore*
forwandian, W.II, *hesitate; reverence*
forwearð, see forweorðan
forweorðan, forwearþ, forwurdon, forworden, 3, *perish*

forwiernan, W.I, *restrain; refuse*
forwordenlīċ, adj., *perishing*
forwundian, W.II, *wound seriously*
forwyrd, f., n., *destruction*
foryrd, f., *destruction*
fōt, m., *foot*
fracoð, adj., *vile; useless*
frǣġn, pret. of friġnan
frǣtwe, f. pl., *adornments*
fram, prep., *from; by*
fram, adv., *forth, away*
framian, W.II, *avail; benefit*
Francland, n., *the land of the Franks*
frēa, m., *lord*
frēcedness, f., *harm; danger*
frēcenness, f., *harm; danger*
frēcne, adj., *dangerous; terrible*
frēcness, f., *danger*
fremde, adj., *foreign; strange; remote from*
fremian, W.II, *profit; avail; benefit*
fremsumness, f., *kindness*
frēoh, adj., *free*
frēolsian, W.II, *keep (a holiday)*
frēond, m., *friend*
frēondlīċe, adv., *in friendly manner*
frēondscipe, m., *friendship*
frēosan, frēas, fruron, froren, 2, *freeze*
fretan, frǣt, frǣton, freten, 5, *devour*
fricca, m., *herald*
friġnan, frǣġn, frugnon, frugnen, 3, *ask, inquire; ascertain* (398)
frīo, frēo, adj., *free*
frið, m., *peace;* frið niman, *make peace*
friðelēas, adj., *peaceless; savage*
friðowebba, m., *peace-weaver*
friðstōl, m., *mercy-seat*
frōd, adj., *wise; old*
frōfor, f., m., n., *consolation; help; joy*
from, adv., *away*
frox, m., *frog*

fruma, m., *beginning; origin; cause*
frumcenned, adj., *first-born*
frumsceaft, m., *first creation*
frymð, m., *origin, beginning*
fugelere, m., *fowler*
fugol, m., *bird*
fugolcynn, n., *race of birds*
fugolwylle, adj., *full of birds*
fuhton, see feohtan
fūl, adj., *foul*
full, adj., *full; complete; whole;* be fullan, *fully, completely*
full, adv., *fully*
fulnēah, adv., *very nearly*
fulswīðe, adv., *entirely; utterly*
fultum, m., *help; reinforcement; army*
fultumian, W.II, *help*
fultumiend, m., *assistant*
fulwiht, n., *baptism*
furþra, adj., *superior*
furðum, furðon, adv., *even*
furður, adv., *further*
fylġen, subjunct. of folgian
fyliġedest, see folgian (436.3)
fyllan, W.I, *fill*
fȳnd = fīend, *enemy*
fȳr, n., *fire*
fȳrbend, f., *bar forged in fire*
fȳren, adj., *fiery*
fyren, f., *crime; wicked deed*
fyrhðsefa, m., *mind*
fyrhto, f., *fright, terror*
fyrlen, adj., *far-off*
fyrmest, adv., *first of all* (370)
fȳrsmeortende, adj., *smarting like fire*
fȳrspearca, m., *spark*

G

gād, f., *goad*
gaderian, gæderian, W.II, *gather*
gād-īsen, n., *goad*

gǽlsa, m., *wantonness; pride*
gærs, n., *grass; herb*
gærscǐð, m., *blade of grass*
gærstapa, m., *grasshopper, locust*
gǽst, m., *ghost, demon*
gafol, n., *tribute; tax*
gagates, m., *agate; jet*
galan, 6, *sing; call; scream*
galen, see galan
gān, ēode, gān, A., *go; come; walk*
gangan, ġēong, ġēongon, gangen, 7, *go; walk*
gār, m., *spear*
gārmitting, f., *battle*
gārsecg, m., *ocean, sea*
gāst, m., *breath; soul; life; spirit, ghost; demon*
gāstlǐċ, adj., *spiritual; terrible*
ġe-, verbal prefix, sometimes an intensive; sometimes meaning *get* thru the action of the verb; sometimes, in Late OE, a past participial prefix.
ġē, pron., *ye* (341)
ġe, conj., *and;* ġe . . . ġe, *both . . . and*
ġē, ġēa, adv. *yes; yea*
ġeāclian, W. II, *excite; disquiet*
ġeācsian, W. II, *ask; learn*
ġeǣmettigian, W. II, *be at leisure; empty; set free*
ġeǣþele, adj., *natural; suitable*
ġeaf, see ġiefan
ġeāhnian, W.II, *own; appropriate*
ġealla, m., *gall*
ġeanbidian, W.II, *meet by waiting* (with gen.)
ġeanwyrde, adj., *known; confessed*
ġēar, n., *year*
ġearcian, W.II, *prepare*
ġearu, adj., *ready*
ġearwian, W.II, *prepare; perform*

ġearwost, adv., superl. of ġearwe, *readily, surely*
ġeāscian, W.II, *learn by asking; learn*
ġeat, n., *gate; door*
Ġēatas, m. pl., *a southern Scandinavian tribe; the Jutes*
ġebǽdan, W.I, *urge, impel*
ġebēah, see ġebūgan
ġebed, n., *prayer*
ġebelgan, 3, *swell; become angry*
ġebēodan, 2, *offer, sacrifice*
ġebeorhtlǐċ, adj., *bright; clear; safe*
ġebēorscipe, m., *feast*
ġeberan, ġebær, ġebǽron, ġeboren, 4, *bear*
ġebīdan, ġebād, ġebidon, ġebiden, 1, *get by waiting; wait; endure; live to see; experience*
ġebiddan, 5, *pray* (406)
ġebīeġan, W.I, *bend; cripple*
ġebindan, 3, *bind*
ġebismerian, W.II, *mock; put to shame*
ġeblandan, 7, *blend, mix* (413)
ġeblissian, W.II, *rejoice; gladden*
ġeblōt, n., *sacrifice*
ġebod, n., *command*
ġebolgen, see ġebelgan
ġeboren, past p., *born*
ġebrec, n., *noise, clash*
ġebringan, W.I, *bring* (432)
ġebrocian, W.II, *crush*
ġebrōðor, m., *brother*
ġebūan, ġebūde, ġebūn, A, *stay; dwell, inhabit*
ġebūgan, 2, *bow; bow to, submit; reach by bending, lie down on* (389)
ġebunden, past p., *bound; imprisoned*
ġebyrd, f., *birth*
ġebyrian, W.I, *happen; be fitting; pertain; belong to, befit*
ġecēlan, W.I, *cool*

ġeċēosan, ġeċēas, ġecuron, ġecoren, 2, *choose, select; accept; seek out*

ġeċieġan, W.I, *call, name; invoke*

ġeċierran, W.I, *turn; come; convert; agree to; force to submit*

ġeclipian, W.II, *call; cry out; speak*

ġecnāwan, 7, *know, understand* (415)

ġecneordness, f., *accomplishment*

ġecoren, see ġeċēosan

ġecuren, see ġeċēosan

ġecwēman, W.I, *please*

ġecweðan, ġecwæþ, ġecwædon, ġecweden, 5, *say, speak; call, consider*

ġecwylman, W.I, *kill*

ġecynd, n., *origin; species, kind*

ġeċyrran = ġeċierran

ġecȳðan, W.I, *make known, tell*

ġedǣlan, W.I, *separate, sever; divide, distribute*

ġedafenian, W.II, *be fitting; suit; beseem*

ġedafenlīċ, adj., *suitable, appropriate*

ġedāl, n., *division, separation*

ġedēfe, adj., *befitting; good*

ġedēman, W.I, *judge; think*

ġedeofenian = ġedafenian

ġedeorf, n., *toil, labor*

ġedeorfan, 3, *do laboriously; labor*

ġederian, W.I, *harm; injure*

ġedōn, ġedyde, ġedōn, A., *do, accomplish; cause; make; write; turn, convert*

ġedrǣġ, n., *assembly, company*

ġedreċċan, W.I, *oppress, trouble* (432)

ġedrēfan, W.I, *stir up; afflict*

ġedrēfedlīċ, adj., *oppressive*

ġedriht, f., *band of retainers*

ġedwǣrian, W.II, *agree*

ġedwǣscan, W.I, *be destroyed*

ġedwān, see ġedwīnan

ġedwīnan, 1, *waste away*

ġedwola, m., *error*

ġedyrstlǣċan, W.I, *dare* (432)

ġeēaðmēdan, W.I, *humble*

ġeedcwician, W.II, *revive, bring to life again*

ġeednīwian, W.II, *renew, restore*

ġeendian, W.II, *end, finish*

ġeendung, f., *end*

ġeēode, pret. of ġegān

ġefæġen, adj., *fain; glad; on the side o'*

ġefær, n., *way; journey; expedition*

ġefæstnian, W.II, *fasten, fix; bind*

ġefaran, ġefōr, ġefōron, ġefaren, 6, *go; get or reach by going; experience: act; attack; die*

ġefēa, m., *joy*

ġefeallan, ġefēoll, ġefēollon, ġefeallen, 7, *fall; happen; die*

ġefeaxe, adj., *having hair, -haired*

ġefeċċan, ġefetian, W.I, W.II, *fetch, bring*

ġefēlan, W.I, *feel*

ġefeoht, n., *fighting; fight; battle; war*

ġefeohtan, 3, *fight*

ġefēon, 5, *rejoice* (405)

ġefeormian, W.II, *consume, eat*

ġefēra, m., *companion, comrade*

ġefēran, W.I, *reach by traveling*

ġeferian, W.II, *carry, bring*

ġefērscipe, m., *companionship*

ġefetian, see ġefeċċan

ġefirenian, W.II, *sin*

ġeflieman, W.I, *put to flight*

ġeflit, n., *strife; dispute; contention*

ġefōn, ġefēng, ġefēngon, ġefangen, 7, *take; seize; catch; capture*

ġefrǣġe, n., *knowledge gained from hearsay; mīne ġefrǣġe, as I have heard*

ġefrǣġn, see ġefriġnan

ġefrēfran, W.I, *console, comfort*

ġefremman, W.I, *do, perform; accomplish*

ġefrēolsian, W.II, *deliver, free*

ġefriġnan, ġefræġn, ġefrugnon, ġefrugnen (ġefræġen), 3, *learn (by inquiry), hear of*

ġefultumian, W.II, *help*

ġefyld, adj., *filled (with food)*

ġefyllan, W.I, *fill; fulfill; complete*

ġefyllan, W.I, *fell; cut down; destroy; deprive of*

ġefylstan, W.I, *aid, support; protect*

ġefyrn, adv., *formerly; of old; long ago*

ġegaderian, W.II, *gather*

ġegaderung, f., *gathering, company*

ġegān, ġeēode, ġegān, A, *get by going; conquer*

ġegangan, 7, *reach (by going)*

ġeġearwian, W.II, *prepare, equip*

ġeġeocian, W.II, *yoke*

ġeġieddian, W.II, *sing; recite*

ġeġierela, m., *garment*

ġeglengan, W.I, *adorn; compose*

ġeglenged, past p., *adorned*

ġegōdian, W.II, *enrich, endow*

ġegrīpan, 1, *grip, grasp*

ġeġyrwan, W.I, *prepare, equip*

ġehabban, W.III, *have; contain*

ġehæft, adj., *made captive; caught*

ġehæftan, W.I, *bind; capture, catch*

ġehǣlan, W.I, *heal; save*

ġehæp, adj., *fit, suitable*

ġehālgian, W.II, *hallow; keep holy; consecrate*

ġehātan, 7, *call, name; command; promise* (413)

ġehātland, n., *promised land*

ġehealdan, 7, *(take and) hold; guard; preserve; uphold; keep hold of* (415)

ġehealtsumness, f., *keeping; captivity*

ġehēawan, 7, *hew* (415)

ġeheht, see ġehātan (410)

ġehelpan, 3, *help*

ġehende, adj., *near*

ġeherian, W.I, *praise, honor*

ġeherian, W.II, *ravage; gather by plundering*

ġehīeran, W.I, *hear; listen; obey*

ġehīerness, f., *hearing*

ġehīersum, adj., *obedient*

ġehīersumian, W.II, *obey*

ġehīersumness, f., *obedience*

ġehiertan, W.I, *encourage*

ġehlēotan, 2, *get by lot*

ġehlēþa, m., *comrade*

ġehnǣġan, W.I, *vanquish*

ġehorsod, adj., *mounted on horses, cavalry*

ġehwā, ġehwæt, pron., *each, each one*

ġehwǣr, adv., *everywhere; always*

ġehwæs, see ġehwā

ġehwæþer, pron., *each (of two)*

ġehwelċ, ġehwylċ, pron., *each one, every one*

ġehwelċ, adj., *each; every; certain*

ġehwierfan, W.I, *turn; convert; transform*

ġehyhtan, W.I, *hope, trust*

ġehyrte, see ġehiertan, *encourage*

ġeīeċan, W.I, *increase*

ġeīewan, W.I, *show*

ġeinnian, W.II, *supply*

ġeinseġlian, W.II, *seal*

ġelǣċan, W.I, *catch* (432)

ġelǣċċan, ġelǣhte, ġelǣht, W.I, *seize, receive; catch*

ġelǣdan, W.I, *lead; bring; conduct*

ġelǣhte, see ġelǣċċan

ġelǣran, W.I, *teach, educate*

ġelǣred, adj., *learned*

ġelǣstan, W.I, *follow; help; do carry*

out; fulfill, perform; endure, continue; last

ġelangian, W.II, *send for, summon*

ġelaðian, W.II, *invite*

ġelēafa, m., *belief; faith*

ġelēafful, adj., *believing; faithful*

ġelēaflēast, f., *unbelief*

ġeleornian, W.II, *learn*

ġelettan, W.I, *hinder; stop*

ġelīċ, adj., *alike; like; similar*

ġelīċe, adv., *similarly; likewise*

ġelīcian, W.II, *please*

ġelīcness, f., *likeness, image*

ġeliefan, W.I, *believe*

ġeliefan, W.I, *permit*

ġeliesan, W.I, *release; tear*

ġelimp, n., *happening, event; fortune*

ġelimpan, ġelamp, ġelumpon, ġelumpen, 3, *happen*

ġelimplīċ, adj., *suitable*

ġeliðewācian, W.II, *mitigate*

ġelōgian, W.II, *lodge; place, arrange*

ġelōmlīċ, adj., *frequent*

ġelufian, W.II, *love*

ġelȳfed, adj., *weak; aged*

ġemæċċa, m., *mate; husband*

ġemǣne, adj., *common*

ġemǣre, n., *border; boundary; coast*

ġemǣred, past p., *glorified; honored*

ġemǣrsian, W.II, *glorify, exalt*

ġemāhlīċ, adj., *shameless, wicked*

ġēman = ġīeman, *care for*

ġemāna, m., *company; meeting*

ġemang, n., *multitude*

ġemartyrod, adj., *martyred*

ġemaðel, n., *speech, talking*

ġemengan, W.I, *mix, combine, mingle*

ġemeniġfyldan, W.I, *multiply, increase*

ġemet, n., *measure, means; degree; meter:* mid ġemete, *by any means*

ġemet, adj., *fit, proper, meet*

ġemētan, W.I, *meet; find; encounter*

ġemetfæst, adj., *moderate*

ġemēting, f., *meeting; encounter*

ġemetlīċe, adv., *moderately*

ġemiltsian, W.II, *pity, show mercy*

ġemiltsiend, m., *pitier*

ġemōt, n., *assembly; court, council; encounter, conflict*

ġemun, adj., *mindful; familiar*

ġemunan, ġeman, ġemunon, ġemunde, PP., *think about; remember* (440)

ġemunde, see ġemunan

ġemynd, f., *memory; mind*

ġemyndian, W.II, *remember*

ġemyneġian, W.II, *remember; mention*

ġēn, adv., *still, yet, further;* with a neg., *not yet*

ġeneahhe, adv., *enough; abundantly; very*

ġenēalǣċan, ġenēalǣhte, ġenēalǣht, W.I, *approach*

ġenemnan, W.I, *name*

ġenēosian, W.II, *search out; find out; visit; save*

ġenerian, W.I, *save; protect*

ġenēðan, W.I, *dare; risk; venture*

ġeniedan, W.I, *compel; force; subject*

ġenihtsum, adj., *abundant*

ġeniman, ġenam, ġenōmon, ġenumen, 4, *take; receive; grasp, seize violently; capture; catch*

ġenip, n., *darkness; cloud*

ġeniðerian, W.II, *bring low; humble*

ġenōh, ġenōg, adj., *enough, abundant*

ġenōh, ġenōg, adv., *enough, abundantly*

ġenotian, W.II, *use; consume*

ġenȳdan, W.I, *compel*

ġēo, adv., *formerly; of old*
ġeocian, W.II, *yoke*
ġēocor, adj., *harsh; bitter; sad*
ġeoffrian, W.II, *offer, sacrifice*
ġeoguð, f., *youth*
ġeolorand, m., *shield covered with yellow*
ġēomrian, W.II, *lament*
ġēomrung, f , *complaint, lament*
ġeond, prep., *thruout; as far as; all over*
ġeondlīchtan, W.I, *illuminate*
ġeondsendan, W.I, *send or spread abroad; overspread*
ġeong, adj., *young*
ġeopenian, W.II, *open*
ġeorne, adv., *eagerly; earnestly; zealously; willingly; surely*
ġeornful, adj., *eager, desirous*
ġeornfulle, adv., *zealously*
ġeornfulness, f., *eagerness; earnestness; zeal*
ġeornlīċe, adv., *eagerly; zealously*
ġēr = ġēar, *year*
ġerād, n., *account, audit*
ġerād, adj., *skilled*
ġerādeġian, W.II, *call to an account*
ġerǣċan, W.I, *reach, get at* (432)
ġerǣd, past p., *read*
ġerǣde, n., *trappings, accouterments*
ġereċċan, W.I, *relate, tell* (432)
ġerēfa, m., *sheriff; reeve*
ġereġnian, W.II, *prepare; adorn*
ġereord, f., *voice; language*
ġereord, n., *food, feast*
ġereordian, W.II, *feed, feast*
ġererding, f., *meal*
ġerestan, W.I, *rest; lodge*
ġerīdan, 1, *get by riding; conquer*
ġerīman, W.I, *count; number*

ġerisenlīċ, adj., *suitable, becoming; convenient; apt*
Germania, *Germany*
ġerȳman, W.I, *make wider*
ġerȳne, n., *dark saying; secret*
ġesæġen, f., *statement*
ġesæġon, pret. pl. of ġesēon
ġesǣliġ, adj., *happy; blessed; prosperous*
ġesǣliġlīċ, adj., *blessed; happy*
ġesǣliġlīċe, adv., *happily*
ġesæt, see ġesittan
ġesamnian, W.II, *assemble, gather; collect*
ġesamnung, f., *collection; community, assembly*
ġesāwon, see ġesēon
ġescamian, W.II, *shame*
ġescēadwīslīċe, adv., *clearly*
ġesceaft, f., *created thing; creature; creation*
ġesceap, n., *creation*
ġescēawian, W.II, *inspect, examine*
ġescendan, W.I, *confound; injure; put to shame*
ġesceōp, see ġescieppan
ġescieppan, 6, *create* (409)
ġescrǣpe, adj., *suitable*
ġescrȳdan, W.I, *clothe*
ġescȳ, n., *pair of shoes; shoes*
ġescyndan = ġescendan
ġescynde, see scendan
ġescyrdan, W.I, *cut to pieces*
ġeseah, see ġesēon
ġesēċan, W.I, *seek; visit* (432)
ġesecgan, W.III, *say; tell*
ġeseġen, f., *speech; story; saying; tradition*
ġeseġen, past p. of ġesēon, *seen, visible, evident*

ġeseġnian, W.II, *make the sign of the cross*

ġesellan, ġesealde, ġeseald, W.I, *give; give up; sell*

ġesēon, ġeseah, ġesāwon, ġesewen, 5, *see; consider*

ġeset, ġeseted; past p., *situated*

ġesetness, f., *decree; will*

ġesettan, W.I, *set, place; appoint; establish; provide; compose*

ġesewen, past p. of ġesēon; is ġesewen, *seems*

ġesibsum, adj., *peaceful*

ġesīene, adj., *seen; visible; evident*

ġesihð, f., *vision; sight*

ġesittan, ġesæt, ġesǣton, ġeseten, 5, *sit; take a seat; sit up; settle, finish; occupy; conquer*

ġeslēan, ġeslōg, ġeslōgon, ġeslagen, 6, *strike; get by striking; get by fighting; kill*

ġesprec, n., *talk, conversation*

ġesprecan, 5, *speak, utter*

ġestall, ġesteall, m., *state, condition*

ġestandan, 6, *stand*

ġestaðelian, W.II, *establish; found*

ġestician, W.II, *stab, pierce*

ġestillan, W.I, *be still*

ġestincan, 3, *smell*

ġestrangian, W.II, *strengthen*

ġestrēon, n., *gain*

ġestrēonan, W.I, *gain, acquire*

ġestrod, n., *plunder, robbery*

ġesund, adj., *sound; safe; uninjured; whole; healthy*

ġeswefian, W.II, *put to sleep*

ġeswenċan, W.I, *afflict; trouble; vex*

ġesweostor, f. pl., *sisters*

ġeswerian, ġeswōr, ġeswōron, ġeswaren, 6, *swear; make oath*

ġeswīcan, 1, *betray; desert; give way*

ġeswinc, n., *toil, labor*

ġeswutelian, W.II, *show, make clear*

ġesyngian, W.II, *sin, do wrong*

ġēt = ġīt, *yet*

ġetǣċan, ġetāhte, ġetāht, W.I, *teach. show*

ġetæl, n., *number; series; cycle*

ġeteald, past p., *accounted (worthy)*

ġetel = ġetæl

ġetellan, W.I, *number; count (432)*

ġetemed, past p., *tamed, trained*

ġetēon, ġetēah, ġetugon, ġetogen, 2, *draw; seize; take away; train, educate*

ġeþafian, W.II, *permit; consent*

ġeþafung, f., *consent*

ġeþanc, n., *thought*

ġeþeaht, f., n., *thought; counsel; advice*

ġeþeahta, m., *counsellor, adviser*

ġeþeahtend, m., *counsellor*

ġeþeahtere, m., *counsellor*

ġeþenċan, ġeþōhte, ġeþōht, W.I, *think; think of; consider*

ġeþēodan, W.I, *join; assemble*

ġeðēode, n., *language*

ġeþēodness, f., *joining, association*

ġeþinge, n., *agreement; result*

ġeðīod = ġeðēod

ġeþōht, m., *thought*

ġeþrec, n., *pressure; rush*

ġeþrīstian, W.II, *dare*

ġeðrīstlǣċan, W.I, *dare (432)*

ġeþūht, see ġeþynċan

ġeþungen, adj., *excellent, distinguished*

ġeþwǣrness, f., *concord; peace; gentleness*

ġeþyld, f., *patience*

ġeþyldiġ, adj., *patient, enduring*

ġeþyldigian, W.II, *be patient*

ġeþynċan, W.I, *seem (432)*

ġetimber, n., *timber; building*

ġetimbrian, W.II, *build*

ġetīmian, W.II, *happen*

ġetintregian, W.II, *torture; punish*

ġetogen, see ġetēon

ġetrēowian, W.II, *trust*

ġetrymman, W.I, *strengthen; encourage; confirm; comfort; prepare*

ġetrȳwe, adj., *true, faithful*

ġetuge, see ġetēon

ġetyhtan, W.I, *train*

ġeunrōtsian, W.II, *be sad; make sad*

ġeuntrumod, past p., *weakened*

ġeunwurðod, past p., *dishonored*

ġewæterian, W.II, *water*

ġeweald, n., *power; strength; control; dominion*

ġewearnian, W.II, *guard against*

ġewemman, W.I, *defile; profane; destroy*

ġewemming, f., *defilement*

ġewemmodlīċe, adv., *corruptly*

ġewendan, W.I, *turn*

ġeweorc, n., *work; fort*

ġeweorht = ġeworht; see ġewyrċan

ġeweorðan, ġewearþ, ġewurdon, ġeworden, 3, *become; be made; happen;* ġeweorþe þē *and him, let it be between you and him*

ġeweorðian, W.II, *honor; embellish*

ġewerian, W.II, *make an alliance*

ġewīcian, W.II, *dwell; encamp*

ġewieldan, W.I, *get or have power over*

ġewihte, n., *weight*

ġewill, n., *will; wish, desire*

ġewilnian, W.II, *desire*

ġewilnung, f., *desire*

ġewindan, 3, *turn; reach by going back*

ġewinn, n., *strife, fight, struggle; battle; war; toil, trouble*

ġewinna, m., *adversary*

ġewislīċe, adv., *certainly*

ġewiss, adj., *certain of*

ġewistfullian, W.II, *feast*

ġewistlæcan, W.I, *feast*

ġewītan, ġewāt, ġewiton, ġewiten, 1, *depart; go; go out; die*

ġewitan, PP., *know; learn*

ġewiteness, f., *departure; death*

ġewitness, f., *testimony*

ġewītnod, past p., *tortured*

ġeworden, see ġeweorðan

ġeworhte, see ġewyrċan

ġewrecan, 5, *wreak; avenge*

ġewrit, n., *writing; letter; book; Scripture*

ġewrītan, ġewrāt, ġewriton, ġewriten, 1, *write; write down*

ġewrīðan, 1, *twist, writhe; bind* (386)

ġewuldor-bēagod, past p., *crowned with glory*

ġewuldrian, W.II, *glorify*

ġewundian, W.II, *wound*

ġewunian, W.II, *dwell; encamp; be accustomed*

ġewurðan = ġeweorðan

ġewyrċan, W.I, *work; do; make; build; construct; create; get* (432)

ġewyrman, W.I, *warm*

ġeȳwed, see īewan

ġiedd, n., *song; speech; tale; saying*

ġiefan, ġeaf, ġēafon, ġiefen, 5, *give*

ġiefu, f., *gift, grace*

ġieldan, 3, *yield; pay*

ġielp, m., *boasting; pride*

ġielpan, ġealp, gulpon, golpen, 3, *boast; exult*

ġieman, W.I, *care for; give heed to; rule over* (with gen.)

ġiemen, f., *care; diligence*

ġierd, f., *staff; twig*

ġiernan, W.I, *desire; covet* (with gen.)

ġiesthūs, n., *guesthouse, inn*

ġiestrandǣġ, m., *yesterday*

ġiet, adv., *yet, still*

ġif, conj., *if*

ġifeþe, adj., *given*

ġifta, f. plur., *marriage, wedding*

ġīman = ġīeman

ġimm, m., *gem; jewel; precious stone*

ġimstān, m., *precious stone*

ġingra, adj., comp. of ġeong

ġīo, adv., *formerly, of old*

ġio-, ġīo-, see ġeo-, ġēo-

ġioguð, f., *youth*

ġistlīþe, adj., *hospitable*

ġit, pron., *ye two*

ġīt, adv., *yet*

ġītsung, f., *avarice, greed*

glædliċe, adv., *gladly*

glæs, n., *glass*

glēaw, adj., *wise*

gleng, f., *ornament*

glengan, W.I, *trim, adorn*

glēowian, W.II, *make merry*

glīdan, 1, *glide*

gnæt, m., *gnat; insect*

God, m., *God*

god, n., m., *(heathen) god*

gōd, adj., *good*

gōd, n., *good; benefit; property; possessions*

godcund, adj., *divine*

godcundlīċe, adv., *divinely*

godcundness, f., *divinity*

godewebb, n., *fine cloth*

gōdspell, n., *gospel*

gōl, pret. of galan

gold, n., *gold*

goldfrætwe, f. pl., *gold ornaments*

goldhord, m., n., *treasury*

goldsele, m., *a hall in which gold is distributed*

goldsmiþ, m., *goldsmith*

gongan = gangan

Gota, m., *Goth*

grǣdiġ, adj., *greedy; hungry*

græft, adj., *graven, carved*

grǣġ, adj., *gray*

gram, adj., *angry; fierce; hostile*

grama, m., *rage, anger*

Grantebrycg, *Cambridge*

grāp, f., *grip, grasp*

grēada, m., *bosom*

grēne, adj., *green; uncooked*

grētan, W.I, *greet*

grim, adj., *fierce; angry*

grīma, m., *helmet*

grimlīċ, adj., *fierce, terrible*

grimme, adv., *grimly, savagely*

grīn, f., n., *snare*

grind, n., *grinding*

grōwan, 7, *grow* (415)

grund, m., *ground; land; bottom; abyss*

grymetian, W.II, *grunt; rage*

gryrelēoð, n., *terrible song*

guma, m., *man; warrior*

gūþ, f., *combat; battle; war*

gūðcræft, m., *war-strength*

gūðcyning, m., *war-king*

gūðġelǣca, m., *warrior*

gūþġeweorc, n., *warlike deed*

gūþhafoc, m., *war hawk; eagle*

gūðhrēð, m., *glory in battle*

gylden, adj., *golden*

ġylpword, n., *boasting word*

gylt, m., *guilt; debt*

ġȳmen = ġīemen

Gyrwe, *Jarrow*

ġȳt, ġȳta, adv., *yet*

H

habban, hæfde, hæfd, W.III, *have*

hacod, m., *pike*

hād, m., *form, shape; class, rank; condition; state; person*
hæbbe=hebbe, *move*
hæfde, hæfdon, see habban
hæft, m., *captive*
hæfting, f., *fastening, lock*
hæfton, acc. of hæft
hæle, m., *man; warrior*
Hǣlend, m., *Healer, Saviour*
hæleð, m., *man; warrior*
hælfter, f., *halter*
hæll=hell
hǣlu, hǣlo, f., *health; prosperity; luck; safety; salvation*
hærfest, m., *autumn*
hǣring, m., *herring*
hǣs, f., *command*
hēt, see hātan (421)
hǣte, f., *heat*
hǣðen, adj., *heathen, pagan*
hǣðena, m., *heathen*
hǣðenisc, adj., *heathenish*
hǣðenness, f., *paganism*
hǣðenscipe, m., *paganism*
hafela, m., *head*
hafoc, m., *hawk*
hagol, m., *hail*
hāl, adj., *whole; healthy; sound*
hālettan, W.I, *greet, hail*
hālga, sē, *saint*
hālga gāst, sē, *Holy Ghost*
hālgian, W.II, *hallow; keep holy*
hāliġ, adj., *holy*
hāliġ, m., *saint*
hālsian, W.II, *adjure; entreat*
hālsung, f., *entreaty*
hālwende, adj., *healing, wholesome; sound*
hālwendness, f., *healthfulness*
hām, m., *home; village; country*
hamor, m., *hammer*

Hāmtūnscīr, *Hampshire*
hāmweard(es), adv., *homewards*
hand, f., *hand* (329); on hand gān, *yield, surrender*
handġeswing, n., *blow, stroke*
handlinga, adv., *by hand*
handplega, m., *hand-play, fighting*
hār, adj., *hoar, gray; old*
hara, m., *hare*
hās, adj., *hoarse*
hasupād, adj., *dark-coated*
hāt, adj., *hot*
hātan, hēt, hēton, hāten, 7, *command; name; call* (410, 413)
hātheortness, f., *anger, rage*
hatian, W.II, *hate*
hātte, passive of hātan, *be named*
hatung, f., *hate, hatred*
hē, hēo, hit, pron., *he, she, it; also reflexive*
hēafod, n., *head*
hēah, adj., *high; sublime*
hēahengel, m., *archangel*
hēahfæder, m., *patriarch*
hēahgæ, masc. pl. of hēah
hēahġerēfa, m., *high sheriff; prefect*
hēahrodor, m., *high heaven*
hēahsetl, n., *throne*
healdan, hēold, hēoldon, healden, 7, *hold; possess; observe; guard; defend*
healf, f., *side; half; part;* fēorðe healf, *three and a half;* ōðer healf, *one and a half*
healf, adj., *half*
healfcwic, adj., *half-alive, half-dead*
hēaliċ, adj., *high, sublime*
heall, f., *hall*
healt, adj., *halt, lame*
healðeġn, m., *hall-thane*
hēan, see hēah
hēaness, f., *highness; sublimity*

hēanlīċ, adj., *abject*
hēap, m., *crowd; band; troop*
hēapmǣlum, adv., *in crowds*
heard, adj., *hard; cruel, grievous, se-*
vere; bold, brave; heavy; heard hǣlu,
bad health
hearding, m., *hero*
hearmscaþa, m., *terrible enemy*
hearpe, f., *harp*
hearpenæġel, m., *plectrum*
hearpestreng, m., *harpstring*
hearpian, W.II, *play the harp*
heaðodēor, adj., *brave*
heaðofremmende, adj., *fighting*
heaðolind, f., *linden shield*
hēawan, hēow, hēowon, hēawen, 7,
hew; strike; cut
hebban, hōf, hōfon, hafen, 6, *raise, lift;*
move
hēddern, n., *storehouse*
hefiġ, adj., *heavy*
hefigian, W.II, *make heavy; afflict*
hefiġtȳme, adj., *heavy; severe*
hēġ, n., *hay*
hēġe, nom. pl. of hēah
hēhst, superl. of hēah
heht, reduplicating pret. of hātan
(410)
hell, f., m., *hell*
hellīċ, adj., *hellish*
helm, m., *protection; helmet*
Hengest Dun, *Hingston Down* (in
Cornwall)
hēo, *they; them; she*
heofon, m., heofone, f., *heaven*
heofonlīċ, adj., *heavenly, divine*
heofonrīċe, n., *heavenly kingdom*
heofonware, m. pl., *inhabitants of*
heaven
hēold, see healdan

heolster, m., *hiding-place*
heonan, heonon, adv., *hence*
heonansīþ, m., *departure; death*
heonu, adv., *moreover*
heonu, interj., *lo, behold*
heord, f., *custody, care*
Heorot, *Hart, Stag,* the name of
Hrothgar's hall.
heort, m., *hart, stag*
heorte, f., *heart*
heorucumbul, n., *ensign*
heorugrim, adj., *sword-grim, fierce*
hēow = hīw
hēr, adv., *here; in this year.* Usually the
first word in entries in the Chronicle.
here, m., *army, esp. the Danish army;*
multitude
herefeld, m., *battle-field*
hereflȳma, m., *deserter, fugitive*
herehȳþ, f., *booty, plunder*
herelāf, f., *remnant of an army*
hereness, f., *praise*
heresīþ, m., *warlike expedition*
heretoga, m., *leader; captain; com-*
mander; ruler; prefect
herewæsm, m., *war-prowess*
hergung, f., *harrying, plundering*
herian, W.I, *praise*
herian, W.II, *make war, ravage*
hērsumian = hīersumian, *obey*
herung, f., *praise*
hēt, see hātan
hettend, m., *hater; enemy*
Hibernia, *Ireland*
hider, adv., *hither*
hidercyme, m., *arrival; advent*
hīe, nom. acc. plur. of hē, hēo, hit
hieder = hider
hieġ, n., *hay*
hiehst, superl. of hēah, *high*

hiene = hine; see hē
hieran, W.I, *hear; obey*
hierde, m., *guard; guardian; keeper*
hierdebōc, f., *pastoral book*
hierra, compar. of hēah (365)
hiersumian, W.II, *obey*
hiersumness, f., *obedience*
hiertan, W.II, *hearten, encourage*
Hierusalem, *Jerusalem*
hiġ, interj., *oh*
hiġeþihtiġ, adj., *strong-hearted*
hild, f., *battle, war*
hildeġeatwe, f. pl., *war equipment*
hildeġesa, m., *terror of battle*
hildenǣdre, f., *battle-adder; spear*
hilderinc, m., *warrior*
hildfruma, m., *commander*
hindan, adv., *from behind*
hinfūs, adj., *ready to get away*
Hispanie, *Spain*
hit, see hē
hīw, n., *appearance, form; species, kind; color*
hiwbeorht, adj., *radiant; beautiful*
hiwrǣden, f., *family, household*
hlǣfdiġe, f., *lady*
hlæst, n., *load; freight*
hlāf, m., *loaf; bread; food*
hlāford, m., *lord, master*
hlēapan, hlēop, hlēopon, hlēapen, 7, *leap; run*
hlēo, m., n., *protection*
hlēorbolster, m., *pillow*
hliehhan, hlōh, hlōgon, 6, *laugh*
hlisa, m , *sound; fame; report*
hlot, n., *lot; sendan hlot, cast lots*
hlōð, f., *band, troop*
hlūd, adj., *loud*
hlūde, adv., *loudly*
hlūttor, adj., *pure*

hlynsian, W.II, *resound*
hlystan, W.I, *listen; listen to; hear*
hnāg, adj., *mean; poor*
hnappian, W.II, *sleep, nap*
holt, n., *grove; forest*
hōn, hēng, hēngon, hangen, 7, *hang*
hopian, W.II, *hope, expect; trust in*
hord, m., n., *hoard, treasure*
horn, m., *horn*
hornbora, m., *trumpeter*
hornreced, n., *gabled hall*
hors, n., *horse*
horsþeġn, m., *horse-thane, marshal*
hosp, m., *reproach; contumely*
hrā = hrǣw
hrǣd, adj., *quick, swift*
hrǣdlic, adj., *quick; short* (time)
hrǣdliċe, adv., *quickly, swiftly*
hrǣfen, m., *raven*
hræġl, n., *garment; clothing*
hrǣðe, adv., *quickly*
hrǣw, n., m., *living or dead body*
hran, m., *whale*
hraðe, adv., *quickly*
hrāw = hrǣw
hrēam, m., *noise; outcry*
hrēaw, adj., *raw*
hrefen = hrǣfn, *raven*
hrēman, W.I, *boast*
hrēmiġ, adj., *boasting, exulting*
hrēofl, adj., *leprous*
hrēohness, f., *roughness; storm*
Hreopedun, *Repton*
hrēosan, hrēas, hruron, hroren, 2, *fall, fall in ruins*
hrēowliċe, adv., *cruelly; grievously*
hrepian, W.II, *touch*
Hrēðas, m. pl., *Goths*
hreðerloca, m., *bosom; breast*
hrieman, W.I, *cry out*

hrīnan, 1, *touch*
hring, m., *ring*
Hring-Dene, m. pl., *Ring-Danes*
hrōf, m., *roof*
Hrofesċeaster, *Rochester*
hron=hran
hrōpan, hrēop, hrēopon, hrōpen, 7, *announce; proclaim*
hrōr, adj., *brave*
hruran, see hrēosan
hrūse, f., *ground; earth*
hū, adv., conj., *how*
Humbre, f., *Humber*
hūmeta, conj., *in what way*
Hunas, m. pl., *Huns*
hund, m., *dog*
hund, num., *hundred*
hundeahtatiġ, num., *eighty*
hundnigontiġ, num., *ninety*
hundred, num., *hundred*
hundtēontiġ, num., *hundred*
hungor, m., *hunger*
huniġ, n., *honey*
hunta, m., *hunter*
huntian, W.II, *hunt*
huntnoð, m., *hunting*
huntung, f., *hunting; game caught in hunting*
hūs, n., *house*
hūsl, n., *housel, the consecrated elements of bread and wine*
hūð, f., *booty*
hwā, hwæt, pron., *who, which, what; someone, something;* tō hwan, *why*
hwæl, m., *whale*
hwǣr, conj., *where*
hwǣr, adv., *somewhere, anywhere, everywhere;* wel hwǣr, *nearly everywhere*
hwæt, interj., *lo, behold*

hwæt, adj., *active; brave*
hwæt, pron., see hwā
hwǣte, m., *wheat*
hwæþer, pron., *which of two;* swā hwæþer, *whichsoever*
hwæðer, conj., *whether*
hwæðer ... þe, *whether ... or*
hwæðere, adv., *however; yet; nevertheless*
hwæðere, conj., *tho*
hwæðre=hwæðere, conj., adv.
hwæthwugu, pron., *something*
hwætlīċe, adv., *quickly*
hwætscipe, m., *vigor; bravery*
hwān=hwām (348)
hwanon, hwanan, adv., *whence*
hwaðer=hwæðer; swā hwaðer, *whatsoever*
hwelċ, inter. and indef. pron., *which, what, someone; any one;* swā hwelċ, *whatsoever*
hwelċ, adj., *which, what; what kind of; any; some; whatever*
hwelċehwego, adj. and pron., *some, someone*
hweorfan, 3, *turn, return*
hweþre, adv., *nevertheless*
hwī, hwȳ, adv., *why*
hwider, adv., conj., *whither*
hwierfan, W.I, *turn; return*
hwīl, f., *time; space or period of time*
hwilċ=hwelċ
hwīlwendlīċ, adj., *transitory*
hwīlon=hwīlum, *sometimes*
hwīlum, adv., *sometimes*
hwīlum ... hwīlum, *at one time ... at another*
hwistlung, f., *whistling*
hwīt, adj., *white*
hwōn, adv., *somewhat, a little*

hwon, instr. of hwā

hwonan = hwanon, *whence*

hwōpan, hwēop, hwēopon, hwōpen, 7, *threaten*

hwȳ, adv., *why*

hwylċ, adj., *what sort of*

hȳd, f., *hide, skin*

hȳdiġ, adj., *made of leather*

hyġe, m., *mind*

Hyġelāc, *king of the Geats*

hyht, m., *hope*

hyldan, W.I, *bend down*

hyldo, f., *favor; protection*

hȳnan, W.I, *injure; afflict*

hȳnð, f., *humiliation; damage, harm*

hyrde, m., *guard; keeper*

hȳrling, m., *hireling, hired servant*

hyrnednebba, adj., *horny-billed*

hyrsted, past p., *adorned*

hȳrsumian, W.II, *obey*

hyseċild, n., *male child*

I

i-, verbal and past ppl. prefix = ġe-

iblēsod, adj., *blessed*

ibrōhte, see ġebringan

iċ, pron., *I*

īdel, adj., *worthless; vain; empty; bare;* on īdel, *in vain*

īdelhende, adj., *empty-handed*

īdelness, f., *vanity; emptiness*

īe, dat. sing. of ēa, *river*

ieġland, n., *island*

ieġstream, m., *river; sea*

ieldan, W.I, *delay*

ieldo, f., *age; period; old age* (322)

ieldra, adj., comp. of eald

ieldra, m., *ancestor*

ierfenuma, m., *heir*

ierfeweardness, f., *inheritance*

iernan, arn, urnon, urnen, 3, *run*

ierre, adj., *angry*

ierre, n., *anger*

iersian, W.II, *be angry*

ierðling, m., *farmer; plowman*

īeðra, adj., *easier* (364)

īewan, W.I, *show; reveal; disclose*

ifestnian = ġefæstnian

igæderæd, see ġegaderian

iġġað, m., *small island*

iġland = īeġland, *island*

Iġlea, meaning unknown

ihēran = ġehīeran

ilċ, ilca, adj., *same*

iliċ = ġeliċ

in, adv. and prep., *in, into*

inbryrdness, f., *inspiration; ardor*

inca, m., *ill-will*

Indie, m. pl., *Indians*

inēode, see ingān

ingān, A, *go in; come in* (445)

ingang, m., *entrance*

ingangan, 7, *go in, enter* (415)

inġehyġd, f., *mind; encouragement*

innan, adv. and prep., *within*

innanbordes, adv., *at home*

inne, adv., *within, inside*

instæpes, adv., *immediately, forthwith*

intinga, m., *matter, business; cause*

intō, prep., *into*

inweard, adv., *inward*

inwit, adj., *wicked; deceitful*

inwitþanc, m., *hostile purpose*

inwitta, m., *wicked one*

Īraland, *Ireland*

īren, n., *iron; sword*

īrenbend, f., *iron band*

irnan, arn, urnon, urnen, 3, *run*

īs, n., *ice*

isǣliġ = ġesǣliġ, *happy*

iscēadd, wk. past p. of scēadan, *separate*

iscēawed, past p. of scēawian, *see*

isceofen, past p. of scūfan, *push*

Isaias, *Isaiah*

iseah, see ġesēon

īsen, adj., *of iron, iron*

īsenesmiþ, m., *iron-smith*

īsern, n., *iron; sword*

īsernbyrne, f., *iron coat-of-mail*

Ispania, *Spain*

Israhel, m., *Israel; Israelite*

Israhelisc, adj., *Israelitish*

ist, *is*

isȳne = ġesīene, *seen*

iōrēad, see þrēagan, *attack*

iþrēste, see þrǣstan, *destroy*

iū = ġeo, *formerly*

iwǣġed, past p. of wǣgan, *harass*

iwurðan = ġeweorðan

J

Janes, *Janus*

Johannes, *John*

Jordanen, *Jordan*

Judeisc, adj., *Jewish*

K

kyne- = cyne-

kynerīce = cynerīce

kyning = cyning

L

lā, interj., *lo*

lāc, n., *play; gift; sacrifice*

lācnian, W.II, *treat with medicine*

lǣċe, m., *physician*

lǣċehūs, n., *hospital*

lǣdan, W.I, *lead; bring*

Lǣden, n., *Latin*

Lǣdenġeðīode, n., *Latin language*

Lǣdenware, m. pl., *Romans*

lǣfan, W.I, *leave; bequeath*

lǣġ, see licgan

lǣn, n., *loan*

lǣne, adj., *lent; passing, transitory*

lǣran, W.I, *teach; advise*

lǣringmæġden, n., *(girl) pupil*

lǣs, adv., *less; þȳ lǣs, þē lǣs (þe), lest*

lǣs, f., *pasture (319)*

lǣssa, adj., *less; smaller; fewer; lǣssa Asia, Asia Minor*

lǣst, adj., *least*

lǣstan, W.I, *follow; serve; endure; accomplish*

lǣtan, lēt, lēton, lǣten, 7, *let, permit; leave; abandon; cause to*

lāf, f., *what is left; remainder; result; survivor(s); tō lāfe bēon, tō lāfe weorðan, remain (over)*

lāgon, pret. pl. of licgan

lagostrēam, m., *river*

lamprede, f., *lamprey*

land, n., *land; country; province*

landbīgenga, m., *native; inhabitant*

landfæsten, n., *natural fortress*

landlēod, m., *inhabitant of a country; person*

lane, f., *lane, street*

lang, long, adj., *long; on long, along*

lange, adv., *for a long time*

langlīfe, adj., *long-lived*

langsum, adj., *long-lasting; tedious*

lār, f., *lore, wisdom; learning; teaching, doctrine; study; advice; story*

lārēow, m., *teacher; master; preacher*

lāst, past p. of lǣstan, *accomplish*

lāst, m., *sole of foot, footprint, track, on lāst lecgan, follow*

lāð, n., *misfortune*

lāð, adj., *hateful; hostile; evil*

laðian, W.II, *invite*
lāttēow, m., *leader*
lēad, n., *lead (the metal)*
lēaf, f., *permission*
lēas, adj., *false, lying*
lēas, adj., *without, less by;* ān lēas fēowertiǧ, *thirty-nine*
lēasung, f., *lying; falsehood; frivolity*
leax, m., *salmon*
lecgan, leǧde, leǧd, W.I, *lay*
Lēden, n., *Latin*
Lēden, adj., *Latin*
Lēdenware, m. pl., *Romans*
lēfan = līefan, *permit*
legion, legie, f., *legion*
lēiǧ = līeǧ, *flame*
leng, adv., comp. of lange (378)
lengest, adv., *longest*
lengra, adj., *longer* (365)
lengten, m., *springtime*
leo, m., *lion* [Latin]
lēode, m. pl., *men, people; country* (324)
lēof, adj., *dear, beloved;* him lēofre, *they had rather*
leofæð, see libban
lēoht, n., *light, brightness; source of light; power to see, sight*
lēoht, adj., *light, bright; clear*
lēohte, adv., *brightly, clearly*
lēohtfæt, n., *lamp*
lēoma, m., *ray of light, beam*
leomu, see lim (252)
Leoniða, *Leonidas*
leornere, m., *learner, pupil; reader*
leornian, W.II, *learn*
leorningcniht, m., *student; disciple*
leornung, f., *learning; study*
lēoð, n., *song; poem*
lēoðcræft, m., *skill in poetry*
lēoðsang, m., *poem for singing*

lēt, see lǣtan
lettan, W.I., *hinder; delay*
lcðerhosu, f., *leather gaiter*
libban, lifde, lifd, W.III, *live* (436)
lic, n., *(living) body*
liccian, W.II, *lick*
licgan, læǧ, lǣgon, leǧen, 5, *lie, recline*
lician, W.II, *please*
lichama, m., *body*
lichamlic, adj., *bodily*
licsār, n., *wound*
lid, n., *ship*
līefan, W.I, *allow, permit*
līeǧ, m., n., *flame, fire*
līes, adj., *false; lying*
līf, n., *life*
lifian = libban, *live*
lifiende, adj., *living, alive*
liǧ, m., n., *flame, fire*
liht = lēoht, n., *light*
lihting, f., *lighting, illumination*
lim, n., *limb; leg*
līm, m., *bird-lime*
lindwerod, n., *troop with shields*
list, m., *skill; cunning*
litling, m., *infant; child*
lið, n., *joint; limb*
lixan, W.I, *gleam, shine*
loc, n., *lock; bolt*
loca, m., *enclosure; sheepfold*
lōcian, W.II, *look*
lof, n., *praise*
lofsang, m., *song of praise*
lond = land
longsum, adj., *long-lasting; tedious*
loppestre, f., *lobster*
losian, W.II, *be lost; perish*
lufan, wk. dat. sing. of lufu
lufian, W.II, *love*
lufiend, m., *lover*

lufliċe, adv., *gladly; dearly; lovingly*
lufu, f., *love*
lust, m., *pleasure; joy; desire; lust*
lustliċe, adv., *gladly; willingly*
lūtian, W.II, *lie hidden*
lybcræft, m., *skill in drugs or magic*
lyft, f., *air; sky; climate*
Lȳġe, *the river Lea*
lyre, m., *loss; destruction*
lystan, W.I, *please* (impers.)
lȳt, n., *few*
lȳtel, adj., *little; low, mean*
lȳthwōn, n., *few*
lȳþre, adj., *base, wicked*

M

mā, adj., *more*
mā, adv., *more; longer; again; rather*
mā, n., *more*
mæġ, see **magan**
mǣġ, m., *kinsman*
mæġden, n., *maiden*
mæġdenċild, n., *female child*
mæġen, n., *strength, power, might;
host, troop; good deed; miracle*
mæġenþrymm, m., *power; glory*
mǣġð, f., *family; tribe; people; province, country*
mæġþhād, m., *virginity*
mæniġ = **maniġ**
mǣre, adj., *famous; splendid*
mǣrsian, W.II, *make or become famous; glorify*
mǣrþ, mǣrþu, f., *fame; glory*
Mǣs, *the river Meuse*
mæsse, f., *mass; festival day;* **ealra
hāliġra mæsse,** *Feast of All Saints*
mæsseprēost, m., *priest*
mǣst, adj., *most; greatest*
mǣst, adv., *mostly*
mæstling, n., *bronze*

magan, mæġ, magon, meahte (mihte),
PP., *be able; can*
māgas, pl. of **mǣġ,** *kinsman*
magorinc, m., *youth; warrior*
man, indef. pron., *one, they*
man = **mann**
mān, n., *crime; sin*
mancus, m., *mancus; one eighth of a
pound; thirty silver pennies*
mancynn = **manncynn**
māndǣd, f., *wicked deed*
mānfull, adj., *wicked*
mangere, m., *trader; merchant*
manian, W.II, *admonish; exhort; instigate; inspire; rouse up*
maniġ, adj., *many; much*
maniġfeald, adj., *manifold*
manigu, f., *host, multitude*
mann, m., *man* (337)
manncynn, n., *mankind*
mānscaða, m., *evil-doer*
manslaga, m., *murderer*
manslieht, m., *manslaughter*
māra, adj., *greater; larger; more*
māre, n., *more*
Marmadonia, perhaps a city *Myrmekion* in the Crimea
marmanstān, m., *marble*
martyr, m., *martyr*
māðum, m., *treasure*
māwan, 7, *mow* (415)
max, n., *net*
meaht, f., *might, power, strength*
meaht, meahte, see **magan** (441)
mearcstapa, m., *march-walker*
mearh, m., *horse*
mēċe, m., *sword*
mēd, f., *reward, meed*
medmiċel, adj., *moderate-sized; of
moderate importance; moderate*
medubenċ, f., *mead-bench*

mehte = mihte, pret. of magan

melcan, 3, *milk*

men, d.s. and n.a. pl., of mann

mengan, W.I, *mingle, mix*

meniġu, f., *multitude, host*

mennisc, adj., *human*

menniscness, f., *state of man; incarnation*

meolc, f., *milk*

meotod = metod (252)

Merċan, m. pl., *Mercians*

mere, m., *sea; lake; pool*

meregrota, m., *pearl*

Meresiġ, *Mersea*

mereswin, n., *porpoise*

mergen, m., *morning*

mētan, W.I, *meet; encounter*

mete, m., *food*, tō mete dōn, *use for food*

metod, m., *fate; creator, God*

miċel, adj., *much, great, large*

miċel, n., *much; many; a great deal*

miċele, adv., *much*

miclian, W.II, *increase*

mid, prep., *with, accompanying, by means of; at, among;* mid þām þe, mid þȳ (þe), *when; after; because;* mid ealle, mid eallum, *altogether, entirely*

midd, adj., *middle of*

middanġeard, middaneard, m., *earth; world*

middanġeardes, advbl. gen., *on earth*

midde, adj., *mid, middle*

Middelengle, m. pl., *Middle Angles*

middeneaht, f., *midnight*

Mierċe, m. pl., *Mercians*

miht, f., *might, strength; power; authority*

mihte, see magan

mihtiġ, adj., *mighty, powerful*

mīl, f., *mile*

mildheortness, f., *loving-kindness, mercy*

mildsung, f., *mercy*

miltestre, f., *harlot, prostitute*

miltsian, W.II, *pity; have mercy*

mīn, poss. adj., *my, mine*

minster = mynster

mislīċ, adj., *various; diverse*

mislīcian, W.II, *displease*

missenlīċ, adj., *various*

misthliþ, n., *misty cliff*

mistlīċ, adj., *various*

misþynċan, misþūhte, misþūht, W.I *appear incorrectly*

mōd, n., *mind; heart; courage; pride*

mōdġeþanc, m., *thought*

mōdiġ, adj., *proud; brave*

mōdiġness, f., *pride*

mōdor, f., *mother*

mōdsorg, f., *sorrow of mind*

Moises, *Moses*

molde, f., *earth; sand; dust*

mon, indef. pron., *one*

mōnaþ, m., *month*

moncynn = manncynn

Monelaus, *Menelaus*

monian = manian

moniġ = maniġ

mōnð = mōnað

mōr, m., *moor, waste land*

mōrfæsten, n., *fastness in the moor*

morgen, m., *morning*

morgenġiefu, f., *gift from husband to wife on morning after wedding*

morgenswēġ, m., *cry at morn*

morgentīd, f., *morning*

mōste, mōston, see mōtan

mōtan, mōt, mōton, mōste, PP., *be permitted; be able; must*

Moyses, *Moses*

mundgripe, m., *hand-grip*

munt, m., *mountain*
munuc, munec, m., *monk*
munuchād, m., *monastic life*
murcnung, f., *grief; complaint*
muscule, musle, f., *shellfish*
mūð, m., *mouth*
mūþa, m., *mouth; door*
mydd, n., *bushel*
mylenscearp, adj., *sharpened*
mynegung, f., *exhorting, encouragement*
mynster, n., *monastery; cathedral*
myntan, W.I, *intend; think*
Myrċe, m. pl., *Mercians*
myrhð, f., *mirth, pleasure*
myriġe, adj., *pleasant; pleasing*
myrð, f., *disturbance; affliction*

N

nā, adv., *no; not; never;* nā þæt ān, *not only*
nā, adj., *no, none*
nabban, contraction of ne habban
nædl, f., *needle*
nædre, nēddre, f., *adder; viper*
næfre, adv., *never*
næġel, m., *nail*
næġledcnear, m., *nail-fastened ship*
nǣniġ, adj., *no, none*
nǣniġ, pron., *no one*
nǣre, contraction of ne wǣre
næs, adv., *not*
næs = ne wæs
nafa, contraction of ne hafa
nāht = nāwiht
nāhwæðer, conj., *neither*
nālæs, adv., *not at all*
nam, nāmon, see niman
nama, m., *name*
nān, adj., pron., *no; none; no one*

nānwiht, nānwuht, n., *nothing*
nānwiht, adv., *in no respect*
nāt, contraction of ne wāt
nāthwelċ, pron., *some one*
nāþer = nāhwæðer, *neither*
nāwiht, n., *nothing; no one*
nāwiht, adv., *not, not at all*
ne, adv., *not*
nē, conj., *nor;* nē . . . nē, *neither . . . nor*
nēade = nīede, adv.
nēah, adj., *nigh, near*
nēah, prep., *near*
nēah, nēh, adv., *nearly, almost*
nēahsta, adj., *nearest;* m., *neighbor*
neaht, f., *night*
nēahþēod, f., *neighboring nation*
nēalǣċan, nēalǣhte, W.I, *draw near, approach* (432)
nēar, adv., *nearer*
nearu, adj., *narrow*
nēat, n., *ox; cattle*
nēawest, f., *neighborhood, vicinity*
nebb, m., *bill; nose; face*
nēddre = nædre
nēde = nīede, *of need*
nēhsta, adj., *nearest;* m., *neighbor*
nelle, contraction of ne wille
nemnan, nemde, nemned, W.I, *name*
nēod, f., *need; necessity*
nēod, f., *desire; zeal, earnestness*
nēodþearf, f., *necessity; need*
nēodþearf, adj., *necessary*
neom = ne eom
neorxnawang, m., *paradise*
nēosan, W.I, *visit*
nēosian, W.II, *seek; visit; attack*
Neptalim, *Naphtali, a tribe of the Jews*
nese, adv., *no*
nēten = nīeten, *cattle*

nett, n., *net*
nĕxt = nīehst
nič, contraction of ne ič
niedbeðearf, adj., *necessary*
niede, adv., *of need, compulsorily*
niehst, adj., superlative of nēah (366);
æt nīehstan, *in the next place, there-upon*
nieten, n., *animal; cattle*
niewe, see nīwe
nigon, num., *nine*
nigoða, adj., *ninth*
niht, f., *night*
nihtes, adv., *by night*
nihthelm, m., *shades of night*
nihtlang, adj., *night-long*
nillað, nille = ne willað, ne wille
niman, nam, nōmon, numen, 4, *take;
seize; take to wife* (401)
niste, contraction of ne wiste
niðer, adv., *down, downwards*
niþera, adj., *lower*
niðerlīč, adj., *low; lowly*
niþġeweorc, n., *fight*
nīwan, adv., *newly, lately*
niwe, adj., *new; startling*
nīwe, adv., *newly*
niwelness, f., *chasm, abyss*
nō, adv., *not, never*
Noe, *Noah*
nōht = nāwiht, *nothing*
nōht, adv., *not*
nōhwæðer . . . ne, *neither . . . nor*
nolde, contraction of ne wolde
norð, adv., *north, northwards*
norð, adj., *northern*
norðan, adv., *from the north*
Norðanhumbre, m. pl., *Northumbrians*
norðdæl, m., *northern region*
Norð-Dene, m. pl., *North Danes*

norðern, adj., *northern*
Norðhymbre, Norðhembre, Norðhum-
bre, m. pl., *Northumbrians*
norðland, n., *northern land*
Norþmann, m., *Northman*
norðþēod, f., *northern people*
Norðwēalas, *the Welsh*
norþweardes, adv., *northwards*
notian, W.II, *enjoy; use*
notu, f., *use; office; employment*
nū, adv., conj., *now; now that*
numen, see niman
nȳhst = nīehst
nymþe, conj., *unless*
nyteness, f., *ignorance*
nytwyrþness, f., *utility, use*

O

of, prep., *from; away from; after; out
of; concerning*
of, adv., *off*
ofer, prep., *over, above; concerning;
after, past, beyond; without; across;
against; in spite of; thruout*
oferbrǣdan, W.I, *cover*
ofercuman, ofercōm, ofercōmon, ofer-
cumen, 4, *overcome*
oferdrīfan, 1, *defeat*
oferflēowen, late past p. of oferflōwan
oferflōwan, 7, *flow over; overflow* (415)
oferġietan, 5, *forget; neglect*
oferherian, W.II, *overrun, ravage*
oferhogian, W.II, *despise*
oferhȳd, f., *pride, arrogance*
ofermæġn, n., *superior power*
ofermēdo, f., *pride*
ofermētto, f., *pride*
oferrǣdan, W.I, *read thru*
ofersāwan, ofersēow, ofersēowon,
ofersāwen, 7, *sow over, oversow*

ofersēow, see ofersāwan

ofersittan, 5, *forbear, refrain from* (406)

oferswīðan, W.I, *overpower, overcome; withstand*

oferþecċan, oferþeahte, oferþeaht, W.I, *cover over* (432)

oferwinnan, 3, *conquer, overcome*

oferwintran, W.I, *live thru the winter*

oferwlenċed, adj., *overproud; over-wealthy*

ofest, f., *haste*

offrian, W.II, *offer; sacrifice*

offrung, f., *offering; sacrifice*

oflann, see oflinnan

oflinnan, 3, *cease*

ofrīdan, 1, *overtake by riding*

ofscēotan, 2, *shoot down; kill*

ofslēan, ofslōh, ofslōgon, ofslagen, 6, *strike off; strike down; kill; sacrifice*

ofsnīðan, 1, *cut off; kill*

ofspring, m., *offspring; descendants*

ofstician, W.II, *pierce; stab; spear*

oft, ofte, adv., *often*

oftrǣdlīċe, adv., *frequently*

ofþynċan, ofþūhte, ofþūht, W.I, *seem amiss; displease; vex; weary*

ōleccung, f., *flattery*

Omarus, *Homer*

on, prep., adv., *on; in; into; among; during; against*

onǣlān, W.I, *kindle, ignite; inflame*

onarn, see onirnan

onbǣrnan, W.I, *kindle; inspire*

onbelǣdan, W.I, *inflict upon*

onbīdan, 1, *await, wait for; wait; continue* (with gen.)

onbreġdan, onbrǣġd, onbrugdon, onbrogden, 3, *start up; burst open*

onbringan, W.I, *bring; bring upon* (432)

onbyrian, W.I., *taste* (with gen.)

oncnāwan, oncnēow, oncnēowon, oncnāwen, 7, *recognize; perceive; know; understand; observe*

ondrǣdan, ondrēd, ondrēdon, ondrǣden, 7, *fear; dread; be afraid*

ondswarian = andswarian, *answer*

oneardian, W.II, *inhabit*

onfēng, see onfōn

onfeohtan, 3, *attack*

onfindan, 3, *find; find out*

onfōn, onfēng, onfēngon, onfangen, 7, *take; receive; seize; take away; take on, assume,* (with gen.)

onforan, prep., *before*

onfunde, wk. pret. of onfindan, *find out*

ongann, see onġinnan

onġēan, prep., *opposite; in front of; against; towards; to*

onġēan, adv., *back; opposite*

onġebringan, W.I, *bring; bring upon*

onġeġen, prep., *opposite*

Ongelþēod, f., *English people*

onġemang, prep., *among*

onġēn, prep., *against; towards*

onġieldan, 3, *atone for*

onġietan, onġeat, onġēaton, onġieten, 5, *perceive; understand; ascertain; recognize; know*

onġinnan, ongann, ongunnon, ongunnen, 3, *begin; attempt; attack;* also often *do, did*, when used periphrastically with infin.

Ongle = Angle, *Angles*

Ongolcynn = Angelcynn

ongunnon, see onġinnan

onherian, W.II, *harass*

onhieldan, W.I, *bend down*

onirnan, 3, *give way; open*

onlīċe, adv., *similarly, in the same manner*

onlīcness, f., *image; likeness; statue*

onlīehtan, W.I, *light; shine on; light up, illumine*

onlūtan, 2, *bow, incline* (389)

onscēotan, 2, *shoot; thrust*

onscynian, W.II, *shun; put away*

onsendan, W.I, *send out; send forth; send*

onsīen = ansīen, f., *face; form*

onsīgan, 1, *approach*

onslǣpan, 7, *sleep; go to sleep* (413)

onslēpte, wk. pret. of onslǣpan

onspannan, onspēon, onspēonnon, onspannen, 7, *open*

onspringan, 3, *spring apart*

onstal, m., *supply*

onstellan, onstealde, onsteald, W.I, *establish; create* (432)

onsȳn = ansīen, *face; form*

ontȳnan, W.I, *open*

onweald = anweald, *power; rule*

onwendan, W.I, *change; turn; overturn*

onwinnan, 3, *attack, assail*

onwunung, f., *dwelling-place*

open, adj., *open*

openlīċe, adv., *openly; plainly*

ōr, n., *beginning*

ōra, m., *ore*

ord, m., *point; spear; source, beginning*

ordfruma, m., *source; instigator*

ormǣte, adj., *boundless; huge; excessive; intense*

orwēne, adj., *hopeless*

ostre, f., *oyster*

oð, prep., conj., *up to; as far as; till, until*

ōþer, adj., *second; next; other; another;*

ōðer healf, *one and a half;* ōþer . . . ōþer, one . . . *the other*

ōþer, pron., *one of two; the other;* ōðer . . . ōðer, one . . . *the other, another;* pl., *others*

ōðer, conj., *or*

oðfǣstan, W.I, *set to (a task)*

oðfeallan, 7, *fall off, decline* (415)

oððа . . . oðða, *either . . . or*

oþþæt, conj., *until*

oððe, conj., *or;* oððe . . . oððe, *either . . . or*

oðwitan, 1, *blame*

ōwiht, n., *aught, anything*

oxa, m., *ox*

oxanhyrde, m., *oxherd*

P

pǣll, m., *silk robe or hanging*

pāpa, m., *pope*

pening, m., *penny (silver coin about the size of American dime)*

Peohtas, m. pl., *Picts*

Perse, m. pl., *Persians*

pīn, f., *torment; torture*

pīnian, W.II, *torment; torture*

pinne, f., *leather flask; bottle*

plantian, W.II, *plant*

plega, m., *quick movement; game; play*

plegian, W.II, *play; contend; fight*

pliht, m., *peril, danger*

plihtlīċ, adj., *dangerous*

pund, n., *pound (weight or money)*

purpure, f., *purple robe*

pusa, m., *bag, scrip*

R

rā, m., *roebuck*

rǣċan, W.I, *reach* (432)

rǣd, m., *advice; counsel*

rǣd=rēad, *red*
rǣdan, 7, W.I, *advise; discuss; deliber-
ate; read* (413)
rǣdbora, m., *counsellor*
rǣde, n., *trappings, accouterments*
rǣding, f., *reading*
rǣ̇ge, f., *roe deer*
rǣhte, pret. of rǣ̇can
rǣran, W.I, *rear, raise*
rǣsan, W.I, *rush, hasten*
ræst=rest, *bed*
ramm, m., *ram*
rāna, gen. pl. of rā, *roebuck*
rand, m., *shield*
rānn, acc. pl. of rā, *roebuck*
rāp, m., *rope*
raþe, adv.=hraþe, *quickly*
rēad, adj., *red*
rēaf, n., *booty; wealth; dress*
reahte, see reċċan
rēċan, W.I, *care; care for*
reċċan, reahte, reaht, W.I, *explain;
tell, narrate; count*
reċċelēas, adj., *careless; negligent*
reced, m., n., *hall*
rēċelēas, adj., *careless; reckless*
reġn, m., *rain*
reġnian, W.II, *prepare; adorn*
regolliċ, adj., *regular, according to re-
ligious rules*
rehton, pret. of reċċan
rēn=reġn, *rain*
renweard, m., *house-guardian*
rēoc, adj., *savage, fierce*
rest, f., *rest; quiet; bed*
restan, W.I, *rest*
restedæġ, m., *Sabbath*
rēðe, adj., *fierce; cruel; violent; furi-
ous*
rēþeliċe, adv., *fiercely*

rēwet, n., *rowing*
rīċe, adj., *powerful; wealthy, rich*
rīċe, n., *kingdom; country; reign;
realm; rule; victory;* fōn tō rīċe, *suc-
ceed to the kingdom*
rīċeliċe, adv., *sumptuously*
rīcsian, W.II, *rule, reign as king*
rīċu, n. pl., *powers*
rīdan, 1, *ride*
riht, adj., *correct; proper*
rihte, adv., *rightly; correctly*
rihthand, f., *right hand*
rihtwis, adj., *righteous*
rihtwīsness, f., *righteousness*
rīm, n., *number*
rīnan, 1 & W.I, *rain*
rinc, m., *man; warrior*
rīpere, m., *reaper*
rīptima, m., *time of reaping, harvest*
rīxian=rīcsian, *rule*
rōd, f., *rood, cross*
rōdetācen, n., *sign of the cross*
rodor, m., *heaven; sky*
rodorliċ, adj., *heavenly*
rōf, adj., *strong; brave, valiant*
Romane, m. pl., *Romans*
Romanisc, adj., *Roman*
Romeburh, f., *the city of Rome*
Romware, m. pl., *Roman citizens*
rose, f., *rose*
rōtliċe, adv., *cheerfully*
rōwan, 7, *go by water; row; sail*
rudu, f., *redness; blush*
rustiġ, adj., *rusty*
rūwe, f., *covering; tapestry*
rȳmet, n., *room; space*
ryne, m., *running; fall, downfall*

S

Sabini, *Sabines*

sācerd, m., *priest*
sacu, f., *war; battle; feud*
sǽ, f., m., *sea*
sǽċċ f., *battle; war*
sǽcocc, m., *cockle*
sæd, adj., *sated; filled*
sǽd, n., *seed; fruit*
sǽd, past p. of secgan
sǽde, pret. of secgan
sǽġde, sǽġdon, see secgan
sǽġen, f., *story; tradition*
sǽġþ, 3d sing. of secgan, *it says*
sǽliċ, adj., *of the sea; marine*
sǽlþ, f., *happiness; good fortune*
sǽrinc, m., *seaman; warrior*
sæt, sǽton, see sittan
sǽtung, f., *plot*
sǽwe, see sǽ
sǽwiht, f., *fish*
saga, see secgan (438)
sāh, see sīgan
saldon, pret. of sellan
salwiġpād, adj. *dark-plumaged*
sāmcwic, adj., *half-alive*
same, adv.; swā (swǽ) same, *likewise*
samnian, W.II, *gather, assemble*
samnunga, adv., *forthwith, immediately*
samod, adv., *together*
sandċeosel, m., *sand; gravel*
sang, m., *song*
sangcræft, m., *skill in song*
sār, n., *pain; wound; grief*
sārian, W.II, *grieve*
sāriġ, adj., *sorrowful; grieved*
sārliċ, adj., *painful; grievous*
sārliċe, adv., *painfully; with grief*
sārness, f., *pain; grief*
Satanas, *Satan*
sāwan, sēow, sēowon, sāwen, 7, *sow*

sāwol, f., *soul*
scǽt, pret. of scēotan
scamfæst, adj., *modest*
scamliċ, adj., *shameful*
scamu, f., *shame; disgrace; modesty*
scān, see scinan
scaða, m., *criminal; thief*
scēadan, 7, *divide* (415)
sceadu, f., *shadow; darkness*
sceadugenga, m., *walker in darkness*
scēafmǽlum, adv., *sheaf by sheaf*
sceanca, m., *shank; leg*
scēap, n., *sheep*
scēaphyrde, m., *shepherd*
scear, n., *plowshare*
sceard, adj., *cut; bereft of*
scearn, n., *dung*
scearpness, f., *sharpness; bitterness*
scēat, m., *corner; region*
sceatt, m., *coin; money; wealth*
scēawian, W.II, *look; see, behold; examine*
scēawung, f., *seeing; respect, regard*
scendan, W.I, *put to shame; disgrace*
sceocca, m., *demon, devil*
sceolde, see sculan
sceōp, see scieppan
sceorfan, 3, *gnaw*
scēos, pl. of scōh, *shoe*
sceota, m., *trout*
scēotan, 2, *shoot; strike; rush*
scēotend, m., *shooter, warrior*
scēowyrhta, m., *shoemaker; leatherworker*
scield, m., *shield*
scieppan, scōp, scōpon, scapen, 6, *create* (409)
scieppend, m., *creator*
scinan, scān, scinon, scinen, 1, *shine*
scip, n., *ship*

scipen, n., *stall; cattle-shed*
scipflota, m., *sailor; pirate*
scipġebroc, n., *shipwreck*
sciphere, m., *naval army; fleet*
sciphlæst, m., *ship-load; crew*
scīr, f., *shire; district; division*
Sciðð̄ie, m. pl., *Scythians*
Sciðð̄ie, Lat. gen. sing., *of Scythia*
scōh, m., *shoe*
scomu = scamu, *shame*
scondlīċ, adj., *shameful*
scop, m., *poet; singer; bard*
scopġereord, n., *poetic language*
scortlīċe, adv., *shortly, briefly*
Scotland, n., *Ireland*
Scottas, m. pl., *Scots, Irish*
scrīðan, 1, *move; glide* (386)
scrūd, n., *clothing; dress; garment*
scrȳdan, W.I, *clothe*
scrȳt, see scrȳdan, *clothe* (429.3)
scūfan, scēaf, scufon, scofen, 2, *shove; push; push violently*
sculan, sceal, sculon, scolde (sceolde), PP., *have as one's duty, function, or obligation; be under obligation; owe; be about to; be good or of use*
scūr, m., *shower; storm*
scyldiġ, adj., *guilty; sinful*
Scylding, m., *Dane*
scyle, subjunct. of sculan (441)
scynscaþa, m., *demon-foe*
scyte, m., *shooting; ability to shoot*
scyttels, m., *bolt; bar*
Scyttisc, adj., *Scottish, Irish*
Scyðð̄ie, m. pl., *Scythians*
sē, sēo, þæt, demon. adj., demon. pron., rel. pron., and def. art., *that; that one; who, which; the*
sealde, see sellan
sealm, m., *psalm; song*

sealt, n., *salt*
sealt, adj., *salty*
sealtere, m., *saltmaker*
sealtsēað, m., *saltpit*
Sealwydu, *Selwood Forest*
sēamere, m., *tailor*
searo, searu, n., *skill; cunning*
searoþanc, m., *cunning; skill*
sēað, m., *pit; cistern; winevat*
seax, n., *knife; short sword*
Seaxe, Seaxan, m. pl., *Saxons*
sēċan, sōhte, sōht, W.I, *seek; visit; go to*
secg, m., *man; warrior*
secgan, sæġde, sæġd, W.III, *say*
seġen, f., *saying; story; statement*
seġn, m., *battle-ensign*
seġnian, W.II, *make the sign of the cross* (over)
selcūð, adj., *strange; novel*
seldan, seldon, adv., *seldom*
sele, m., *hall*
selerest, f., *bed in a hall*
sēlest, superl. adj., *best* (367)
self, adj., *self; same; very*
self, pron., *self; same; oneself*
sellan, sealde, seald, W.I, *give; sell*
sēlra, comp. adj., *better* (367)
sendan, W.I, *send; put; place;* sendan hlot, *cast lots*
sēo, see sē
seofon, num., *seven*
seofontēoða, adj., *seventeenth*
seofoða, adj., *seventh*
seolf = self (248)
seolfor, n., *silver*
seolforsmiþ, m., *silversmith*
seolfren, adj., *made of silver*
seolh, m., *seal* (263.2)
sēon, seah, sāwon, sewen, 5, *see* (405)

seondon = sindon (443)

seonu, f., *sinew*

sēoðan, sēað, sudon, soden, 2, *seethe; boil*

sēow, see sāwan

set, n., *seat; entrenchment*

setl, n., *seat; residence; throne; (bishop's) see*

settan, W.I, *cause to sit; set; establish*

Sexan, see Seaxe

sibb, f., *relationship; peace*

sibbeġedriht, f., *band of kinsmen*

sibsum, adj., *friendly; peaceful*

sibsumness, f., *peace, concord*

sīde, f., *silk*

sīe, see bēon (443)

sierwan, W.I, *plot; plan; contrive; lay snares*

siex, num., *six*

siexhund, num., *six hundred*

siexta, adj., *sixth*

siextiġ, num., *sixty*

siġ, see bēon (443)

sīgan, 1, *sink; set; descend*

siġe, m., *victory*

siġefæst, adj., *victorious*

siġelan, W.I, *sail*

siġelēas, adj., *victoryless, defeated*

siġelēoð, n., *song of victory*

Siġen, *the river Seine*

siġerōf, adj., *victorious*

sigor, m., *victory*

sillan = sellan, *give; sell*

simble, simle, adv., *always; continuously*

sind, sindon, see bēon (443)

singan, sang, sungon, sungen, 3, *sing*

siodu, m., *custom; morals*

sīð, m., *journey; march; time, occasion*

sīð, adv., *late; afterwards*

sīðfæt, m., *journey; road*

sīðian, W.II, *go; depart; travel*

siþþan, adv., conj., *afterwards; after since*

sittan, sæt, sæton, seten, 5, *sit*

six, num., *six*

sixta, adj., *sixth*

slacian, W.II, *delay; put off*

slæp, m., *sleep*

slæpan, slēp, slēpon, slæpen, 7, *sleep*

slēan, slōh, slōgon, slagen, 6, *strike; strike down; kill* (408)

slecġ, f., *sledge-hammer*

sleġe, m., *blow, stroke*

sleh, imper. of slēan

slēpon, see slæpan

slītan, 1, *tear; rend*

smēade, see smēaġan

smēaġan, smēade, smēad, W.III, *think; reflect; examine; investigate; seek out; inquire into; study*

smearcian, W.II, *smile*

smēaung, f., *study*

smiþ, m., *smith*

smiþþe, f., *smithy; forge*

smolt, adj., *mild; peaceful*

smylte, adj., *mild; tranquil*

smyltness, f., *quiet; calm; peace; mildness*

snāu, snāw, m., *snow*

snelliċ, adj., *quick; bold*

snican, 1, *creep*

snīwan, W.I, *snow*

sōfte, adj., *soft; mild; agreeable*

sōhte, pret. of sēcan

somod, adv., *together; at the same time*

sōna, adv., *immediately;* sōna swā, *as soon as*

sorg, f., *sorrow; pain*

sorgian, W.II, *sorrow; lament*

sorglēas, adj., *sorrowless*
Soroaster, *Zoroaster*
sōþ, adj., *true*
sōð, n., *truth;* tō sōðum, *truly*
sōðfæst, adj., *true; righteous*
sōðfæstness, f., *truth*
sōþlice, adv., *truly, verily*
spæken, see specan, *speak*
spætlan, W.I, *spit*
spearwa, m., *sparrow*
spēc, f., *conversation*
specan, 5, *speak; say; utter*
spēd, f., *luck, success; wealth; opportunity; abundance*
spell, n., *story; history*
spēow, see spōwan
spere, n., *spear*
spor, n., *footprint; track*
spōwan, spēow, spēowon, spōwen, 7, *succeed*
sprǣc, f., *language; speech; discussion*
sprecan, spræc, sprǣcon, sprecen, 5, *speak; say*
spricst, see sprecan
spryttan, W.I, *sprout; yield fruit*
spurleðer, n., *spur-strap*
spyrian, W.II, *make a track*
spyrte, f., *wicker basket*
stæf, m., *staff; letter (of alphabet); document*
stǣnen, adj., *stone*
stǣr, n., *story; history*
stæð, n., *shore*
stān, m., *stone*
stānclif, n., *cliff; crag*
standan, stōd, stōdon, standen, 6, *stand; be present; rise* (407)
staþol, m., *foundation; condition*
steall, m., *position; shape*
stearc, adj., *stiff; severe*

stede, m., *place*
stefen, f., *voice; sound*
stefen, stefn, m., *bow of a ship*
stelan, 4, *steal*
stemn, m., *summons; term of military service*
stemn = stefn, *voice; sound*
steorra, m., *star*
stēorrēðra, m., *steersman*
steppan, stōp, stōpon, stapen, 6, *step; go; march; advance*
sticcemǣlum, adv., *by degrees*
stician, W.II, *stab; kill*
stīepel, m., *tower*
stierc, n., *calf*
stīgan, 1, *go (to); step; get into*
still, adj., *still; quiet, silent; at rest*
stillness, f., *stillness, quiet; peace*
stincend, pres. p., *stinking*
stiriġendlic, adj., *moving*
stīðhīdiġ, adj., *stout-hearted*
stōd, see standan
stōpon, see steppan
storm, m., *storm, tempest*
stōw, f., *place*
strǣc, adj., *firm; severe*
Strǣcled Wālas, *Strathclyde Welsh*
strǣl, f., *arrow; spear; missile*
strǣt, f., *road, street*
strang, adj., *strong; powerful; severe*
strangian, W.II, *strengthen*
stranglice, adv., *strongly; firmly*
strec = strǣc
strengest, adj., *strongest* (366)
strengra, adj., *stronger* (364)
strēam, m., *stream, river*
strīenan, W.I, *acquire; beget*
stund, f., *time*
styrian, W.I., *stir; move*
styrman, W.I, *storm*

sūl, sulh, f., *plow*

sum, adj., *some; a certain*

sum, pron., *someone; a certain one;* pl., *some (of them)*; þritiga sum, *one of thirty*

sumor, m., *summer* (328)

Sumursǣte, -an, m. pl., *inhabitants of Somersetshire*

sundfulness, f., *health; prosperity*

sunnandæġ, m., *Sunday*

sunne, f., *sun*

sunu, m., *son* (328)

sūsl, n., *torture*

sūð, adv., *south*

sūðdǣl, m., *southern region*

sūþmǣġð, f., *southern province*

Sūðseaxe, m. pl., *South Saxons*

swā, adv., conj., *so; as; as if;* swā hwā swā, swā hwæt swā, *whoever, whatever;* swā hwelċ, *whatsoever;* swā hwider swā, *whithersoever;* swā (oft) swā, *as (often) as;* swā same, *in like manner;* swā swā, *just as, even as;* swā ... swā, *as ... so; either ... or;* swā þeah, *nevertheless*

swǣ = swā

swæċċ, m.. *flavor; taste*

swǣsende, n., *food; dinner*

swæð, n., *footprint*

swāliċe, adv., *thus; so*

Swanawiċ, *Swanage*

swang, see swingan

swānrād, f., *swan-road, sea*

swārliċe, *grievously; heavily*

swāt, m., *sweat; blood*

swaþul, m., n., *flame; heat*

sweart, adj., *swart; black; dark; evil*

swebban, W.I, *kill*

swefan, 5, *sleep*

swefel, m., *sulphur*

swefet, n., *sleep*

swefian, W.II, *put to sleep*

swefn, n., *sleep; dream; vision*

swēġ, m., *noise, sound; melody, music*

swēġcræft, m., *musical skill; music*

swēġing, f., *sound*

sweġl, n., *sky; sun*

swelan, 4, *burn*

swelċ ... hwelċ, *such ... as*

swelċe, adv., conj., *likewise; as if*

swelgan, swealh, swulgon, swolgen, 3, *swallow*

sweltan, 3, *die*

swenċan, W.I, *afflict*

swēor, m., *pillar*

swēora, m., *neck*

sweord, swurd, n., *sword*

swēot, n., *rank; troop*

sweotol, adj., *clear; evident; manifest*

sweotolliċe, adv., *clearly*

swerian, swōr, swōron, swaren, 6, *swear* (409)

swēte, adj,, *sweet*

swētness, f., *sweetness*

swift, adj., *swift*

swiftlēre, m., *slipper*

swiġe, f., *silence*

swiġian, W.II, *be silent*

swilċe = swelċe, *likewise; as if*

swimman, 3, *swim*

swīn, n., *swine, pig*

swincan, 3, *toil; labor*

swingan, swang, swungon, swungen, 3, *beat, strike*

swingell, f., *whip; blow*

swinsung, f., *melody, song*

swīð, adj., *strong; great;* swīðre hand, *right hand*

swīðe, adv., *strongly; greatly; exceedingly, very*

swīþlíċ, adj., *severe; violent; intense*
swīðlíċe, adv., *violently*
swīðor, adj., *stronger; right* (*hand*)
swīðor, adv., *more; rather*
swīðost, adv., *most strongly; mostly*
swīðrian, W.II, *become strong*
swōron, pret. of swerian
swūra = swēora, *neck*
swurd = sweord
swylċe = swelċe, *likewise; as if*
sȳl, dat. sing. of sūl, *plow*
sȳlanscear, m., *plowshare*
sylf, pron., = self, *self, same*
syll, f., *floor*
syllan = sellan, *give; sell*
symbel, n., *feast*
symle = simble, adv.
synbend, m., *bonds of sin*
syndolh, n., *deadly wound*
syndriġlíċe, adv., *specially*
synfull, adj., *sinful; wicked*
syngian, W.II, *sin; commit adultery*
synn, f., *sin*
synsnǣd, f., *huge piece*
syrwan, syrwian = sierwan, *plot; lay snares*

T

tācen, n., *sign, token; signal; miracle*
tǣċan, tāhte, tāht, W.I, *teach; show*
tǣlan, W.I, *blame, censure*
tǣlgh, m., *dye*
talian, W.II, *suppose; maintain; esteem; value*
teala = tela, adv., *well*
tēar, m., *drop; tear*
tēarġēotende, adj., *tear-shedding*
teart, adj., *sharp; severe*
teartness, f., *sharpness*
tela, adv., *fitly; well*
tela, interj., *behold*

tellan, W.I, *count; account; consider, esteem; state* (432)
Temes, *Thames*
temian, W.II, *tame, train*
tempel, n., *temple*
tēode, pret. of tēogean, W.II, *intend; think; create*
tēon, tēah, tugon, togen, 2, *draw; pull; prepare; create*
tēona, m., *injury, hurt; wrong*
tēoða, adj., *tenth*
teran, 4, *tear*
Thesbiten, *Tishbite*
tīberness, f., *destruction*
tiċċen, n., *kid*
tīd, f., *time; season; hour, day; occasion*
tīen, num., *ten*
tilia, m., *farmer, farm laborer*
tilian, W.II, *till, cultivate*
tīma, m., *time; occasion*
timbran, W.I, *build*
timbru, f., *building*
tin, n., *tin*
Tine, *the river Tyne*
tintreġ, n., *torment; punishment*
tintreġian, W.II, *torment; punish*
tintreġlíċ, adj., *tormenting*
tīr, m., *fame; glory; honor*
tīrēadiġ, adj., *famous; glorious*
tō, prep., *to; for; at; against;* tō hwǣm, *why;* tō þæs þe, *until;* tō þon þæt, *in order that*
tō, adv., *too*
tōberstan, 3, *burst apart* (398)
tōbrecan, 4, *break in pieces; shatter, break open* (400)
tōbrȳtan, W.I, *break in pieces*
tōcuman, 4, *arrive* (401)
tōcyme, m., *coming, arrival*

tōdæǥ, adv., *today*
tōdǣlan, W.I, *separate; divide; cut off*
tōdǣled, adj., *separate, different*
tōdrēosan, 2, *perish* (390)
tōdroren, see tōdrēosan
tōēacan, prep., *besides; in spite of*
tōfaran, 6, *separate; be scattered; disappear*
tōforan, adv., *before; in front*
tōgædere, adv., *together*
tōǥēanes, prep., adv., *opposite; towards; in front (of)*
tōǥeīeht, past p., *added to*
tōǥeðēodan, W.I, *join*
tōglīdan, 1, *glide away; vanish*
tōlīesan, W.I, *loose; relax*
tōlūcan, 2, *pull apart* (389)
tōmiddes, prep., *amidst, among*
tōniman, tōnam, tōnōmon, tōnumen, 4, *separate; divide; open*
torr, m., *tower; rock; crag*
torrian, W.II, *tower*
tōscacan, 6, *shake to pieces*
tōsceaken, see tōscacan
tōslēan, 6, *strike in pieces; destroy*
toslūpan, tōslēap, tōslupon, tōslopen, 2, *slip away; be relaxed; be paralyzed*
tōsomne, adv., *together*
tōstenčan, W.I, *scatter; drag along*
tōþ, m., *tooth*
tōðene, wk. gen. pl. of tōþ, *tooth*
tōtwǣman, W.I, *divide*
tōweard, adj., *facing; approaching; future*
tōweorpan, 3, *cast away; cast down; destroy*
tōwrecan, 5, *drive apart; scatter*
tōwyrd, f., *cause*
tredan, 5, *tread; traverse*
treddian, W.II, *step*

trēo, trēow, n., *tree; wood; timber*
trēow, f., *agreement; pledge*
trēowen, adj., *wooden*
trēowwyrhta, m., *carpenter; woodworker*
treppe, f., *trap*
Troiane, m. pl., *Trojans*
Troianisc, adj., *Trojan*
trum, adj., *firm; strong*
tū, neuter of tweǥen
tūn, m., *enclosure; field; manor; village*
tunge, f., *tongue*
tūn-ǥerēfa, m., *reeve or steward (of a manor)*
tungol, m., n., *luminary; star*
tuwa, tuwwa, adv., *twice*
twā, see twēǥen (372)
twǣm, see twēǥen
twēǥen, twā, tū, num., *two*
twelf, num., *twelve*
twelfte niht, *Twelfth Night*
twēntiǥ, num., *twenty*
twēogan, W.II, *doubt; be doubtful*
twēon, m., *doubt*
twēonian, W.II, *doubt*
tweowa, adv., *twice*
twīfeald, adj., *twofold*
twīn, n., *linen*
tyht, m., *motion*
tyrwa, m., *tar; pitch*

þ

þā, adv., *then*
þā, conj., *when; since, because;* þā þā, *when . . . then*
þǣn = þǣm, masc. dat. sing.
þæne = þone; see sē (345)
þænne = þonne
þǣr, adv., *in that place; there*
þǣr, conj., *where, if only*

þǣrinne, adv., *therein*
þǣron, adv., *thereon; therein*
þǣrtō, adv., *thereto*
þæs, adv., *after that; to that degree; to such a degree*
þæs þe, *since; after; afterwards; of which*
þæt, conj., *that; so that*
þæt, neut. nom., acc. sing. of sē
þætte, conj., *that; so that; in order that*
þætte, pron., *which, who; that which*
þafian, W.II, *approve; consent to*
þanc, m., *thought; mind; mercy; favor; thanks;* Godes þances, *thru the mercy of God*
þancful, adj., *thoughtful; satisfied*
þancian, W.II, *thank*
þanon, adv., *thence*
þē, conj., *because*
þē, see þū, *thou*
þē, adv., *therefore*
þē = sē, *the*
þe, rel. pron., *who, whom, which, that*
þe, conj., *or;* hwæþer þe ... þe, *whether ... or*
þēah, conj., *tho, altho;* þēah þe ... þēah, *altho ... nevertheless*
þēah, adv., *however, nevertheless*
þēah, prep., *in spite of*
þēahhwæþere, adv., *nevertheless*
þeahtian, W.II, *take counsel*
þearf, f., *need, necessity; benefit*
þearfende, adj., *needy; in poverty*
þearle, adv., *severely; energetically, vigorously; strongly; hard; exceedingly*
þēaw, m., *custom, habit; practice; virtue*
þeġenlīċe, adv., *bravely*
þeġenscipe, m., *service; body of re-*

tainers
þeġn, m., *servant; retainer; thane; warrior*
þeġnian, W.II, *serve*
þeġnsorg, f., *sorrow for thanes*
þeġnung, f., *service; meal; first course; retinue*
þēh = þēah
þenċan, þōhte, þōht, W.I, *think; intend* (432)
þenne, adv., *then*
þēnung = þeġnung, *service*
þēo = sēo (345)
þēod, f., *people, nation; country; province*
þēode, pret. of þēowan, *serve*
þēoden, m., *chief; ruler; king*
þēodōm, m., *service*
þēodscipe, m., *discipline*
þēofa, m., *thief*
þēoh, n., *thigh*
þēosterness, f., *darkness*
þēostru, f., *darkness, gloom*
þēow, m., *servant*
þēow, adj., *servile, in slavery; serving*
þēowa, m., *servant*
þēowan, W.I, *serve*
þēowdōm, m., *slavery; subjection*
þēowet, n., *bondage, slavery*
þēowian, W.II, *serve*
þērinne, adv., *therein*
þēs, þēos, þis, demon. pron. and adj., *this one; this*
þicgan, þeah, þǣgon, þeġen, 5, *receive; take; eat; drink*
þider, adv., *thither*
þiderweardes, adv., *thitherward*
þiestru, f., *darkness*
þīn, poss. adj., *thy, thine*

þing, n., *thing; article;* plur., *business; affairs; property;* for his þingum, *for his sake*

þingian, W.II, *talk, speak*

þiow = ðeow

þiowotdōm, m., *service*

þōhte, þōhton, see þenċan

þolian, W.II, *suffer; endure*

þon, *whom*

þon, see sē (345)

þonan, adv., *thence*

þonne, adv., *then*

þonne, conj., *when*

þonne, conj., *than*

þorfte, see þurfan

þracu, f., *conflict; battle*

þræcheard, adj., *brave in battle*

þræl, m., *slave; serf*

þræstan, W.I, *twist; crush; destroy*

þrēagan, W III, *rebuke; punish; attack*

þrēat, m., *host; throng*

þridda, adj., *third* (370)

þrie, þrēo, num., *three*

þringan, 3, *crowd; press; hasten*

þrīste, adj., *daring, bold*

þritiġ, num., *thirty*

þrosm, m., *smoke*

þrōwian, W.II, *endure; suffer*

þrōwung, f., *suffering, passion; martyrdom*

þryċċan, þryhte, W.I, *trample on; crush; afflict; oppress* (432)

þrymm, m., *glory; splendor*

þrÿðswÿð, adj., *mighty; strong*

þrÿnness, f., *trinity*

þū, pron., *thou*

þūf, m., *battle-standard*

þūhte, see þynċan

þunor, m., *thunder*

þurfan, þearf (þorfte), þurfon (þorf-

ton), PP & W, *need, be required, have occasion for*

þurh, prep., *thru; by means of; by reason of; on account of; among;* þurh þæt þe, *because*

þurhbrūcan, 2, *enjoy fully* (389)

þurhflēon, 2, *fly thru* (391)

þurhwacol, adj., *sleepless; watchful, watching*

þurhwunian, W.II, *abide continuously; remain; be steadfast; endure; persevere*

þurst, m., *thirst*

þus, adv., *thus*

þūsend, num., *thousand*

þweorh, adj., *cross; perverse; adverse*

þwÿre, see þweorh

þwÿres, adv., *athwart; backward*

þÿ, instr. sing. of sē

þÿ, conj., *because*

þylċ, pron., adj., *such; of that sort*

þyllïċ, adj., *such*

þynċan, þūhte, þūht, W.I, *seem, appear*

þyrl, n., *hole; boring*

þyrl, adj., *pierced; decayed, rotted*

þyslïċ, pron., *such, such as*

þÿstru = þēostru, *darkness*

þÿwan, W.I, *press; threaten; drive*

U

ufan, adv., *from above*

ufor, adv., *further up*

ūhta, m., uhte, f., *dawn*

ūhtsang, m., *morning song; matins*

unāblinnendlïċe, adv., *ceaselessly*

unblïðe, adj., *unhappy, sorrowful*

unc, pron., *us two* (340)

unclǣne, adj., *unclean*

uncūð, adj., *unknown*

undēadlīċ, adj., *immortal*
under, prep., *under; during; among; by
means of; after; while;* under þām,
in spite of; under þām þe, *while*
underfōn, underfēng, underfēngon,
underfangen, 7, *receive; undertake*
underġietan, 5, *perceive*
understandan, understōd, understō-
don, understanden, 6, *understand*
underþēodan, W.I, *subject; subject to*
underþēow, m., *subject*
underþīedan, W.I, *subject; subjugate*
undyrne, adj., *not hidden*
unēaðe, adv., *with difficulty*
unfæġer, adj., *unfair; unlovely; ugly*
unforht, adj., *fearless*
unforscēawodlīċe, adv., *unawares*
unforwandiendlīċe, adv., *without bash-
fulness*
unġearu, adj., *unready;* on unġearwe,
unawares
unġecnāwen, adj., *unknown*
unġeended, adj., *endless*
unġelǣred, adj., *ignorant*
unġelēaffulness, f., *unbelief*
unġelimp, n., *misfortune*
unġemǣtlīċ, adj., *excessive*
unġemet, adj., *immeasurable; innu-
merable*
unġemetlīċ, adj., *immeasurable*
unġemetlīċe, adv., *immeasurably; ex-
cessively*
unġetīmu, f., *evil time*
unġewunelīċ, adj., *unaccustomed*
unhǣlo, f., *evil; destruction*
unhold, adj., *faithless; hostile*
unīeþelīċe, adv., *with difficulty*
unlifiġende, adj., *lifeless*
unlīðe, adj., *ungentle, harsh*
unmihtiġ, adj., *powerless*

unnan, ann, unnon, ūþe, PP, *grant*
(440)
unnyt, adj., *useless*
unoferswiðendlīċ, adj., *unconquerable*
unriht, adj., *wicked*
unrihthǣman, W.I, *commit adultery*
unrihtlīċ, adj., *unrighteous*
unrihtness, f., *wickedness*
unrihtwīs, adj., *unrighteous*
unrihtwīsness, f., *unrighteousness*
unrīm, n., *countless number*
unrīme, adj., *numberless, countless*
unrōt, adj., *sad*
unscennan, W.I, *unharness*
unscrȳdan, W.I, *unclothe*
unscrȳdd, past p., *unclothed*
unscyldiġ, adj., *guiltless*
unsōfte, adv., *hardly, with difficulty*
unspēdiġ, adj., *poor*
unstille, adj., *restless*
unþances, adv., *unwillingly; compul-
sorily;* ūre, ēoweres, unþances,
against our, your, will
unþēaw, m., *vice; sin*
untrum, adj., *weak; infirm; ill*
untrymness, f., *weakness; illness*
untwēoġendlīċe, adv., *unhesitatingly;
without doubt*
unwearnum, adv., *suddenly*
unwēnlīċ, adj., *unpromising; desperate*
unweorðlīċ, adj., *dishonorable*
unwriten, adj., *unwritten*
ūp, ūpp, adv., *up*
ūpāstiġness, f., *ascension*
ūplang, adj., *upright*
ūplīċe, adj., *heavenly*
uppan, uppon, prep., *on, upon*
ūppe, adv., *above; aloft*
ūpplīċ, adj., *upper; heavenly*
ūre, poss. adj., *our, ours*

ūriġfeðre, adj., *dewy-feathered*
urnon, pret. pl. of iernan, *run*
ūt, adv., *out; outwards; away*
ūtāmǣran, W.I, *expel*
ūtan, adv., *from without; without; outside*
ūtanbordes, adv., *from abroad*
ūte, adv., *ovt; outside; abroad*
ūtgang, m., *out-going, exodus*
ūþe, see unnan
ūþwita, m., *scholar; sage*
ūtlǣdan, W.I, *lead out*
uton, *let us* (with infinitive)
ūtsīon, 1, *issue out* (387)
ūtweard, adj., *turning outwards*
ūtweorpan, 3, *throw out*

W

wā, m., *woe*
wacian, W.II, *watch*
wadan, 6, *go; stride; move*
wæċċan, W.I, *watch; be awake*
wǣdla, m., *poor man*
wǣfersȳn, f., *spectacle*
wǣgan, W.I, *trouble; harass*
wæl, n., *slaughter; dead bodies*
wælfel, adj., *greedy for corpses*
wælfeld, m., *battlefield*
wælfyllo, f., *fill of slaughter*
wælhrēow, adj., *cruel; fierce*
wælhrēowa, m., *persecutor*
wælrǣs, m., *deadly onslaught*
wælstōw, f., *battlefield*
wǣpen, n., *weapon;* pl., *arms*
wǣpenġewrixl, n., *exchange of weapons; battle*
wǣpenþracu, f., *battle*
wǣpnedcynn, n., *male line*
wǣpnedmann, m., *man, male*
wǣr, f., *protection; faith; treaty*

wǣron, wæs, see bēon (443)
wæstm, m., *growth, increase; fruit; crop*
wæstmbǣrness, f., *fruitfulness*
wæter, n., *water*
wæterfæsten, n., *position protected by water*
wæterian, W.II, *water*
wæterþēote, f., *torrent*
wālā, interj., *alas*
Wālas, *Welsh*
wamb, f., *belly; stomach*
wana, adj., *wanting; lacking;* ānes wana þrītiġ, *twenty-nine*
wanian, W.II, *diminish; fade away*
wānian, W.II, *complain, bewail*
wann, adj., *dark, dusky*
waroð, n., *shore*
wāt, see witan
wē, nom. plur. of iċ
weald, m., *forest; wood* (328)
wealdend, m., *leader; ruler; king*
wealh, m., *foreigner; slave*
Wealh, m., *Welshman, Briton*
wealhstōd, m., *translator; interpreter*
weall, m., *wall*
weallan, 7, *well; seethe; boil; foam*
weallende, pres. p., *foaming*
wēan, *affliction*
weard, m., *guard; keeper; protector; lord*
weardian, W.II, *guard; possess; occupy*
weardmann, m., *guard*
wearm, adj., *warm*
wearmness, f., *warmth*
wearp, see weorpan
wearð, see weorðan
weax, n., *wax*

weaxan, wēox, wēoxon, weaxen, 7, grow, increase

weccan, weahte, weaht, W.I, waken, arouse

wecg, m., lump

weġ, m., way; path; road; on weġ, away

wegan, 5, carry; bear; endure

weġnest, n., food for a journey; consecrated bread and wine for the dying

wel, adv., well

wela, m., riches, wealth; happiness

Welengaford, Wallingford

weliġ, adj., wealthy; prosperous

well, adv., well

welm = wielm

welwillendness, f., benevolence

wēn, f., belief; hope; expectation

wēnan, W.I, expect; hope; believe; think

wendan, W.I, turn; go; return; translate

wēofod, n., altar

weolcscyll, f., shellfish

weoloc, m., whelk, cockle

weolucrēad, adj., scarlet

weorc, n., work, labor; deed; action

weorod = werod

weorpan, wearp, wurpon, worpen, 3, cast, throw

weorð, adj., worth; worthy; esteemed

weorðan, wearþ, wurdon, worden, 3, become; be made; happen; freq. as passive auxiliary; occasional as auxiliary with intrans. verbs, esp. those of motion or occurrence.

weorþe, adj., worth; worthy; deserving

weorþfull, adj., worthy, honorable

weorðian, W.II, honor; worship

weorðlīc, adj., honorable

weorðlīce, adv., honorably

weorðmynd, weorðmynt, f., m. honor; glory

weorþscipe, m., dignity, honor

weorud = werod, army

weoruld = woruld

wēox, see weaxan

wēpan, 7, weep (416)

wer, m., man; husband

werga, wk. adj., accursed

Werhām, Wareham (in Dorset.)

werian, W.II, clothe; wear

wēriġ, adj., weary, exhausted

werhād, m., male sex

werod, n., multitude; troop; army

werod, adj., sweet

werod, past p. of werian, clothe

werodlēst, f., lack of troops

wesan, wæs, wǣron, 5, be, exist (443)

Wesseaxe, -an, m. pl., West Saxons

west, adv., west

westan, adv., from the west; be westan, west of

wēstan, W.I, lay waste

westdǣl, m., western region

wēste, adj., waste; uninhabited

wēsten, n., waste; wilderness; desert

westm = wæstm

westsǣ, f., western sea

Westseaxe, -an, m. pl., West Saxons

West Wālas, West Welsh or Wales, i.e. Cornwall

Weþmōr, Widmor

wexan = weaxan

wībed, n., altar

wīc, n., dwelling, house; village; in pl., camp

wīcġefēra, m., steward

wīcian, W.II, dwell; encamp

wīde, adv., widely; far

wīdre, compar. of wīde, adv.

wiece, f., *week;* = wucu

wīel, m., *slave; servant*

wieldan, W.I, *subdue; conquer*

wielen, f., *maidservant*

wielm, m., *boiling; fervor, zeal*

wierd, f., *fate, destiny*

wierdan, W.I, *injure*

wiernan, W.I, *withold; spare*

wierrest, adj., *worst* (367)

wiers, adv., *worse*

wiersa, adj., *worse* (367)

wierþe, adj., *worthy, honorable*

wīf, n., *woman; wife*

wīfcynn, n., *female line*

wīfhād, m., *female sex*

wīfmann, m., *woman*

wīg, n., *war; battle; fight; strife*

wiga, m., *warrior, fighter; man*

wīgcræft, m., *art of war*

wīgend, m., *warrior*

wīgsmiþ, m., *warrior*

wiht, f., n., *creature; person*

Wiht, *Wight*

Wihtsǣtan, m. pl., *inhabitants of Wight*

wiite = wite, *torture, torment*

wilddēor, n., *wild animal; deer*

willa, m., *will, wish; purpose; desire*

willa, m., *well; fount*

willan, wolde, A, *will, wish*

wilnian, W.II, *wish; desire; will; wish for; covet* (with gen.)

wilnung, f., *desire*

Wilsǣtan, m. pl., *inhabitants of Wiltshire*

wilsumness, f., *willingness*

wīn, n., *wine*

wind, m., *wind*

winewincle, f., *periwinkle*

wīngeard, m , *vineyard*

winnan, 3, *strive, contend; fight; campaign; rage*

wīnreced, n., *wine-hall*

wīnsele, m., *wine-hall*

winstre, adj., *left*

Winteċeaster, *Winchester*

winter, m., *winter; year*

winterlīċ, adj., *wintry*

wintersetl, n., *winter quarters*

wintertīd, f., *wintertime*

wiotan, see wita, *wise man* (252)

Wiramūþa, *Wearmouth*

Wirheal, *Wirral* (in Cheshire)

wīs, adj., *wise; learned*

wīsa, m., *director; instructor*

wīsdōm, m., *wisdom; learning*

wīse, f., *manner; matter*

wisse, pret. of witan

wissian, W.II, *direct; instruct*

wist, f., *feast*

wistfyllo, f., *fill of feasting*

wit, pron., *we two* (340)

wita, m., *wise man; counsellor*

witan, wāt, witon, wisse (wiste) PP., *know*

wītan, 1, *go*

wīte, n., *punishment; woe; misery; torture; injury*

wītega, m., *prophet; wise man*

wītegian, W.II, *prophcsy*

wið, prep., *against; opposite; alongside of; by; towards; upon; in the presence of; from; with*

wiðerweardlīċe, adv., *as an enemy*

wiðerweardness, f., *trouble*

wiðerwinna, m., *adversary*

wiþfeohtan, 3, *fight against*

wiðfōn, 7, *seize upon* (414)

wiðhabban, W.III, *withstand*

wiðinnan, adv., *within*
wiðmeteness, f., *comparison*
wiðsacan, 6, *deny*
wiðscūfan, 2, *repel* (389)
wiðstandan, 6, *withstand; resist; stand against* (407)
wiþþon þe, *on condition that*
wiðūtan, adv., prep., *outside*
wītiġ, adj., *wise*
wītnere, m., *torturer*
witodlīce, adv., *truly; verily; certainly*
wlaco, adj., *tepid; lukewarm*
wlanc, adj., *splendid; proud; fine appearing*
wlætta, m., *loathing, disgust*
wlite, m., *brightness; beauty*
wlitescīne, adj., *beautiful*
wlitiġ, adj., *radiant; beautiful*
wolcen, n., *cloud; sky*
wolde, woldon, see willan
wōma, m., *terror; tumult; dream*
wonæð, see wanian, *fade away*
wonsǣliġ, adj., *unhappy*
wonsceaft, f., *misery*
wōp, m., *weeping; outcry*
word, n., *word; judgment*
worhte, pret. of wyrċan
worms, n., *pus; sore*
worold, woruld, f., *world; worldly things*
worold-cræft, m., *worldly occupation*
woroldġesǣlþ, f., *worldly wealth, riches*
woruldcund, adj., *worldly, secular*
woruldhād, m., *secular life*
woruldprȳdo, f., *worldly pride*
woruldðing, n., *worldly affair*
woruldþrymm, m., *worldly glory*
wracian, W.II, *carry on*
wracu, f., *revenge, vengeance; punishment*

wræc, n., *vengeance*
wræcen, past p. of wrecan
wræclīce, adv., *in exile; abroad*
wræhte, pret. of wreċċan
wrāþ, adj., *hostile; fierce*
wraðu, f., *support; help*
wrecan, 5, *wreak; punish; avenge; drive; advance*
wreċċan, W.I, *awake* (432)
wrenċ, m, *stratagem*
wrēon, wrāh (wrēah), wrigon (wrugon), wriġen (wrugen), 1 & 2, *cover*
wreoton = writon (252)
wrītan, 1, *write; copy*
wrīðan, wrāþ, wriþon, wriþen, 1, *twist, bind, wrap*
wrixendlīce, adv., *in turn*
wucu, f., *week*
wudu, m., *wood*
wudufæsten, n., *position protected by woods*
wuldor, n., *glory; heaven*
wuldorfæder, m., *glorious father*
wuldorfæst, adj., *glorious*
wuldorful, adj., *glorious*
wuldrian, W.II, *glorify*
wulf, m., *wolf*
wund, f., *wound; injury*
wunderlīc, adj., *wonderful*
wundor, n., *wonder; marvel; miracle*
wundrian, W.II, *wonder; be astonished*
wunian, W.II, *dwell; remain; continue*
wunung, f., *dwelling*
wur-, see weor-
wurdon, see weorðan
wurð-, see weorð-
wurðan = weorðan
wurðian, W.II, *honor; worship*
wurþmynt = weorþmynd
wuton, subjunct. of wītan, *let us*

wyel, *servant*

wyllġespring, n., *spring (of water)*

wyllspring, m., *spring (of water)*

wȳlne, see wīelen

wynlēas, adj., *joyless*

wynsum, adj., *pleasing; delightful; pleasant*

wynsumlīċe, adv., *pleasantly*

wyrċan, worhte, worht, W.I, *work; do; make; produce;* lēoð wyrċan, *compose poetry*

wyrd, f., n., *fate*

wyrhta, m., *worker; doer*

wyrm, m., *snake; dragon; worm; reptile*

wyrsian, W.II, *become worse*

wyrt, f., *herb; vegetable; plant; root*

wyrtġemang, n., *spices; perfume*

wyrð-, see weorð-

wyrð = weorð

wyrðe, adj., *worthy*

Wyrtġeorn, *Vortigern*

wyrtruma, m., *root*

X

Xersis, *Xerxes*

Y

ȳdelness = īdelness

yfel, adj., *evil; wicked*

yfel, n., *evil; wickedness*

yfele, adv., *ill; badly; miserably*

yfellīċ, adj., *evil; foul*

ylċ = ilċ, *same*

ȳlc, variant of ālc, *each;* ȳlce dæg, *every day*

yldan = ieldan, *delay*

ylde, see ieldo, *age* (322)

ylde, m. pl., *men*

ylding, f., *delay, tarrying*

yldo = ieldo, *age*

yldra = ieldra, *older*

ylpesbān, n., *ivory*

ymb, prep., *around, about; concerning; beside; after; before*

ymbærnan, W.I, *travel around*

ymbe, prep., adv., *about; concerning; around; at; near*

ymbfaran, 6, *march around*

ymbgangan, 7, *go around, encompass*

ymbhōn, 7, *hang about, bedeck*

ymbsellan, W.I, *encompass* (432)

ymbset, n., *siege*

ymbsittan, ymbsæt, ymbsǣton, ymbseten, 5, *sit around; besiege*

ymbsittend, m., *neighbor*

ymbþringan, 3, *throng about*

ymb-ūtan, adv., *around, about, outside*

yrgþo, f., *sloth; cowardice*

yrman, W.I, *cause misery; harass*

yrmð, f., *wretchedness, misery*

yrre, adj., *angry*

yrre, n., *anger*

yrremōd, adj., *angry-minded*

yrsa, see iersian

yrðling = ierðling, *farmer, plowman*

ȳst, f., *storm*

ȳð, f., *wave*

ȳðiġan, W.II, *flow, flood, surge*

ȳðlida, m., *wave-traverser, ship*

ȳtmǣst, adj., *uttermost, last*

Z

Zabulon, *Zebulun*